CARLOS LEÃO
ARQUITETURA

DOIS UM
PRODUÇÕES CULTURAIS

BAZAR DO TEMPO

Carlos Leão no terraço de sua residência no
morro do Cavalão, Niterói (RJ), década de 1940

CARLOS LEÃO
ARQUITETURA

Jorge Czajkowski

NOTA SOBRE ESTA EDIÇÃO

Desde meados dos anos 1980, Jorge Czajkowski (Belo Horizonte, 1948 – Rio de Janeiro, 2010) pretendia publicar um livro sobre Carlos Leão (Rio de Janeiro, 1906 – 1983), "tendo em vista a expressividade de sua obra arquitetônica, a beleza e qualidade gráfica de seus desenhos e o ineditismo de ambos". O volume que ora chega a público resulta da pesquisa sobre o arquiteto que integrava um projeto mais amplo também idealizado e coordenado por Jorge Czajkowski: "O nativismo carioca: uma arquitetura entre a tradição e a modernidade". Em suas palavras, essa linha de pesquisa investigava "uma tendência tipicamente carioca que se caracteriza por uma tentativa de síntese entre a imagem de objetividade construtiva e funcional do racionalismo internacional e a expressão formal de uma identidade arquitetônica brasileira". Iniciado no Curso de Especialização em História da Arte e da Arquitetura no Brasil, da PUC-Rio, no qual foi professor de 1983 a 1990, o projeto contou com apoio financeiro do CNPq.

Com base em um conhecimento inicial de 12 residências unifamiliares construídas no Rio de Janeiro e em seus arredores, essa listagem se estendeu em poucos meses para uma quase centena de projetos, entre obras realizadas ou não, abrangendo diferentes programas arquitetônicos. Ao longo da pesquisa, realizada por ele, Marta Maria de Mello Silva e Milton de Mendonça Teixeira, foram localizados cerca de 120 desenhos originais do arquiteto, entre croquis, anteprojetos e projetos definitivos, bem como algumas fotografias e outros documentos relativos a suas obras. Ao olhar de seu amigo Pedro Oswaldo Cruz coube capturar fotograficamente as obras existentes no Estado do Rio de Janeiro em diálogo com a humanidade própria ao trabalho de Carlos Leão. Também foram produzidos e agregados documentos, desenhos técnicos, registros de outros fotógrafos, fichas, listagens e textos. Em 1985, essa pesquisa teve seu primeiro desdobramento público na exposição "Carlos Leão – arquitetura", apresentada na galeria Rodrigo Mello Franco de Andrade da Funarte. Na mesma data, Lucio Costa escreveu o prefácio do futuro livro.

Parte do material reunido na pesquisa encontra-se atualmente no Núcleo de Pesquisa e Documentação da FAU/UFRJ, que Jorge Czajkowski fundou em 1982 e coordenou até 1993, e onde o projeto teve continuidade. Em 1988, a exposição "Carlos Leão – arquitetura" foi remontada no prédio da Reitoria da UFRJ. Em 1993, ele publicou o texto "Carlos Leão, mestre da justa medida" na revista *AU – Arquitetura e Urbanismo*. A pesquisa também foi complementada a partir do Centro de Arquitetura e Urbanismo, da Prefeitura da Cidade do Rio de Janeiro, do qual Jorge Czajkowski foi curador de 1997 a 2000. Alguns anos depois, em 2009, ele também foi o responsável pela exposição "Carlos Leão – desenhos", na Caixa Cultural em São Paulo.

Roberto Conduru

Em um dos textos preparatórios deste livro, seu idealizador afirma que "Carlos Leão, como outros arquitetos cariocas de sua geração, iniciou a vida profissional propondo projetos radicalmente modernos mas voltando-se logo em seguida para a busca de uma síntese entre a arquitetura moderna e a tradicional. A análise dessa sua trajetória revela uma das facetas mais peculiares da produção arquitetônica brasileira das décadas de 1930 a 1960 e mantém, ainda hoje, sua potencialidade para influenciar os caminhos da arquitetura contemporânea". Ele também discorre sobre seus desenhos: "A grande beleza dessas pranchas, geralmente executadas a nanquim sobre papel Ingres, com aplicação de cor (aquarela ou guache), faz lembrar a todo instante a carreira de desenhista e ilustrador também desenvolvida por Carlos Leão, na qual, aliás, obteve um reconhecimento público mais evidente. Além de serem verdadeiras obras de arte, essas pranchas constituem-se em valioso documento de época e testemunho raro da forma de trabalhar de um dos pioneiros da arquitetura moderna brasileira".

Antes de falecer, Jorge Czajkowski delegou à arquiteta e produtora Claudia Pinheiro a missão de produzir este livro. Com a arquiteta Maria Helena Röhe Salomon, o historiador da arte Roberto Conduru, a designer Sula Danowski e a assistente editorial Rosalina Gouveia, que também haviam colaborado com ele nesse e em outros projetos, Claudia Pinheiro compôs uma equipe que cuidou desta edição de acordo com as minuciosas indicações por ele deixadas em textos, tabelas e bonecas, estruturando e detalhando o livro. Em Ana Cecilia Impellizieri Martins, do Bazar do Tempo, encontrou-se uma editora com a compreensão, as conexões e o empenho necessários ao projeto — uma homenagem tanto a Carlos Leão quanto a Jorge Czajkowski.

Na produção desta edição, foi fundamental o estímulo e o suporte financeiro oferecido pela família de Carlos Leão, por meio de José Portinari Leão, seu sobrinho, e de Adriana Calcanhotto, viúva de sua sobrinha Susana de Moraes, a quem Carlos Leão legou sua coleção de desenhos. Também foram imprescindíveis as colaborações de Anita Fiszon, guardiã do acervo pessoal de Jorge Czajkowski, e do Núcleo de Pesquisa e Documentação da FAU/UFRJ, especialmente de Elisabete Rodrigues de Campos Martins, sua atual coordenadora, e de João Cláudio Parucher, arquivologista. A complementação financeira necessária à viabilização do projeto foi conseguida no Programa de Patrocínio Cultural do Conselho de Arquitetura e Urbanismo do Rio de Janeiro – CAU/RJ.

Pouco mais de três décadas depois do início de sua idealização, este volume dá mostra do pensamento crítico de Jorge Czajkowski, ainda por ser estudado, e apresenta pela primeira vez em livro a obra arquitetônica de Carlos Leão, figura singular na cultura brasileira.

Carlos Leão e Oscar Niemeyer, no primeiro plano, 1938

SUMÁRIO

Projeto da residência Paulo de Oliveira Sampaio, Rio de Janeiro, 1935 [perspectiva]

CARLOS LEÃO, CASO SINGULAR

Lucio Costa

Conheci Carlos Leão — colega de turma de Cícero Dias — quando, ainda diretor da Enba [Escola Nacional de Belas-Artes], fomos levados certa noite com Manuel Bandeira à casa da mãe dele, Dona Tita, frequentadora assídua, como Leleta, do ateliê dos irmãos Bernardelli na bela casa murada da avenida Atlântica, então uma simples pista asfaltada ao alcance do espraiar da arrebentação. Essa proximidade das ondas e do ar saturado de maresia, esse contato direto com o vento e o estrondo do mar encapelado ao longo de quatro quilômetros de brancura eram a marca ímpar e de imemorial beleza da Copacabana que o excesso de areia matou.

Eu então morava no fim da praia, no Leme, no "porão-habitável" da casa do meu sogro Dr. Modesto Guimarães, e como trabalhávamos juntos, primeiro no escritório que tive com Warchavchik, depois no edifício Portella na avenida [Atlântica], e tinha carro — uma Lancia-Lambda —, comumente levava o Carlos a almoçar, já que o tempo dava para ir em casa e voltar. É que o ritmo de vida era diferente. Assim também, no verão, quando subia todas as tardes de trem para Petrópolis: bastava deixar o escritório às 5 horas, que o ônibus cinza da Light, de dois andares como em Londres, apontava na altura do obelisco, — às 5 e 25 estava na Leopoldina, era só comprar o bilhete e embarcar.

Entretanto, já se reclamava "dos tempos" e da falta de respeito. Certa vez, quando esperava com o Carlos o elevador, o porteiro, digna figura, desabafou: "imaginem os senhores que o meu servente, ainda há pouco, teve a petulância de se declarar comunista! Que ele se dissesse socialista, aliancista, ainda vá, mas usar assim de uma expressão tão baixa!"

Carlos — Caloca, para os íntimos —, tal como os irmãos Manoel e Aristides, era culto e tinha sólida formação acrescida, no caso dele, de uma apurada sensibilidade artística. Os seus projetos arquitetônicos eram invariavelmente elaborados com extremo desvelo profissional. Além de participar do grupo que construiu o palácio do antigo Ministério da Educação e Saúde, associação de propósitos — dar saúde e educar — que encantou Le Corbusier: quando em Paris, sempre me perguntava, — "et Léon, comment va-t-il?"; concebeu o projeto que serviu de base à construção da Escola Naval, e na chefia da Carteira Imobiliária do Instituto dos Bancários construiu, com Aldary Toledo, importantes prédios robustamente estruturados, cuja extensão assustou de tal modo as autoridades municipais que, a partir daí, limitaram a 40 metros a maior dimensão de qualquer edifício, o que teria impedido tanto o Pedregulho como o Parque Guinle.

novembro de 1985

Mas foi no projeto de prédios residenciais unifamiliares que a sua preocupação com a qualidade de vida e do dia a dia dos usuários se evidenciou. Assim na casa de Paulo Sampaio, na Vieira Souto, esquina fronteira ao "Country"; na casa de feição antiga do mano Manoel, em Cabo Frio, ambas demolidas; na casa para sua mãe, em Laranjeiras; na sua própria casa do Cavalão, e tanto mais. No loteamento da Samambaia, para Lota de Macedo Soares, na Estrada União-Indústria, a sua dedicação o fez até topógrafo.

Essa atividade profissional e a sua aparência sempre sóbria e discreta encobriam, porém, um temperamento ultrassensível que não só explodia em bruscos rompantes de demolidora irreverência crítica, como extravasava num extremado sensualismo.

A persistência desse traço que o marcou desde cedo — estimulado depois, inclusive, pela graça da presença caseira de Susana, sua sobrinha — o levou a se apegar cada vez mais ao íntimo convívio visual do corpo feminino através do desenho com toques de aquarela. Só que, no confronto desigual desse trato amoroso, com o correr do tempo, como é natural, a arquitetura perdeu.

Grupo de intelectuais, arquitetos e artistas
Urca, em 8 de novembro de 1931,
em homenagem a Gregori Warchavchik
por ocasião da exposição da residência
Nordschild, no Rio de Janeiro.
Da esquerda para a direita, de cima para baixo:
Mário de Amaral
Hernani Coelho Duarte
Manoel Dias
Alcides da Rocha Miranda
Guilherme Leão de Moura
Paulo Warchavchick
Carlos Leão
Cícero Dias
João Lourenço
Álvaro Ribeiro da Costa
Mário Pedrosa
Pedro Paulo Paes de Carvalho
Gregori Warchavchik
Lucio Costa
Cândido Portinari
Cesário Coelho Duarte

Projeto do *campus* da Universidade
do Brasil, Quinta da Boa Vista,
Rio de Janeiro, 1936; com Le Corbusier,
Affonso Eduardo Reidy, Ernani Vasconcellos,
Jorge Machado Moreira, Lucio Costa e
Oscar Niemeyer [perspectiva do conjunto]

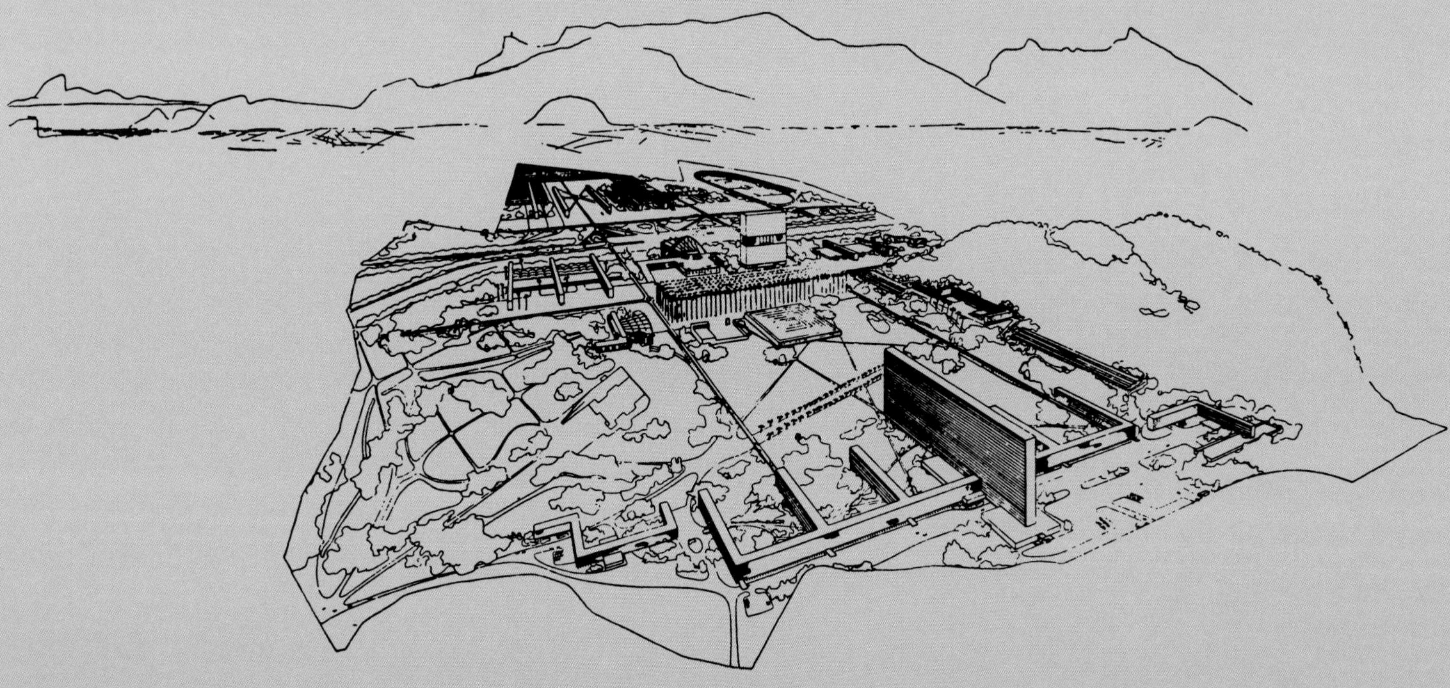

CARLOS LEÃO, MESTRE DA JUSTA MEDIDA

Jorge Czajkowski

Boêmio e artista por temperamento, culto, sensível, irreverente, adorado por seus amigos, "Caloca" pertenceu a uma geração de intelectuais cariocas que marcou o rumo da cultura nacional. Pioneiro do modernismo, adquiriu renome ao participar da equipe que projetou o edifício do Ministério da Educação e Saúde (MES), em 1937, mas sua trajetória profissional acabou por constituir-se num mistério que seu sucesso como retratista do nu feminino contribuiu para adensar.

Desenhista excepcional, legou aos arquitetos o exemplo de como "ver" através do desenho, prefigurando sensualmente os espaços a serem construídos e elevando a arte de projetar moradias a um nível raramente alcançado entre nós.

• • •

Carlos Leão (1906-1983) é uma figura *sui generis* no panorama da arquitetura moderna brasileira. A extensão de sua produção arquitetônica foi durante muito tempo objeto de especulações. A reticência do próprio arquiteto sobre o assunto, aliada à inexistência de referências bibliográficas, resumia as informações disponíveis a rumores como sendo de sua autoria algumas casas particularmente bem resolvidas. A lacuna só começou a ser preenchida a partir de 1985, no âmbito do Curso de Especialização em História da Arte e da Arquitetura no Brasil, da PUC-Rio.

O levantamento então realizado pela pesquisa "O nativismo carioca: uma arquitetura entre a tradição e a modernidade" localizou três dezenas de projetos e mais de cinquenta obras construídas, configurando um percurso de grande interesse para a história de nossa arquitetura.

Até recentemente a avaliação crítica desse conjunto esbarrava num problema de difícil superação: a maioria das obras apresenta uma feição tradicionalista e é posterior a projetos modernos da importância do MES e da Cidade Universitária — fato que talvez explique a clandestinidade a que foram relegadas.

junho de 1993

Hoje, ultrapassando o sectarismo que limitava aos exemplos "ortodoxos" o direito à aferição da qualidade arquitetônica, já se admite que o cotejamento de projetos gerados segundo conceitos contraditórios é fundamental para o entendimento das questões teóricas subjacentes à produção de determinado arquiteto. Essa nova atitude autoriza finalmente o resgate mais do que oportuno de uma obra cuja atualidade se situa para além das vicissitudes da forma.

2

Carlos Leão iniciou sua vida profissional no escritório de Lucio Costa e Warchavchik, onde foi trabalhar logo depois de formar-se, em 1931. Ao ser desfeita a sociedade, em 1934, continuou colaborando com Lucio Costa e com ele participou dos concursos para os edifícios do Ministério da Educação e Saúde (1935) e do Clube de Engenharia (1936). Nesse mesmo período fez alguns projetos independentes, como o da Escola Naval, na Ilha de Villegaignon (contratado pelo Escritório Técnico Raja Gabaglia, em 1933), e a sede para a Diretoria do Serviço Técnico do Café, em São Paulo (1935), não construída.

A Diretoria do Café e o Clube de Engenharia são projetos tipicamente "funcionalistas", com a estrutura em concreto armado, seguindo os ditames do cálculo e a identidade plástica do edifício alcançada através da articulação discreta do volume e das superfícies, marcadas pela fenestração. Falta a ambos um *desígnio* estético, uma intencionalidade que os libere das limitações de seu pragmatismo estrito.

DIRECTORIA DO SERVIÇO TECHNICO DO CAFÉ
SÃO PAULO
Architecto Carlos Leão

3

Esse *desígnio*, Carlos Leão vai descobri-lo no convívio com Le Corbusier, em 1936, durante a elaboração dos anteprojetos para o MES e para a Cidade Universitária. Efetivamente, o sistema corbusiano — ao mesmo tempo preciso e flexível — colocou à disposição dos arquitetos da "equipe do ministério" um arcabouço sobre o qual cada um deles pôde, em seguida, dar livre curso às peculiaridades de seu talento individual.

A influência do mestre franco-suíço sobre Carlos Leão é bem ilustrada pelo projeto para o Colégio Pedro II (1937). O programa, de grande complexidade, inclui não só as instalações necessárias às atividades didáticas, mas também internato, quadras de esporte, estádio, teatro etc., distribuídos por um conjunto de blocos interligados que buscam a melhor forma, situação e orientação para cada uso específico. Ao atender a essas condições, a implantação propicia a criação de áreas verdes diferenciadas, todas em íntima relação funcional com os espaços internos a que se ligam.

A arquitetura é planar e abstrata, e resulta da combinação de elementos definidos rigorosamente segundo os critérios racionalistas. Essa colagem é perfeitamente legível graças à autonomia plástica de cada um de seus componentes — espaços, estruturas, elementos de vedação.

O Colégio Pedro II foi a derradeira oportunidade do arquiteto para propor uma obra de grande porte inteiramente de acordo com seus princípios teóricos. Daí para frente, excetuando-se os trabalhos feitos para o IAPB (Instituto de Aposentadoria e Pensões dos Bancários) e os estudos para a Estação Ferroviária de Ponta Porã e para a Igreja Matriz de Araruama, seus projetos vão ser todos para residências unifamiliares ou para pequenos prédios de apartamentos.

No IAPB, Carlos Leão chefiou, de 1940 a 1957, a Carteira Imobiliária e coordenou uma equipe técnica da qual fazia parte Aldary Toledo. Apesar de terem conseguido construir alguns conjuntos habitacionais, impecáveis pelo correto equacionamento de necessidades e meios, a experiência acabou por frustrar as expectativas dos arquitetos, pois na maioria das vezes as restrições econômicas prejudicavam seriamente o trabalho, impedindo que atingisse um nível de qualidade satisfatório.

Independentemente do fato de resultar bem-sucedida ou não, de ter sido construída ou de ter ficado no papel, a arquitetura pública de Carlos Leão demonstra uma invariável fidelidade à linguagem corbusiana. Já sua arquitetura doméstica, pressionada por contingências de outra espécie, trilhou um caminho bem mais diversificado.

A casa da mãe do arquiteto, Francisca Azevedo Leão, projetada em 1934, inaugura a sequência das residências como uma obra decididamente moderna.

Muito elogiada por Le Corbusier, quando de sua estada no Rio, em 1936, adota um partido cuja ousadia é difícil de ser corretamente avaliada após a passagem de 60 anos. As limitações do terreno, em violento aclive, são superadas através de uma engenhosa subversão na ordem usual dos cômodos: o artifício de colocar o estar no segundo pavimento devolve à parte social o livre acesso ao terreno. A sala torna-se a fronteira entre a natureza e a cidade, admite a paisagem urbana através de uma *picture window* e abre-se ao fundo para um amplo pátio, do qual sobe uma escadaria que leva à cobertura em terraço-jardim e à encosta do morro Dona Marta. Ainda hoje, com prédios avançando à volta, esse terraço-jardim conserva seu caráter de mirante sobre o vale do Cosme Velho, ligado por uma ponte à mata virgem que chega até o limite da casa.

Logo em seguida a essa obra, e paralelamente aos projetos do MES, da Cidade Universitária e do Colégio Pedro II, vai tomando corpo a série das "casas brasileiras", que irá preencher integralmente o currículo do arquiteto nos vinte anos seguintes.

4

1 Projeto da residência Cândido Guinle de Paula Machado, Cabo Frio (RJ), 1958 [fachada | detalhe | p.12]
2 Projeto para o concurso do edifício do Clube de Engenharia, Rio de Janeiro, 1936; com Lucio Costa [perspectiva]
3 Projeto do edifício da Diretoria do Serviço Técnico do Café, São Paulo, 1935 [perspectiva]
4 Projeto do Colégio Pedro II, Rio de Janeiro, 1937; com Ernani Vasconcellos [entrada dos alunos]
5 Projeto do *campus* da Universidade do Brasil, Quinta da Boa Vista, Rio de Janeiro, 1936; com Le Corbusier, Affonso Eduardo Reidy, Ernani Vasconcellos, Jorge Machado Moreira, Lucio Costa e Oscar Niemeyer [perspectiva]

5

Esse retorno à tradição não significa propriamente uma abjuração voluntária dos princípios modernos. É, antes, o sinal do temperamento afável do arquiteto, que admitia fazer concessões a uma clientela nostálgica de suas origens privilegiadas, apreciadora do conforto e da praticidade das soluções modernas, mas não da imagem da nova arquitetura.

É preciso lembrar que, durante as décadas de 1930 e 1940, as encomendas para residências em linguagem moderna continuaram sendo exceção. O relativo sucesso dessa arquitetura na esfera pública — fruto muito mais da impessoalidade ou do autoritarismo do cliente institucional do que manifestação de um beneplácito da sociedade — vai ter pouco rebatimento sobre a esfera privada. Nela, os hábitos, gostos, preconceitos e aspirações da família-padrão da classe média encontravam uma satisfação mais garantida em estilos como o normando ou o californiano do que na arquitetura de vanguarda.

Essa resistência não era apenas uma atitude subjetiva, mas estava também, em parte, calcada no conhecimento das dificuldades construtivas que a nova arquitetura enfrentava em sua adaptação ao clima e às condições locais. Porém, o aspecto cultural, enraizado, inclusive na questão da expressão de uma identidade nacional ou regional, tem papel preponderante na origem do confronto, e sua importância não pode ser minimizada. O próprio Le Corbusier, respondendo em parte a essas considerações, ensaia uma revisão da arquitetura regionalista em algumas de suas obras da década de 1930, como as residências de Mandrot e Errazuris e a casa em Mathés.

Desde meados do século XIX, o conceito de nacionalismo tem uma forte presença tanto na política como nas artes e na arquitetura. Não é outra a origem do revivalismo regionalista que atravessa a América a partir do início do século XX e que, no Brasil, se manifesta através do neocolonial, propagado pela Exposição do Centenário [da Independência], em 1922.

No primeiro momento da implantação do modernismo, a irredutibilidade das posições moderna e tradicionalista levou a uma radicalização que ajudou a erigir, talvez um pouco precipitadamente, o *international style* como o paradigma obrigatório para a nossa arquitetura, desqualificando de antemão qualquer outra tendência. No entanto, o embate com a realidade — e com a clientela particular — acabou por provocar o surgimento de obras "nativistas" alternativas ao *Brazilian style*, cuja repercussão só não foi maior porque não se enquadravam nos padrões oficiais.

O grau de modernidade ou tradicionalismo presente em cada uma dessas obras varia de caso a caso, e há que se fazer, desde logo, a distinção entre as duas vertentes que aí têm origem. A manutenção do sistema corbusiano, com sua "nominação" de componentes agora acrescida do emprego de materiais e elementos arquitetônicos com conotações locais e históricas vai resultar na vertente mais abstrata, mais "moderna", exemplificada por projetos como o Grande Hotel de Ouro Preto (Oscar Niemeyer, 1940), a Colônia de Férias do Instituto de Resseguros (MMM Roberto, 1944) e o Conjunto Habitacional de Paquetá (Francisco Bologna, 1952).

6

7

6-7 Residência Abel Ribeiro, Petrópolis (RJ), 1944

A vertente "figurativa", ou conservadora, vai se caracterizar pelo retorno ao sistema tradicional e à composição não planar, como se observa nas residências Hungria Machado (Lucio Costa, 1942), Martin Holzmeister (Paulo Santos, 1955) e nas "casas brasileiras" de Carlos Leão.

Nessas "casas brasileiras", o esforço de Carlos Leão se concentra em tentar criar a atmosfera solicitada pelos clientes com um mínimo de referências formais à arquitetura do passado. Nos poucos exemplos mais *preciosos*, como as residências J. C. Costa Ribeiro (1943), Abel Ribeiro (1944) e o prédio de apartamentos para Gilda Carneiro de Mendonça (1940), onde elementos como cunhais, molduras, janelas de púlpito e colunas toscanas são aplicados de maneira ao mesmo tempo erudita e algo lúdica, detecta-se uma ironia que produz um curioso efeito de "mais que real" antiquarismo.

Mas as "casas brasileiras" são predominantemente um exercício com um vocabulário desestilizado, quase arquetípico em relação à construção de uso corrente, despido das conotações emblemáticas tão ao gosto do neocolonial. É no perfeito domínio das proporções e das escalas que está o segredo dessa arquitetura, tanto que qualquer erro na transposição das medidas acarreta invariavelmente um desastre.

Ao projetar essas residências, Carlos Leão não parte de um *a priori* técnico ou formal, nem a planta tem origem em determinada matriz tipológica. O projeto é elaborado em função das situações particulares a cada encomenda: programa, terreno, topografia, acessos, orientação, vistas etc.

A opção por trabalhar empiricamente traz como consequência a desenfatização do aspecto plástico e a eventual valorização, seja dos elementos arquitetônicos — como acontece nessa fase da obra do arquiteto — seja dos elementos construtivos. Mais adiante, na virada dos anos 60, é a expressão destes últimos, numa estética próxima ao brutalismo, que iria presidir a evolução da arquitetura de Carlos Leão e seu retorno ao moderno.

8

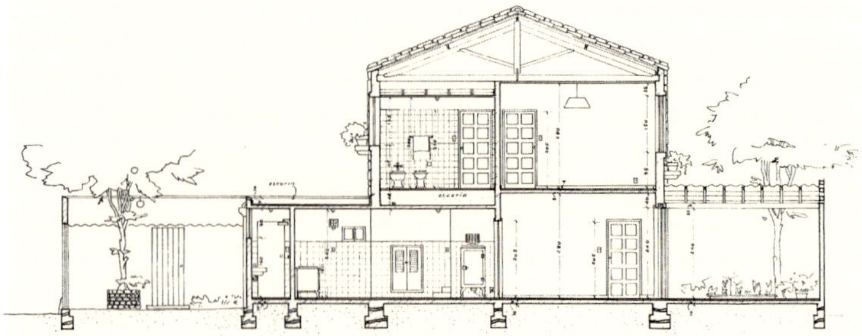

9

8-9 Projeto da residência Frederico Sève, Rio de Janeiro, 1935 [perspectiva e corte longitudinal]
10 Projeto da residência Hélio Fraga, Rio de Janeiro, 1951 [perspectiva do pátio]
11 Projeto da residência José Cláudio Costa Ribeiro, Cabo Frio (RJ), 1943 [2ª versão | perspectiva]

Quanto às plantas baixas, a principal e constante figura de referência é o pátio. Real ou virtual, completo ou fragmentário, é o pátio que conduz o projeto à sua forma final e estabelece a relação com o sítio. Esse ambíguo e instigante espaço interno/externo comparece com destaque nas arquiteturas domésticas que contam com a simpatia do arquiteto: a japonesa, a chinesa, a colonial brasileira e a de Le Corbusier.

O pátio faz sua estreia já na residência Azevedo Leão — onde cumpre a tarefa de mediador entre a casa e a natureza — e retorna nas casas Oswaldo Cruz Filho e Frederico Sève (ambas de 1935), substituindo um jardim impossível devido à exiguidade dos lotes urbanos. Em ambas é limitado pela habitação sobre duas de suas faces e por muros nas outras duas.

Essa disposição vai variar conforme as circunstâncias. O arquiteto explora toda a gama de possibilidades que é oferecida pelo fechamento ou não de dois, três ou quatro lados do pátio por uma combinação de corpos da edificação, alpendres, varandas-galerias ou *loggie*, pergolados, cercas vivas, muros e muretas, guarda-corpos.

Na primeira versão para a residência Costa Ribeiro, em Cabo Frio, a casa, pequena, tem no pátio seu principal centro de lazer, ligado a uma sala-alpendre que se abre diretamente para as dunas. A versão construída (e já demolida) era muito maior: dois corpos perpendiculares elevados do solo, o pátio juntando-se ao jardim, sua quarta face apenas indicada pelo avanço do volume de um dos quartos. Na residência Anete Oliveira Sampaio (1943, com Wladimir Alves de Souza, também demolida), o pátio se debruçava sobre a paisagem através de uma *loggia* suspensa sobre a encosta. Uma varanda-galeria semelhante é repetida na residência José Barretto Filho (1947), em Samambaia, mas em outra situação: divide o pátio de chegada do pátio-jardim e conduz da casa à beira do grotão que limita o terrapleno.

Esta última faz parte de um grupo de casas de campo construídas nos arredores de Petrópolis na década de 1940. Informais e singelas ao ponto de serem quase rústicas, elas propõem uma espécie de "vernáculo" salvo da banalidade pela sensibilidade do arquiteto. Ao bom observador essas casas serranas revelam um parentesco fortuito com as casas californianas tão populares nos anos 30 e 40, decorrência do aproveitamento de componentes encontrados prontos no mercado — cerâmicas, esquadrias, madeiramento — aplicados aqui da maneira mais neutra possível.

Nos anos 50, as "casas brasileiras" alcançam seu mais elevado patamar de qualidade. Três projetos – Hélio Fraga (1951), José Vasconcellos Carvalho (1955), C. G. de Paula Machado (1958) –, dos quais só o primeiro foi construído, chegam a sugerir que através da conjugação criteriosa do tradicional e do novo é possível produzir uma síntese que se aproxima do ideal de uma arquitetura fora do tempo.

A primeira é a mais compacta das três. Seu assentamento sobre o terreno aproveita o desnível para separar a parte privativa da parte pública do lote. Os acessos sociais são dois: um diurno – e das festas – por uma escada externa na fachada, que conduz diretamente ao jardim e às salas, e outro para uso mais cotidiano ou formal, ao centro da casa. Aqui, o arquiteto prepara mais uma de suas surpresas: por trás da porta em treliça a escada sobe quase a céu aberto e desemboca no pátio interno, em frente da verdadeira entrada.

10

O pátio, por sua vez – eixo e núcleo da habitação, ao mesmo tempo hall, sala, jardim e elemento de ligação visual entre os diferentes setores –, tem suas pequenas dimensões ampliadas pela redução do pé-direito dos beirais dos telhados que nele deságuam. A arquitetura é sutilmente elegante, composta por elementos que são uma destilação das formas mais corriqueiras a cada um.

Os outros dois projetos resolvem residências de muito maior porte. Se construídas, ambas seriam um verdadeiro inventário de espaços variados, abrigando uma sequência de ambientes abertos e fechados que dificilmente encontraria similar em outros exemplos de nossa arquitetura doméstica. A residência Paula Machado apresenta também uma leveza e regularidade de fachadas que parece prenunciar os melhores esforços para o *aggiornamento* da tradição, perseguido por muitos arquitetos brasileiros nas décadas de 1970 e 1980.

11

12

13

A ruptura com as “casas brasileiras” começa a se tornar viável em meados dos anos 50. Mas as dificuldades ainda encontradas com os clientes estão documentadas nas duas versões para a residência Carlos Soares Brandão (1956): a recusa de uma fachada “moderna” obriga o arquiteto a elaborar uma variante mais tradicional, mantendo a mesma solução em planta.

A residência Homero Souza e Silva (1956) vai ser a primeira obra racionalista construída por Carlos Leão em 20 anos. Retoma, portanto, uma experiência que teve um único precedente em suas casas – a Azevedo Leão – e que no campo das obras de maior porte se encerrou com o edifício do MES, excluídos os trabalhos para o IAPB.

É significativo esse retorno ao moderno dar-se justamente com uma casa cujas vastas dimensões a situariam mais facilmente na categoria de prédio público do que na de residência unifamiliar, facilitando a referência à arquitetura corbusiana dos anos 20. Mas a residência Souza e Silva é acima de tudo um exemplo da competência de Carlos Leão no que diz respeito à concepção de espaços e à sua articulação em planta. Os pontos de contato com a residência Azevedo Leão são muitos, e a comparação morfológica entre os espaços de ambas sublinha as mais flagrantes identidades, como o pátio da sala de jantar, reprodução literal do pátio da casa mais antiga.

As duas obras seguintes, as residências Augusto Besouchet e João Proença, ambas de 1957, deixam de lado a referência corbusiana e dão prosseguimento ao caminho ensaiado na primeira versão da residência Soares Brandão. O uso de revestimento cerâmico no andar térreo sugere um embasamento para o volume independente do andar superior e as faixas horizontais das janelas em fita e das platibandas dos telhados de inclinação única paginam as fachadas procurando escapar do esquema “figurativo” das “casas brasileiras”. O jogo das proporções se altera completamente e o resultado, um tanto abrutalhado, não lembra em nada a graciosidade da produção anterior.

É fácil perceber que essa fase de transição se caracteriza não pela adoção de uma nova linguagem mas pela substituição formalista de alguns elementos por outros mais “modernos”, ainda dentro do mesmo sistema. Os novos elementos “datam” as obras, enquanto os anteriores, por representarem uma simplificação dos tipos consagrados pela tradição, eram potencialmente mais neutros. É importante sublinhar ainda que essas transformações também não decorrem de, ou operam, qualquer mudança visível nas plantas baixas;

o próprio método projetual do arquiteto deixa margem a esse "deslocamento" entre a solução espacial e a feição arquitetônica.

Os anos seguintes testemunham uma evolução até certo ponto previsível. Entre as três opções viáveis de valorização expressiva — do aspecto tectônico, da forma plástica, da articulação semântica da linguagem —, Carlos Leão vai escolher a primeira, a mais próxima de sua formação racionalista. Através dela, a visceralidade de sua arquitetura irá se recompor, já que o produto final volta a depender primordialmente do tratamento sensível de dados concretos e não de uma inventividade voltada para o singular, fato que permite ao arquiteto retomar o exercício de suas melhores qualidades.

A residência Homero Souza e Silva, em Cabo Frio (1960), atesta de maneira cabal essa renovada maturidade. Sua construção rigorosa e simples é a base de uma elegância quase espontânea que reforça os méritos da concepção espacial. Cabe, no entanto, lamentar que não se tenha aproveitado a versão preliminar do projeto. Em quase tudo igual à versão construída, difere dela em alguns pontos fundamentais — todos relacionados com a implantação da casa no terreno. O arquiteto propunha ocupar a magnífica área à beira do Canal através da criação de sete pátios diferentes, articulados entre si e com a casa segundo uma disposição neoplástica. O conjunto formaria uma totalidade arquitetônico-paisagística cujo excepcional interesse decorre da complexa orquestração dos conceitos de percurso, lugar e limite.

É lícito supor que, caso tivesse sido desenvolvida sistematicamente, essa última fase da obra de Carlos Leão poderia ter lhe garantido um lugar mais em evidência na história de nossa arquitetura contemporânea. Mas não foi assim. Durante a década de 1960 o arquiteto construiu ainda algumas casas importantes, como as residências Sebastião Paes Almeida, em Brasília, e Antônio Martins Bastos, em Uruguaiana (ambas em 1961), mas sua vida já estava seguindo outro rumo, dedicado a uma atividade mais intimista e prazerosa, que iria, por fim, tomar inteiramente conta de seu tempo: o desenho do modelo nu feminino.

Ao se examinar em toda sua variedade o conjunto da obra de Carlos Leão, percebe-se um denominador comum que não está na forma mas na maneira de pensar o projeto.

12 Projeto da residência Regina e Carlos Soares Brandão, Rio de Janeiro, 1956 [perspectiva a partir do pátio]
13 Residência Homero Souza e Silva, Rio de Janeiro, 1956 [vista da sala de estar a partir do pátio]
14 Residência Sebastião Paes Almeida, Brasília, 1961 [fachada nordeste]

14

Num mundo em constante transformação, essa identidade se constitui em torno da busca de uma estabilidade radicada na expressão dos valores mais permanentes da relação do homem com seu hábitat e se manifesta tanto na ordenação da arquitetura quanto na composição dos espaços.

A ordenação da arquitetura sugere que o que mais impressionou Carlos Leão na doutrina corbusiana talvez tenha sido sua pretensão ao estatuto da ciência — o querer fundar-se numa objetividade capaz de conduzir a soluções mais seguramente justas do que aquelas baseadas na subjetividade do gosto ou no empirismo do hábito.

Na obra de Carlos Leão esse aspecto diz respeito principalmente à instauração de uma racionalidade da edificação e não está atrelado à adoção de uma feição arquitetônica determinada, como bem demonstra sua oscilação entre dois sistemas igualmente válidos mas contraditórios — um explícito e estruturante, o outro compositivo e implícito.

Por outro lado, em relação à natureza do espaço arquitetônico, a divergência com o mestre franco-suíço é clara e conceitual: Le Corbusier projeta para um homem universal e abstrato; Carlos Leão, para um homem particularizado, cuja história pessoal está mergulhada numa cultura específica. Se uma universalidade relativa também é alcançada, essa não tem como origem a referência a um modelo polivalente, mas é construída a partir de um somatório de experiências que pertencem ao fundo comum da existência humana.

O instrumento que Carlos Leão utiliza para trabalhar os contornos de sua composição espacial é o desenho. Impregnados pela presença do arquiteto, balizados por seu olhar sintetizador, é como se os desenhos representassem não uma previsão do que está por vir a ser, mas uma anotação do real, o registro de um espaço vivenciado. A obra proposta emerge do papel com a força de um objeto familiar ao observador.

Essa qualidade evocativa, mais ligada à memória do que à projeção, traz à tona a especial sensibilidade do arquiteto para tudo aquilo que cerca o homem no seu dia a dia, e seu envolvimento amoroso com os ritos da vida cotidiana.

15 Projeto da residência Homero Souza e Silva, Rio de Janeiro, 1956 [perspectiva de estudo do conjunto]

Muitos outros arquitetos do século XX se preocuparam também com a dignificação do cotidiano, formando uma linhagem da qual participam nomes como Tessenow, Asplund, Loos, Libera, Rossi, e movimentos como o classicismo nórdico do início do século e o *new empiricism* dos anos 50. A evidente diversidade entre as obras apenas sinaliza a amplitude do leque de referências utilizadas, que leva da informalidade à dramatização da dimensão simbólica.

Carlos Leão se inscreve nesse grupo pelo ângulo da despretensão e não pelo da exaltação, que é o responsável pelas peculiaridades de algumas obras que tanto interesse despertam hoje em dia. As distorções de escala, deslocamentos, angulações e outros recursos para tensionar a arquitetura nunca o seduziram. Ao *diferente*, preferiu sempre a discrição do *usual* e do correto; à experimentação, o aperfeiçoamento do existente. Na verdade, dedicou praticamente toda a sua vida a cultivar o comedimento do lugar-comum, mas de um lugar-comum apenas aparente, já que manipulado por um mestre de justa medida.

OBRAS E PROJETOS

Projeto da residência José Cláudio Costa Ribeiro,
Cabo Frio (RJ), 1943 [perspectiva do pátio]

RESIDÊNCIA FRANCISCA AZEVEDO LEÃO

Laranjeiras, Rio de Janeiro (RJ), 1934
projeto executado

Já neste primeiro projeto residencial com feições modernas, construído para sua mãe, o arquiteto lança mão do que será uma constante em seus projetos – o uso de pátio e áreas livres como articuladores da composição espacial, criando um diálogo dinâmico entre interior e exterior. Para se adaptar às limitações oferecidas pelo lote, com aclive pronunciado, a ordem dos cômodos foi invertida para que o estar, tradicionalmente situado no primeiro piso, fosse para o andar de cima, conquistando ampla visão da paisagem e acesso ao terreno. Essa sala se abre para a frente da rua e para um pátio, última fronteira antes da mata, conectando-se, por meio de uma escada e uma passarela, a um terraço-jardim e à encosta do morro Santa Marta.
A solução, radical e ousada para a época, foi elogiada por Le Corbusier quando de sua estada no Rio de Janeiro em 1936.

2

1

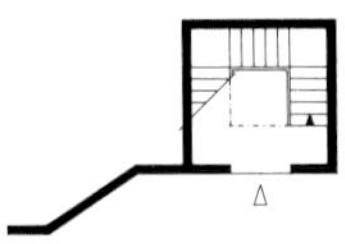

6

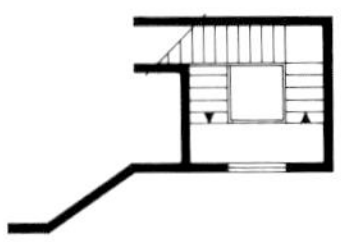

7

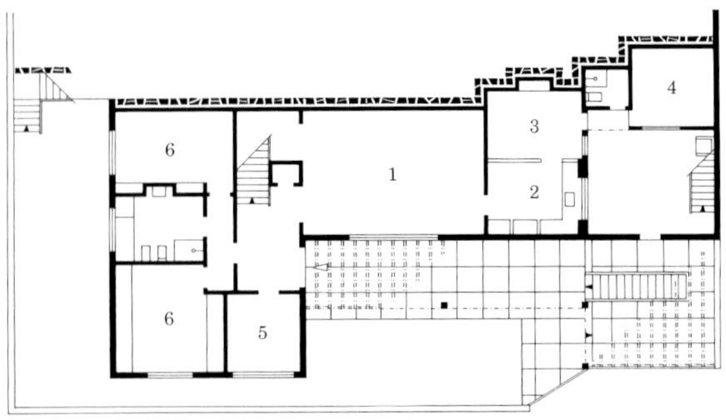

8

1 Casa em construção
2 Entrada da residência
3 Pátio e terraço-jardim vistos de cima
4 Pátio
5 Sala de estar com vista para o pátio
6 Planta baixa da escada de acesso, nível térreo
7 Planta baixa da escada de acesso, nível intermediário
8 Planta baixa do primeiro pavimento: (1) sala de jantar, (2) copa, (3) cozinha, (4) quarto de empregada, (5) sala íntima, (6) quarto
9 Planta baixa do segundo pavimento: (4) quarto de empregada, (6) quarto, (7) vestiário, (8) sala de estar, (9) biblioteca
10 Planta baixa do terceiro pavimento

3

4

5

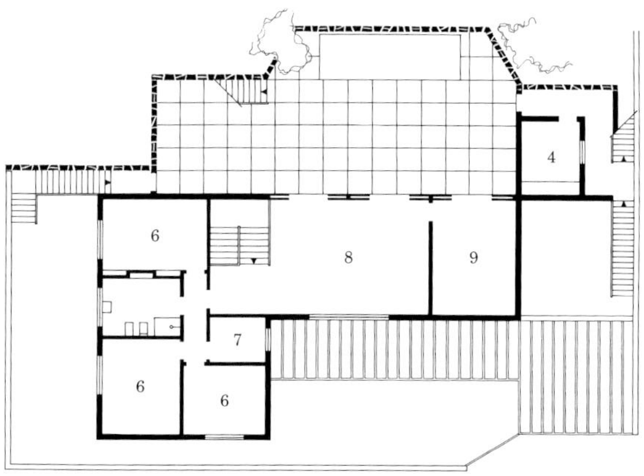

9

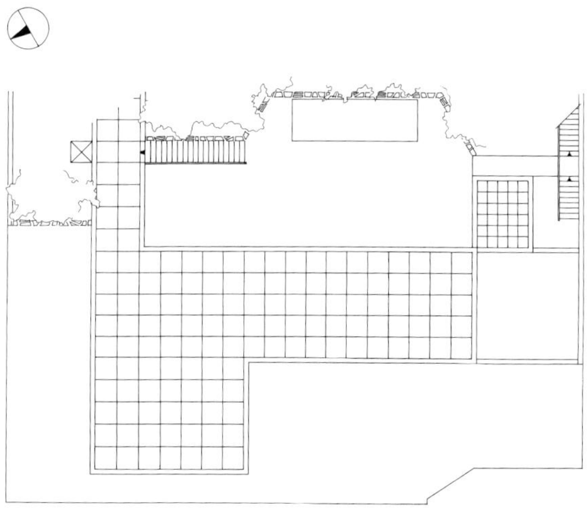

10

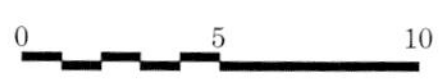

RESIDÊNCIA OSWALDO CRUZ FILHO

Botafogo, Rio de Janeiro (RJ), 1935
projeto executado [alterado posteriormente]

A residência da família de Oswaldo Cruz Filho, filho do médico sanitarista Oswaldo Cruz e que também foi médico e pesquisador da Fundação Instituto Oswaldo Cruz, está entre as obras com as quais Carlos Leão respondeu a uma clientela que ansiava por uma arquitetura doméstica fiel à tradição. Como em outros de seus projetos residenciais, ele estrutura esta casa conjugando espaços fechados, semifechados e abertos em uma clara setorização funcional que permite usos independentes dos espaços. Situada em terreno proporcionalmente pequeno, a edificação tem planta em formato de "T" invertido e está colada a uma das divisas, enquanto uma edícula no canto, no fundo da divisa oposta, abriga uma garagem. Esse arranjo gera, no andar térreo, um jardim fronteiro, uma lateral de acesso à garagem e dois pátios com distintas funções: para um se abrem as salas de estar e de jantar, enquanto em torno do outro são dispostos os recintos de serviço. O setor íntimo, com quartos, banheiro, varanda e balcão, situa-se no pavimento superior. O sentido pretérito dominante é expresso na fachada frontal, com sua parede que parece mais profunda do que efetivamente é, o predomínio das superfícies fechadas em relação às aberturas e a composição simétrica com elementos arquitetônicos antigos (telhas cerâmicas, janelas com venezianas, azulejos, gradil metálico e luminária).

1

2

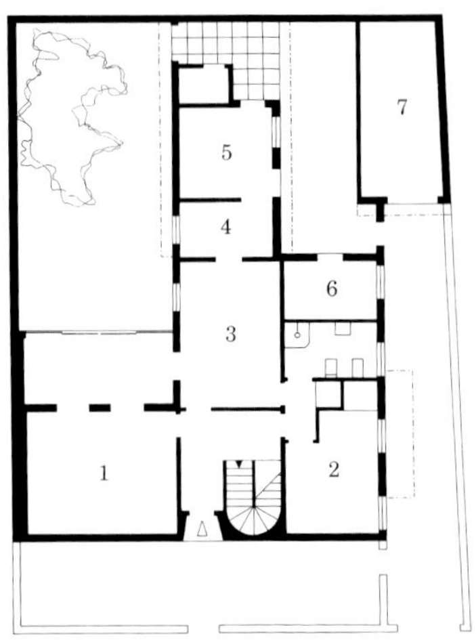

3

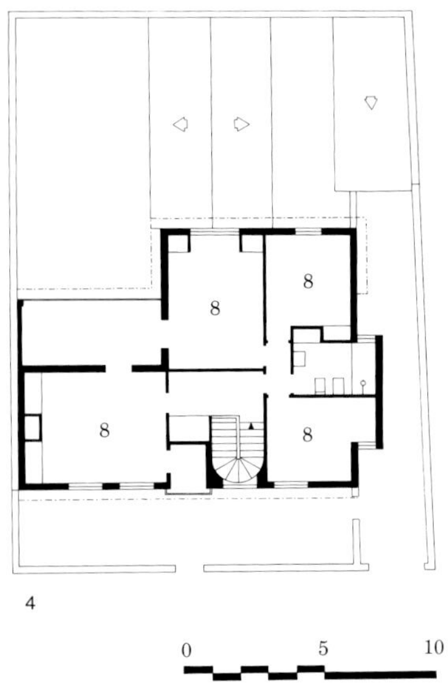

4

1 Antiga varanda, transformada em extensão da sala de estar, com pátio ao fundo
2 Sala de jantar, com vãos para sala de estar e o pátio
3 Planta baixa do primeiro pavimento: (1) sala de estar, (2) escritório, (3) sala de jantar, (4) copa, (5) cozinha, (6) quarto de empregada, (7) garagem
4 Planta baixa do segundo pavimento: (8) quarto
5 Fachada

5

HOTEL SAVOY PLAZA

Poços de Caldas (MG), anos 1930
projeto não executado

O projeto deste hotel deriva da pujança vivida por Poços de Caldas na época, quando os atrativos dos jogos de azar se somavam aos benefícios das terapias com águas minerais, que vinham fomentando as estâncias termais na cidade desde o fim do século XIX.
No terreno com perímetro trapezoidal, o arquiteto distribuiu o extenso programa em torno de um pátio, alocando os espaços de uso coletivo nos dois primeiros pavimentos e os quartos, mais as correspondentes instalações de apoio, em blocos de cinco ou seis pisos, baseando-se nos princípios arquitetônicos e na linguagem corbusierianos. Tanto as cinco entradas que garantem acessos independentes aos variados setores, quanto os amplos espaços de circulação horizontal e vertical indicam preocupação com os fluxos, então em voga, assim como o ideal de transparência, evidente por todo o projeto. Ao expressar a complexidade programática do hotel, o jogo plástico com prismas ortogonais puros não alcança grande dinamismo devido à regularidade e à simetria no desenho de planos, volumes e espaços, indicando certa incompreensão do léxico e da gramática da arquitetura moderna. Outros indícios da falta de familiaridade com essa linguagem são a incongruência dos elementos arquitetônicos com as pessoas, os objetos e as plantas, nas perspectivas, e a repetição da cena com o homem curvado em direção à mulher sentada na poltrona LC2, de Le Corbusier e Charlotte Perriand, nas pranchas 7 e 8.
Vale notar que a solução para o jardim de inverno – espaço coberto situado entre o pátio e o exterior – foi adotada posteriormente, como varanda-galeria, em obras diversas como a igreja matriz de Araruama (1950) e as residências Anete Oliveira Sampaio (1942), José Vasconcellos Carvalho (1955), Sebastião Paes Almeida (1961) e Américo Lutz (1967), configurando uma assinatura de Carlos Leão.

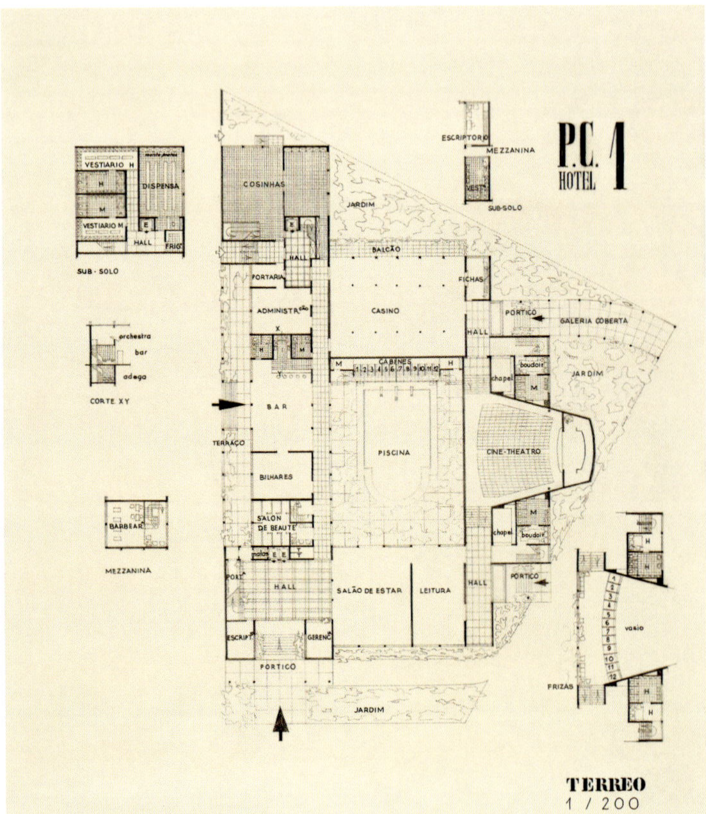

1

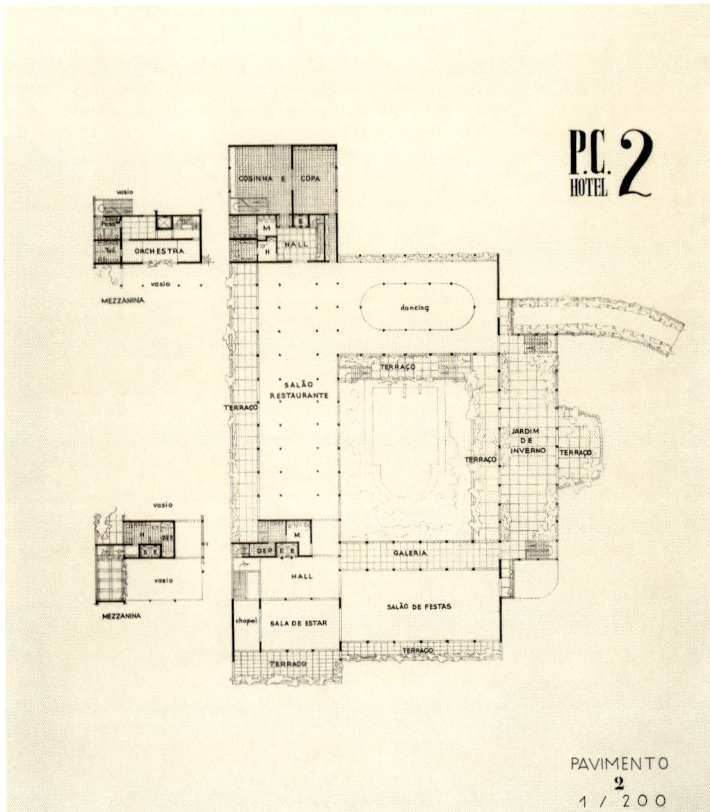

2

3

1 Planta baixa do pavimento térreo
2 Planta baixa do segundo pavimento
3 Perspectiva do conjunto
4 Perspectiva da entrada pela rua Junqueiras

4

5

6

5 Perspectiva do hall de entrada
6 Perspectiva do jardim de inverno e do terraço [outra versão]
7 Perspectivas do pátio e da entrada

PATEO

P.C. HOTEL 8

ENTRADA

MINISTÉRIO DA EDUCAÇÃO E SAÚDE PÚBLICA – MESP

Centro, Rio de Janeiro (RJ), 1936
projeto não executado, com Lucio Costa, Affonso Eduardo Reidy, Ernani Vasconcellos, Jorge Machado Moreira e Oscar Niemeyer

Nessa realização de uma equipe de arquitetos com idades variando entre 24 e 34 anos, sem nenhuma obra do mesmo porte construída até então, pode-se perceber como um projeto, mesmo sem ser executado, pode ter uma presença na história da arquitetura e da cultura. Esse episódio também indica como a modernidade é relativa e processual.
O projeto parecia inovador diante tanto do projeto vencedor do concurso, arbitrariamente abandonado para que fosse projetado um edifício afim com os ideais dos ocupantes do Ministério da Educação e Saúde Pública, quanto da arquitetura praticada então no Rio de Janeiro e no Brasil. Mas foi batizado como "múmia" por Le Corbusier, quando este foi chamado a analisá-lo, e sugeriu seu descarte e a elaboração de outro projeto em terreno à beira-mar, com mais visibilidade. Com efeito, este projeto se conforma a partir de vários princípios modernos de arquitetura, particularmente os do sistema corbusieriano: a independência entre elementos de sustentação e delimitadores espaciais, o desenho variado das plantas baixas de acordo com necessidades funcionais, a liberdade na composição das fachadas, nas quais se destacam os grandes planos de vidro e a ausência de ornamentos. Contudo, a concretização desses princípios gerou um conjunto estático, hirto, distante do dinamismo plástico moderno, devido, sobretudo, à implantação centralizada no lote, à persistência do pátio, à simetria na articulação dos blocos e ao caráter massivo dos volumes.

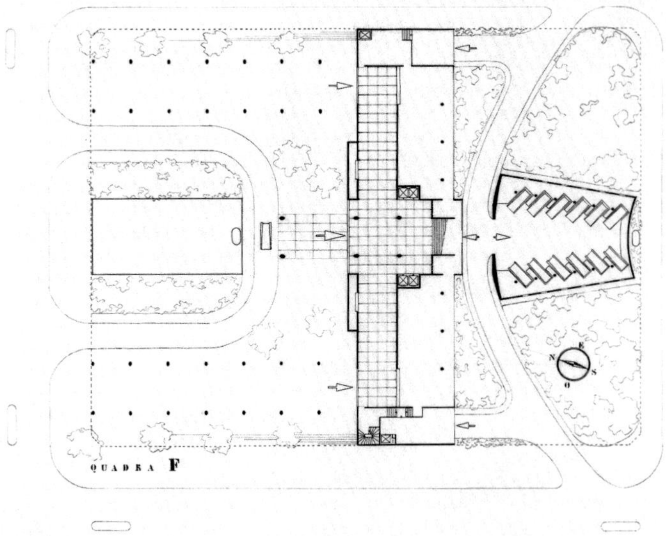

1

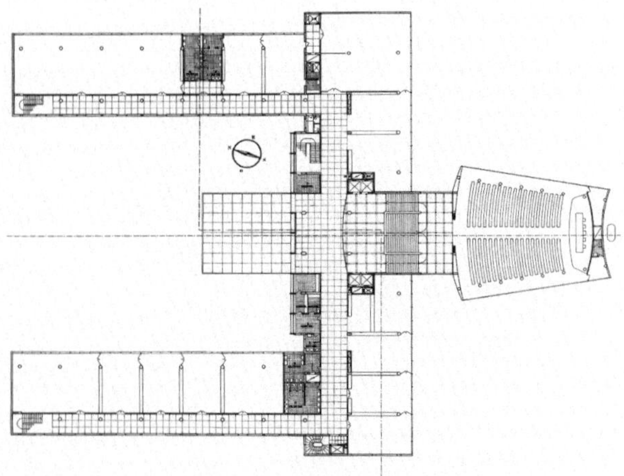

2

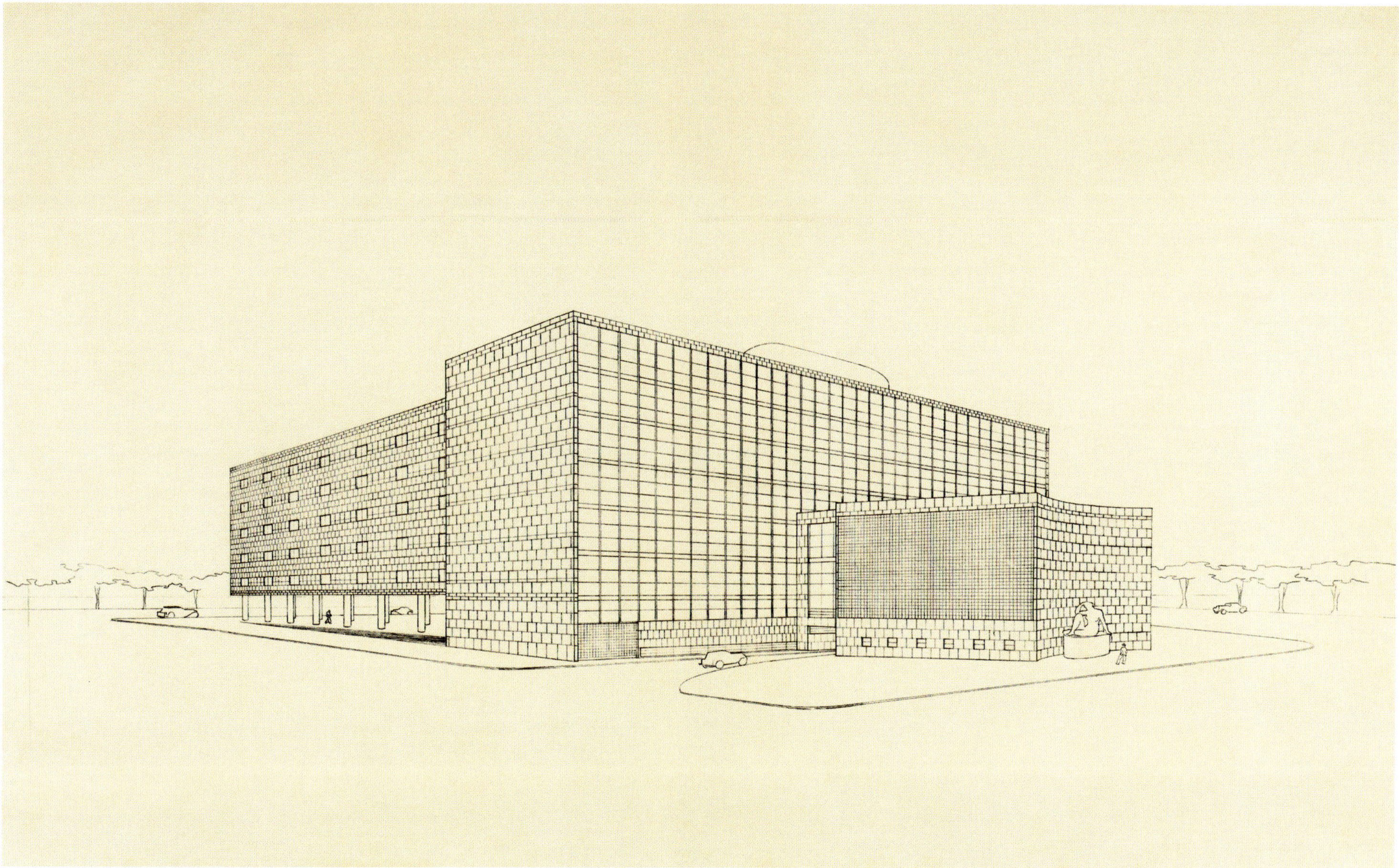

3

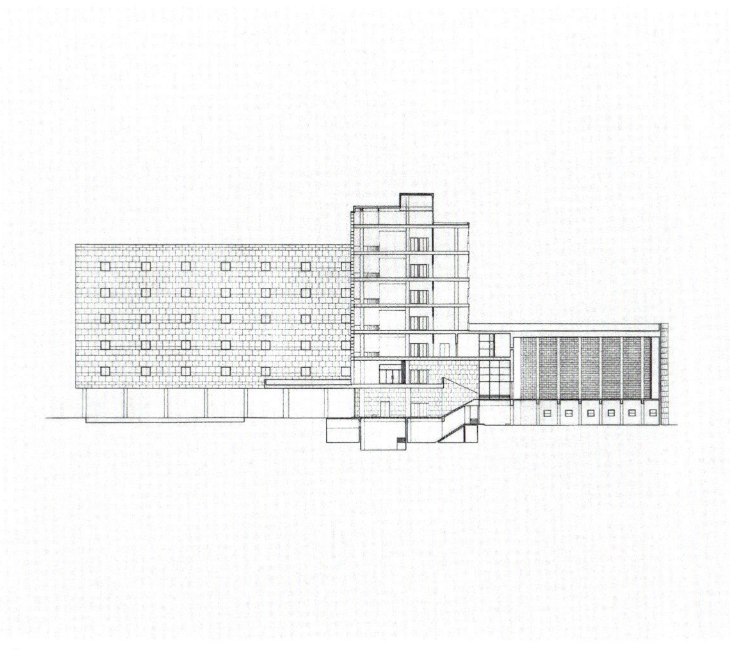

4

1 Planta baixa do pavimento térreo
2 Planta baixa do primeiro pavimento
3 Perspectiva
4 Corte

MINISTÉRIO DA EDUCAÇÃO E SAÚDE – MES

Centro, Rio de Janeiro (RJ), 1937-1945
projeto executado, com Lucio Costa, Jorge Machado Moreira, Affonso Eduardo Reidy, Oscar Niemeyer e Ernani Vasconcellos; arquiteto-consultor: Le Corbusier;
paisagismo: Roberto Burle Marx; esculturas: Bruno Giorgi, Celso Antônio e Jacques Lipchitz;
pintura e painel de azulejos: Cândido Portinari

Embora não tenha vingado a proposta de Le Corbusier para construir a sede do Ministério da Educação e Saúde em terreno à beira-mar, com situação excepcional, uma vez que o edifício foi construído no lote originalmente previsto, em meio à regularidade das quadras, os projetos elaborados por ele com a equipe de arquitetos brasileiros, durante sua estada no Rio de Janeiro em 1936, serviram de base para o projeto definitivo, que também contou com colaborações de outros artistas.

De execução lenta, porém primorosa, quando finalizada a obra foi considerada um feito notável. Tornando-se uma das obras paradigmáticas do século XX, exerceu grande influência no Brasil e no exterior, em especial por se tratar do primeiro edifício de grande porte construído inteiramente de acordo com os princípios da nova arquitetura. Também causou surpresa e admiração o modo coerente e inventivo como os princípios modernos de arquitetura foram interpretados, a partir da matriz corbusieriana, carregando com discreto sotaque brasileiro a linguagem pretensamente universal.

Por um lado, é preciso ressaltar o caráter errático da modernidade, capaz de produzir resultados surpreendentes mesmo em contextos marginais nos quais não se encontram as condições propagadas como necessárias. Por outro lado, há que se considerar o conhecimento acumulado pelos agentes neste projeto, tanto o consultor, que é uma das maiores referências da arquitetura moderna, quanto os arquitetos e artistas brasileiros, cujas trajetórias em geral mantiveram o padrão alcançado nessa obra. Nesse sentido, vale observar como esta obra é uma das mais importantes encruzilhadas artísticas da cultura brasileira, dada a diversidade de caminhos trilhados pelos arquitetos, paisagista, artistas e técnicos que ajudaram a erigi-la.

1 Corte
2 Planta baixa do pavimento térreo
3 Planta baixa do primeiro pavimento
4 Planta baixa do pavimento-tipo [do terceiro ao décimo-sexto pavimentos]
5 Fachada noroeste e do bloco do auditório

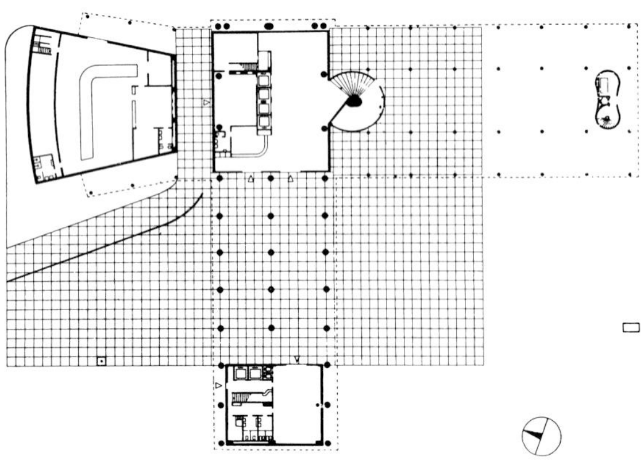

2

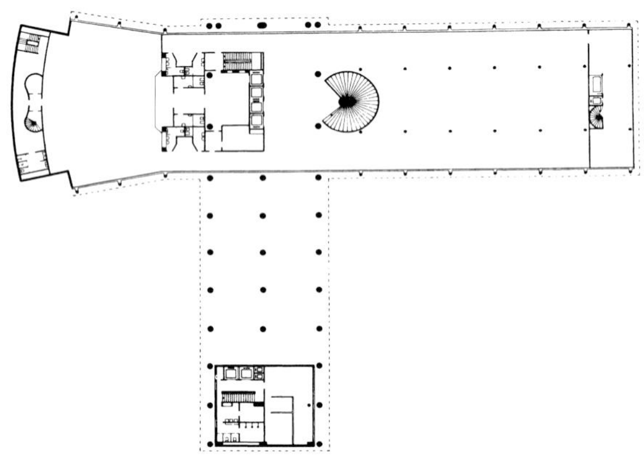

3

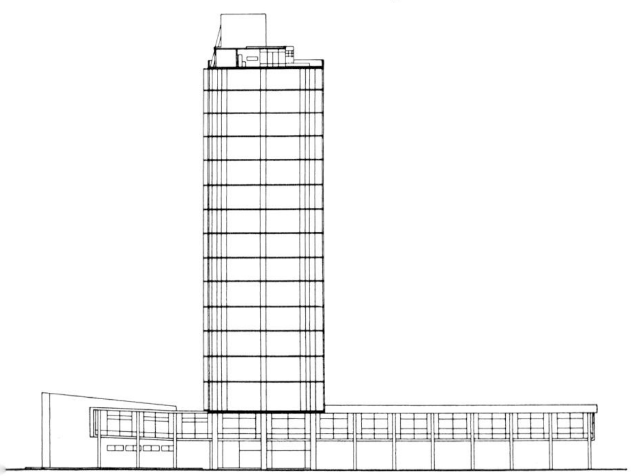

1

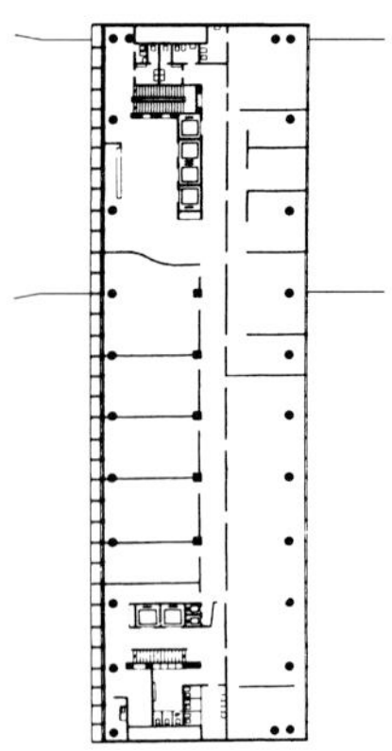

4

5

COLÉGIO PEDRO II

Praia Vermelha, Rio de Janeiro (RJ), 1937
projeto não executado,
com Ernani Vasconcellos

Este projeto foi elaborado no ano seguinte à participação de Carlos Leão e Ernani Vasconcellos na equipe que projetou com Le Corbusier o *campus* da Universidade do Brasil e a sede do Ministério da Educação e Saúde. A matriz corbusieriana é evidente, mas a maturidade da solução e a qualidade da arquitetura são mérito exclusivo dos jovens arquitetos. Obra de grande porte, devido à complexa ação pedagógica do colégio, que pressupõe salas de aula, laboratórios, ateliês, teatro, quadras de esporte, estádio e internato, entre outras instalações. Embora a ortogonalidade prevaleça na conformação de planos, volumes e espaços, a implantação esconsa cria condições para o melhor aproveitamento do lote, a situação dos blocos e a diferenciação das áreas livres para atender as demandas do extenso programa, além de potencializar a espacialidade, sobretudo no largo criado com a extensão do arruamento ao interior do lote, mais discretas curvas e palmeiras monumentais.

1

2

3

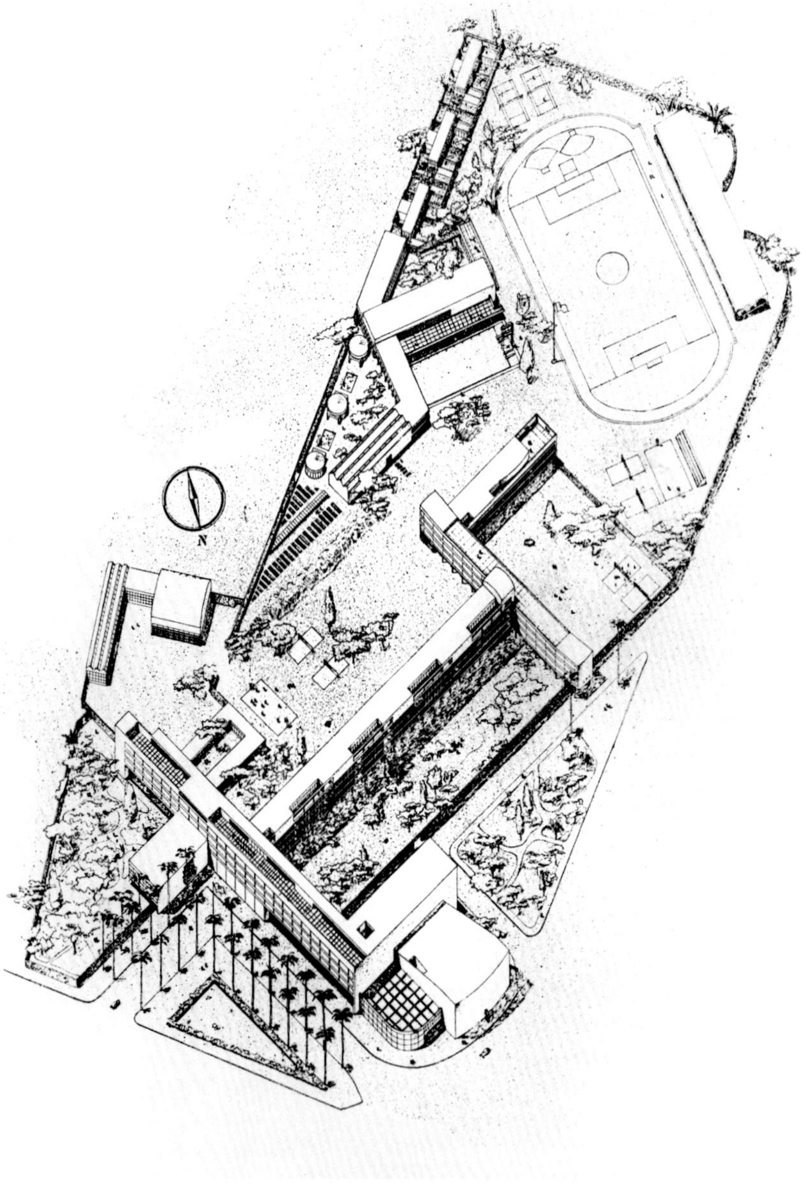

4

5

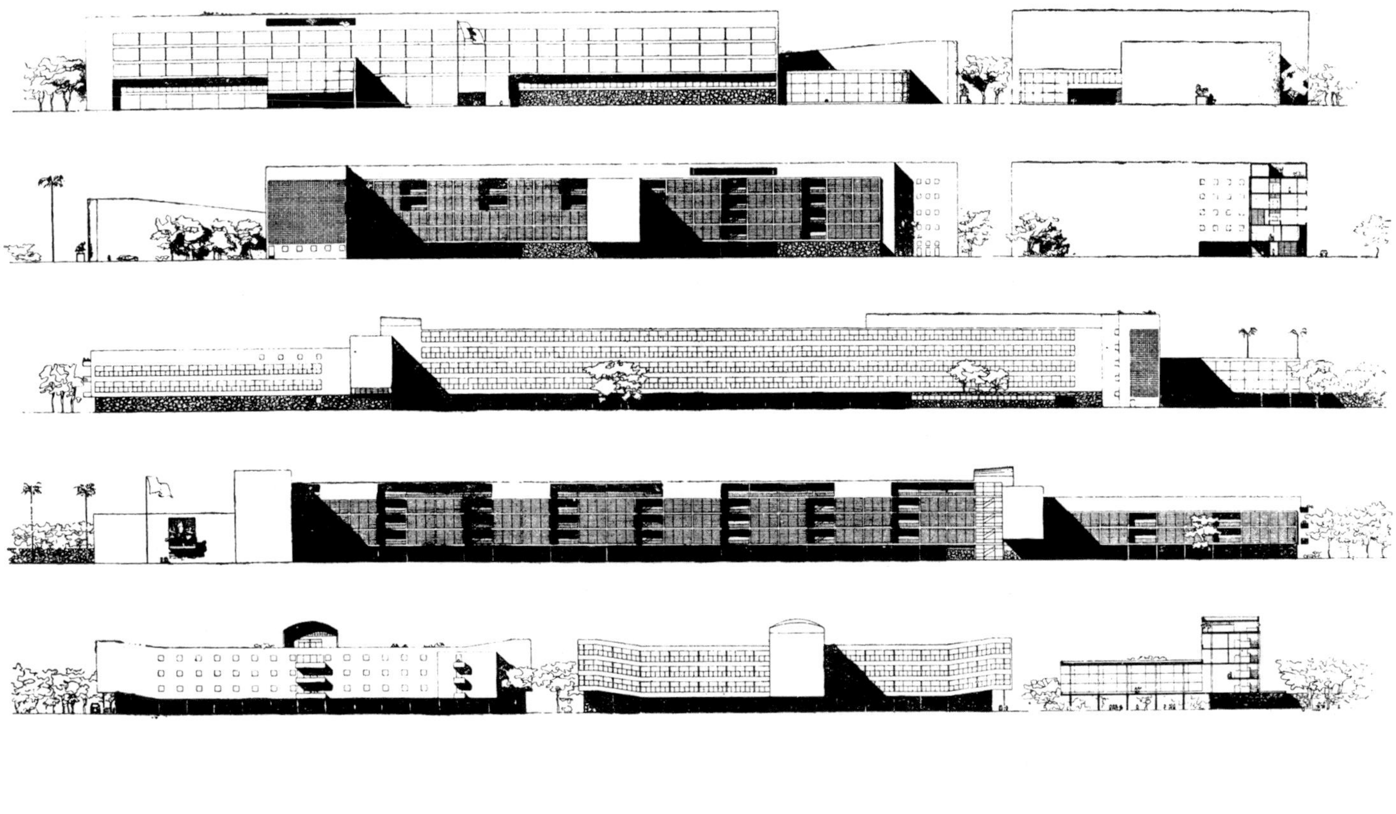

6

1 Perspectiva do ginásio
2 Perspectiva da entrada principal
3 Perspectiva do salão de visitas
4 Perspectiva do conjunto
5 Perspectiva da entrada principal e do auditório
6 Fachadas

RESIDÊNCIA CARLOS LEÃO – CAVALÃO

Morro do Cavalão, Niterói (RJ), 1939
projeto de reforma executado

Ao reformar para si e Ruth, sua esposa, uma casa na encosta de um morro no Saco de São Francisco, em Niterói, Carlos Leão manteve o clima nostálgico, mas abandonou o tom erudito. Apagando a linguagem da arquitetura historicista eclética e se valendo de elementos referentes a variados momentos e lugares (arco abatido de pedra, esquadrias retilíneas de madeira pintada, piso de lajotas cerâmicas, forro de palha trançada, telhas cerâmicas formando um telhado de quatro águas com suave caimento), ele compôs um chalé de cunho vernacular reminiscente de temporalidade pretérita indefinida. Como em outros de seus projetos, ele conjugou diferentes tipos de espaços – desde abertos a fechados, de protegidos a descobertos – entre si e com outros elementos construídos e naturais para propiciar múltiplas possibilidades de vivenciar o ambiente. Na parte do terrapleno que avança na direção do mar, potencializando a situação a cavaleiro na paisagem e a vista deslumbrante da baía de Guanabara que alcança o Rio de Janeiro, ele alinhou a sala de estar envidraçada, a varanda e o terraço com pergolado, caramanchão, jardins e lagos. Formando com a sala de estar um espaço em forma de "T" invertido que abre a casa em todas as direções, um amplo cômodo é, ao mesmo tempo, continuidade do estar, sala de jantar e acesso aos demais recintos: do lado da entrada, um quarto e um banheiro; no lado oposto, abrindo para um terraço, o escritório e outro quarto com banheiro; ao fundo, um pequeno jardim e a cozinha, que constitui um pátio de serviços fechado com edículas junto da encosta do morro. Vinicius de Moraes nomeou a residência de Ruth e Carlos, seus cunhados, como "casa das mil janelas" em seu poema "Balada do Cavalão". Foi em uma de suas estadas lá, ao ouvir um batuque proveniente de uma favela próxima enquanto lia sobre mitologia grega, que teve a ideia de transpor o mito de Orfeu para a contemporaneidade, ambientando a tragédia no morro e no mundo do samba, na peça *Orfeu da Conceição*, de 1954, que estreou dois anos depois, encenada no Teatro Municipal do Rio de Janeiro, com música de Tom Jobim, cenários de Oscar Niemeyer e encenada pelo Teatro Experimental do Negro de Abdias do Nascimento.

1

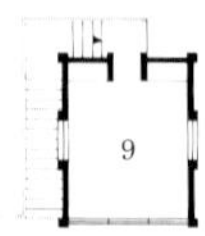

3

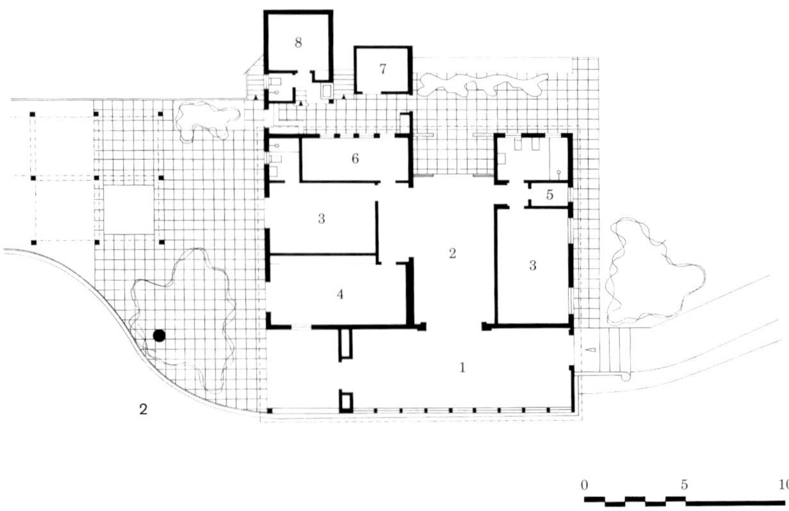

2

1 Casa antes da reforma
2 Planta baixa do primeiro pavimento: (1) sala de estar, (2) sala de jantar, (3) quarto, (4) escritório, (5) vestiário, (6) cozinha, (7) depósito, (8) quarto de empregada
3 Planta baixa do segundo pavimento: (9) ateliê
4 Perspectiva da casa reformada
5 Casa vista de baixo

4

5

6

6 Terraço com vista do escritório, da varanda e da baía de Guanabara ao fundo
7 Sala de estar com varanda ao fundo
8 Sala de jantar com pátio ao fundo

7

8

EDIFÍCIO PARA GILDA CARNEIRO DE MENDONÇA

Ipanema, Rio de Janeiro (RJ), 1940
projeto executado [demolido]

Projetado para a colecionadora de antiguidades e especialista em tapeçaria, esposa do médico Fábio Carneiro de Mendonça, o edifício de três pavimentos, com um apartamento por andar, ocupa o terreno dividindo-o em quatro faixas com diferentes profundidades: a fronteira respeita o recuo obrigatório; na segunda, colada à divisa, ficam espaços de uso social – circulação vertical, halls, salas de estar e jantar; a terceira tem prismas laterais que garantem ventilação e insolação natural aos cômodos dos setores íntimo e de serviços, mais a circulação vertical de serviço; a quarta abriga a garagem colada às divisas laterais e posterior do lote. Os três apartamentos têm um núcleo comum, com clara divisão de setores funcionais, que podem ser usados independentemente, e diferenças criadas a partir de suas posições no conjunto: a unidade no térreo tem, junto da rua, um jardim no pátio que se conecta à sala de estar por uma varanda e outro na lateral para onde se abrem os quartos; o apartamento no terceiro pavimento difere da unidade intermediária por ter um piso a mais, que abriga uma sala com mansarda envidraçada e terraço voltado para o fundo com janela aberta sobre a sala no piso inferior. Essa diversidade é expressa na fachada, composta de modo pitoresco e vivaz. Há aberturas com vergas curvas e retas, emolduradas ou não: portas em arcos, janelas, porta-janelas com balcões com guarda-corpos em ferro, varandas embutidas fechadas com alvenaria ou com cobogós. A mescla de elementos construtivos e arquitetônicos de cunho pretérito, mas que não remetem a épocas e lugares específicos, confere ao edifício um caráter nostálgico algo atemporal.

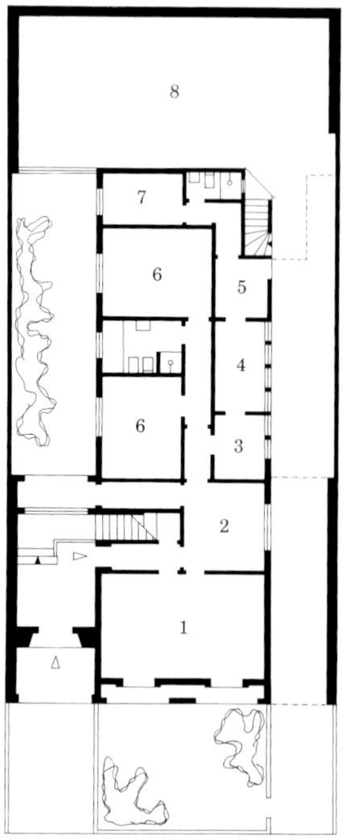

1

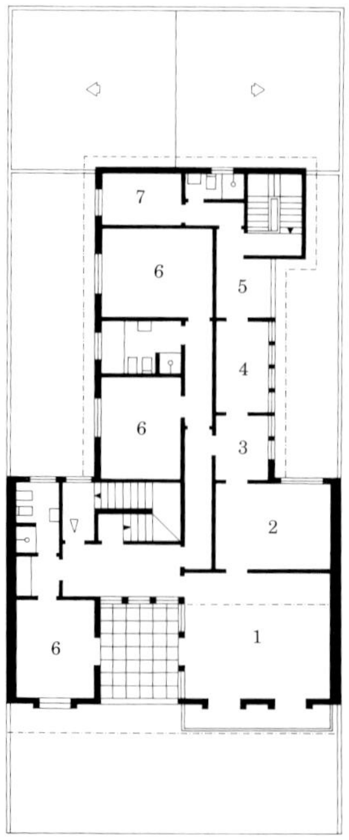

2

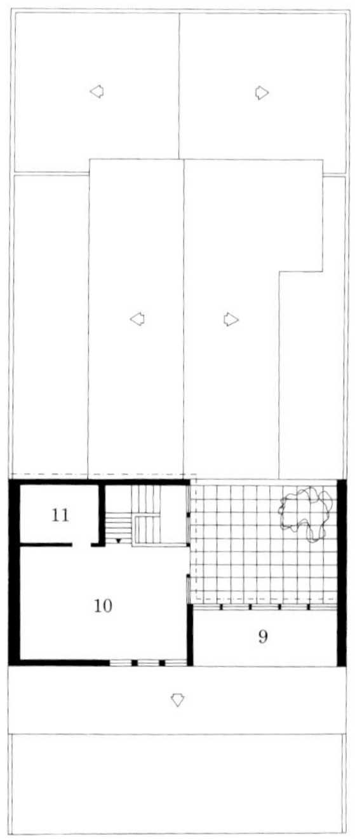

3

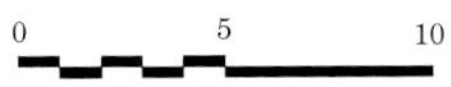

4

1 Planta baixa do pavimento térreo:
(1) sala de estar, (2) sala de jantar, (3) copa,
(4) cozinha, (5) área de serviço, (6) quarto,
(7) quarto de empregada, (8) garagem
2 Planta baixa do pavimento-tipo:
(1) sala de estar, (2) sala de jantar, (3) copa,
(4) cozinha, (5) área de serviço, (6) quarto,
(7) quarto de empregada
3 Planta baixa da mansarda: (9) vazio da sala
de estar, (10) sala com mansarda, (11) depósito
4 Perspectiva

RESIDÊNCIA
LOTA DE MACEDO SOARES

Samambaia, Petrópolis (RJ), 1942
projeto executado com alterações

Esta residência, pertencente à arquiteta autodidata Lota de Macedo Soares, faz parte das casas de campo projetadas por Carlos Leão no loteamento Samambaia, também por ele desenhado em terreno situado em Petrópolis. É uma construção simples, em pavimento único, na qual se destacam espaços que promovem o constante diálogo entre os ambientes internos e externos, proporcionando ventilação e iluminação natural. Dois pátios participam da setorização funcional que, a partir da planta, se expressa nos telhados. O setor de serviços e parte do setor íntimo se abrem para um pátio murado. A sala de estar é ladeada por um pátio entreaberto ao jardim e margeada por uma varanda-galeria que se conecta à garagem. No lado oposto da casa, um volume saliente, composto por janelas de vidro, compõe o jardim de inverno com vista para o vale.

1 Planta baixa: (1) sala de estar, (2) quarto, (3) jardim de inverno, (4) cozinha, (5) depósito, (6) despensa, (7) garagem
2 Fachada

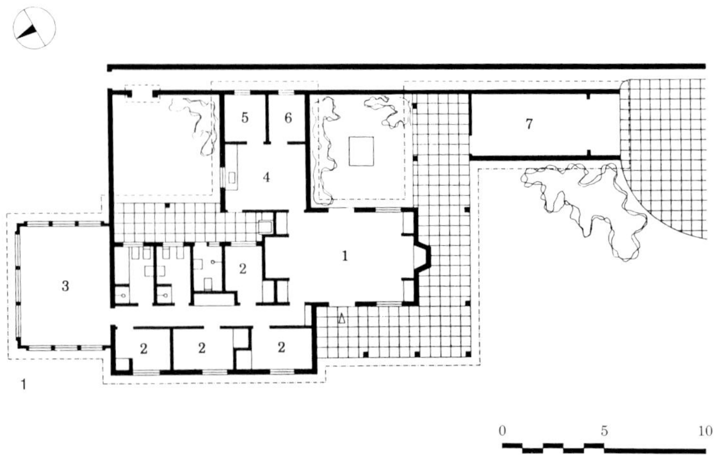

1

2

ATELIÊ LOTA DE MACEDO SOARES

Samambaia, Petrópolis (RJ), 1942
projeto executado

No ateliê de Lota de Macedo Soares, como em outros de seus projetos campestres, Carlos Leão se vale de soluções simples, mas engenhosas, para tornar a construção mais econômica e os ambientes mais confortáveis e atraentes. Evitando grandes movimentações de terra, o ateliê se acomoda à topografia: um primeiro terraço se conecta, por meio de pequeno lance de escadas, a outro para onde se voltam as portas da sala de estar que se liga por outro curto lance de escadas à sala de jantar, que se abre ao fundo do lote por um breve corredor. Esse encadeamento, que valoriza a situação em suave aclive, e as aberturas em diversas faces, que permitem penetração de luz e ventilação naturais de várias direções, não deixam esquecer a situação da casa na paisagem. A sala de jantar é uma espécie de alpendre interno, com seu guarda-corpo integrado à estrutura de madeira aparente que sustenta o telhado. Com caimentos para direções opostas e forro de palha trançada junto das telhas cerâmicas, a cobertura mais as proporções das portas e janelas conferem modesta grandiosidade às salas. Somadas aos demais elementos arquitetônicos, as portas em folhas duplas bipartidas da sala de estar, típicas de edificações utilitárias de fazendas, dão um caráter rústico, porém acolhedor à construção.

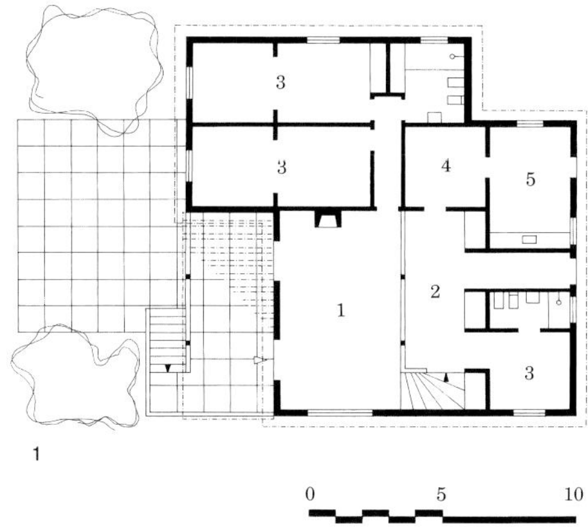

1

1 Planta baixa: (1) sala de estar, (2) sala de jantar, (3) quarto, (4) copa, (5) cozinha
2 Fachada

2

3 Sala de estar
4 Sala de estar, com sala de jantar em segundo plano

3

4

RESIDÊNCIA ANETE OLIVEIRA SAMPAIO

Leblon, Rio de Janeiro (RJ), 1942
projeto executado [demolida],
com Wladimir Alves de Souza

De modo semelhante à residência de Francisca Azevedo Leão, neste projeto a casa se acomoda à encosta vencendo o aclive pronunciado do terreno; diferentemente daquela, no entanto, o partido e a linguagem arquitetônicos têm cunho tradicionalista. No nível da rua, há uma edícula para a garagem, contígua a um portão que dá acesso a uma escadaria que, a certa altura, se bifurca, conduzindo, de um lado, à porta principal e, de outro, à entrada de serviço. No pavimento térreo estão os ambientes de uso social e de serviços, enquanto o setor mais íntimo se localiza no piso superior. Foco da composição e importante articulador dos espaços, um pátio é conformado pelas salas de estar e de jantar, uma varanda em arcadas aberta à paisagem, uma fonte e uma escada que se conecta a um balcão para onde se abrem as portas do quarto principal. Embora tenha sido demolida e não tenham sobrevivido fotografias dela, a casa tem um caráter tradicionalista que se deve tanto a seus elementos arquitetônicos quanto ao jogo compositivo com esses elementos. Talvez devido à parceria com Wladimir Alves de Souza e/ou ao gosto da proprietária, a casa de Anete Oliveira Sampaio é, ao lado do projeto de Carlos Leão para o Hotel de Ouro Preto, a obra mais próxima da dita arquitetura neocolonial, que vigorou no Brasil nas décadas de 1920 e 1930.

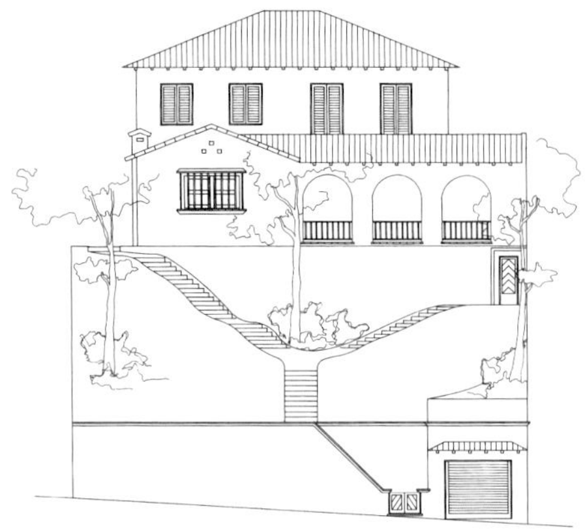

1

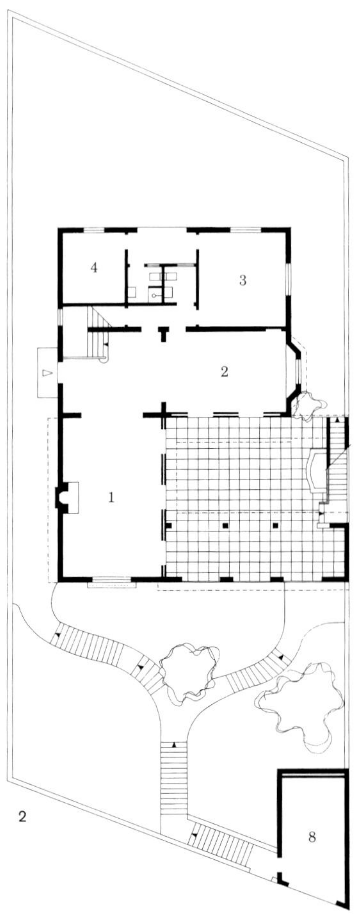

2

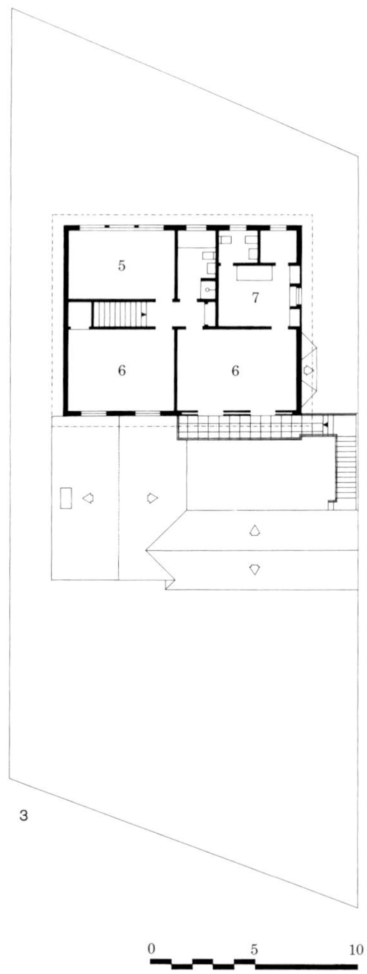

3

1 Fachada
2 Planta baixa do primeiro pavimento: (1) sala de estar, (2) sala de jantar, (3) cozinha, (4) quarto de empregada
3 Planta baixa do segundo pavimento: (5) sala íntima, (6) quarto, (7) banheiro

RESIDÊNCIA GUSTAVO CORÇÃO

Samambaia, Petrópolis (RJ), 1943
projeto executado

Como em outros de seus projetos, na residência para o engenheiro e escritor Gustavo Corção, Carlos Leão se vale de uma setorização simples e clara, assim como de espaços abertos e semiabertos para otimizar sua situação e o diálogo com o entorno. A planta em formato de “L” invertido tem varanda-galeria de acesso, sala e espaços de serviço na haste menor; quartos, banheiros, escritório e garagem na haste maior, com hall e varanda fazendo a articulação. Apesar da compacta continuidade horizontal sugerida pelo telhado e pelas proporções da construção, a casa é vazada de modo contínuo ou segmentado por, respectivamente, dois corredores e uma sucessão transversal de espaços – varanda-galeria de acesso, hall e varanda –, que conectam o ajardinado pátio de acesso à vista do vale, para onde se abrem também alguns quartos, a sala e a varanda. Modesta no uso de materiais corriqueiros e baratos, singela na feição quase desprovida de linguagem arquitetônica, esta residência prioriza a relação com a paisagem, servindo como abrigo que protege propiciando o usufruto da natureza.

1

1 Planta baixa: (1) sala, (2) cozinha, (3) pátio, (4) depósito, (5) quarto de empregada, (6) quarto, (7) garagem, (8) escritório
2 Casa vista do pátio

2

RESIDÊNCIA JOSÉ CLÁUDIO COSTA RIBEIRO

Cabo Frio (RJ), 1943
projeto executado com alterações [demolida]

A princípio pequena, a casa muda em tamanho e caráter ao longo das subsequentes versões, embora mantenha alguns princípios: divisão do lote em duas áreas desiguais, com a "casa de *weekend* para um grande pescador" ocupando a maior e a residência do caseiro, a menor; acomodação dos edifícios à topografia do terreno; setorização funcional privilegiando os espaços de estar e distribuindo-se em torno de um pátio; exploração de espaços avarandados. Nos dois primeiros projetos, menores, com dois quartos, e com linguagem arquitetônica aparentemente mais simples, de cunho vernacular, a sala de estar é uma grande varanda aberta para um pátio interno e conecta-se diretamente às dunas. Em uma dessas primeiras versões, a minúcia no detalhamento e o poder de síntese de Carlos Leão são expressos em uma prancha única, encantadora, seja pela beleza do desenho, seja por conjugar, com clareza, planta baixa do térreo, esquema dos telhados, fachadas e perspectiva com vista do pátio e da sala-varanda a partir de um dos quartos, com indicações morfológicas dos elementos arquitetônicos, mais especificações dos elementos construtivos. A versão definitiva, com planta em formato de "L" invertido, distribuía-se em três alturas: a haste maior, no patamar intermediário, abrigava cinco quartos, banheiros, galeria avarandada, sala de jantar e espaços de serviço, enquanto a haste menor tinha a garagem no piso inferior e a sala de estar circundada por varanda no nível superior, potencializando a visão da deslumbrante paisagem, com dunas, praia, montanhas, mar. Construída, ao final, como um solar rodeado de alpendres, passava para alguns por exemplar autêntico do século XVIII.

1 Plantas baixas, corte e perspectiva [segunda versão]
2 Plantas baixas, fachadas e perspectivas [primeira versão]

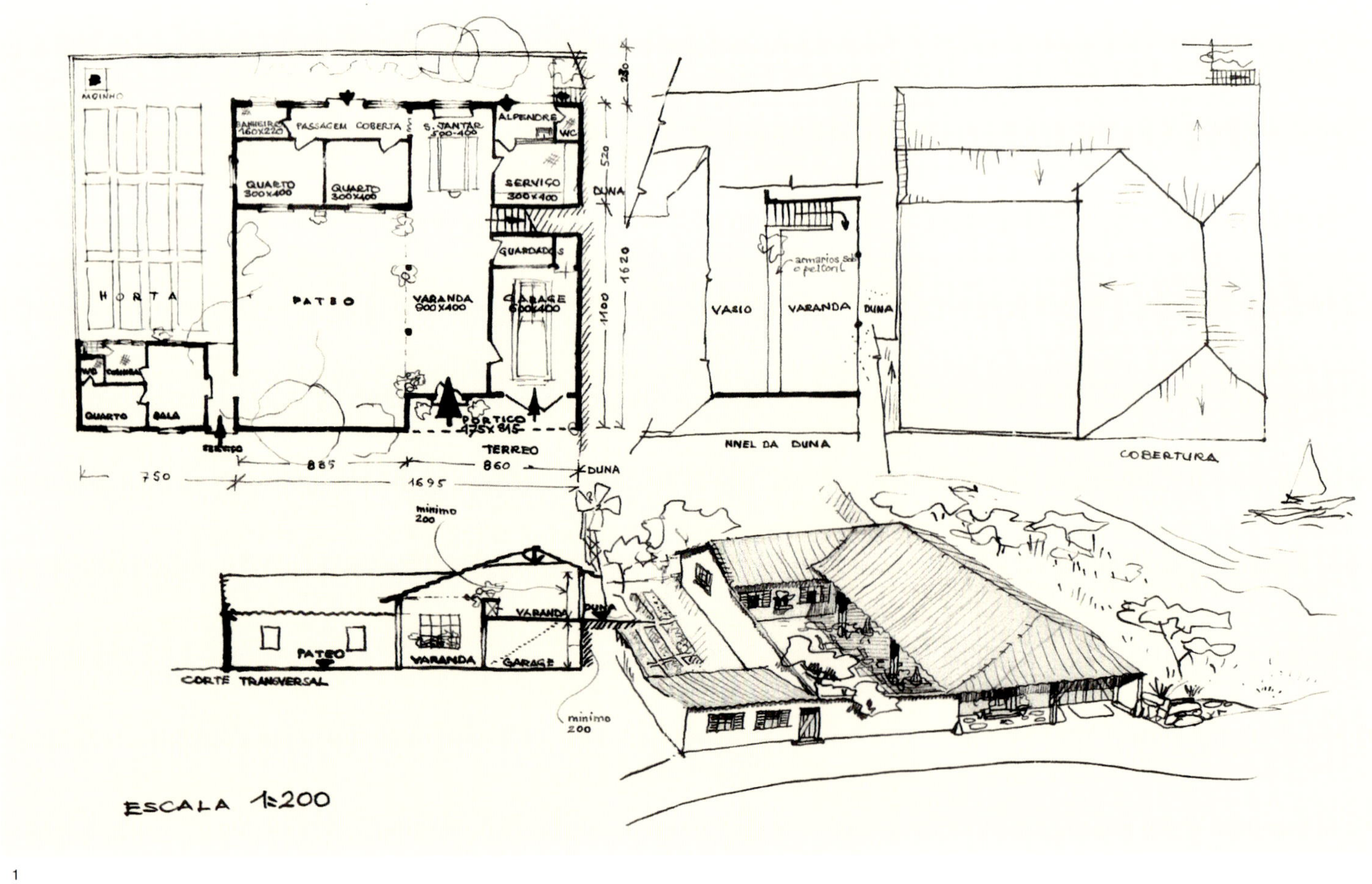

1

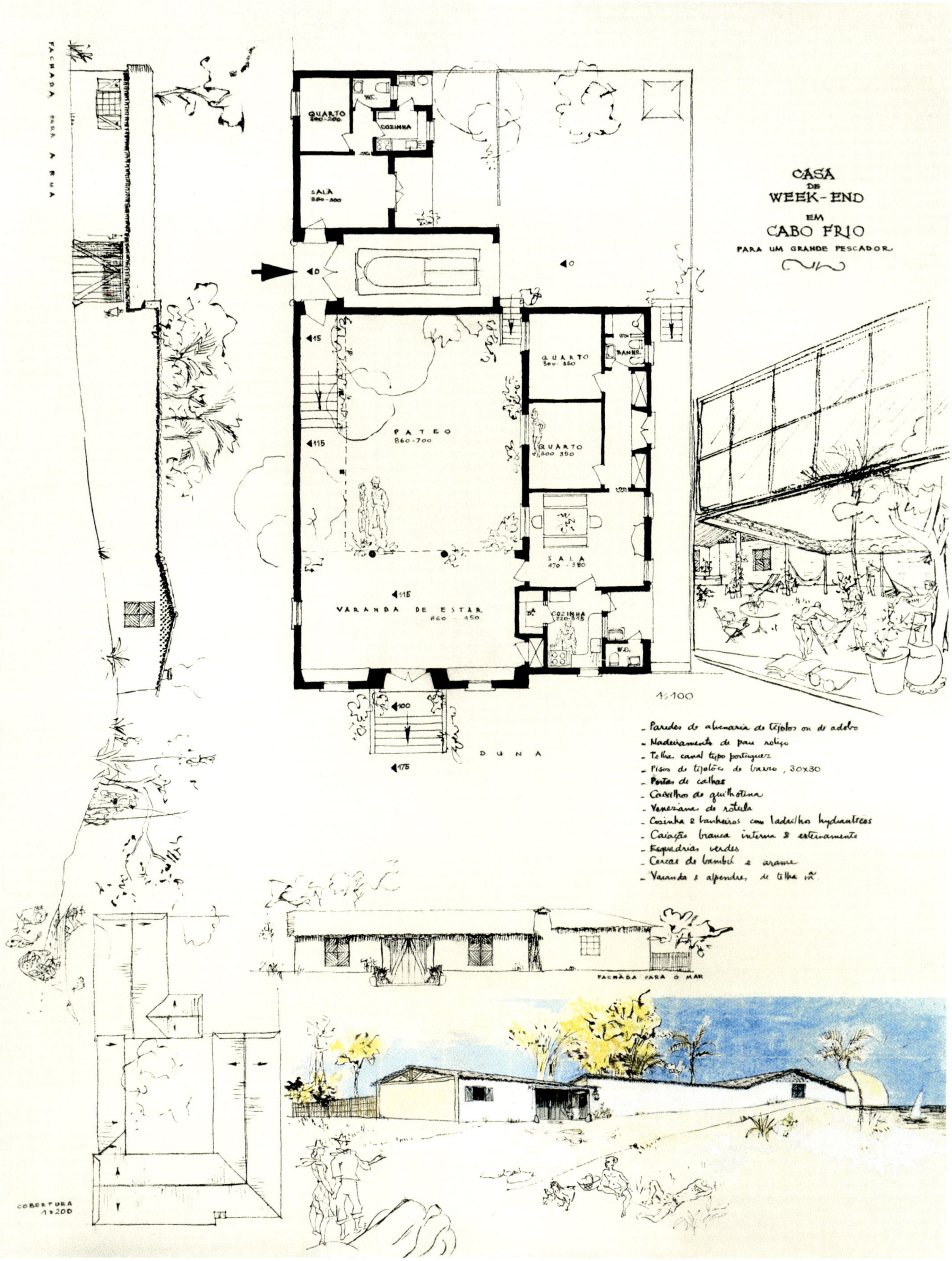
CASA DE WEEK-END EM CABO FRIO
PARA UM GRANDE PESCADOR
FACHADA PARA A RUA
QUARTO
COZINHA
SALA
PATEO 860-700
QUARTO 300-350
BANHO
SALA 470-380
COZINHA
VARANDA DE ESTAR 860-450
DUNA
1:100
- Paredes de alvenaria de tijolos ou de adobo
- Madeiramento de pau roliço
- Telha canal tipo português
- Pisos de tijolões de barro, 30x30
- Portas de calhas
- Caixilhos de guilhotina
- Veneziana de rótula
- Cozinha e banheiros com ladrilhos hydraulicos
- Caiação branca interna e externamente
- Esquadrias verdes
- Cercas de bambú e arame
- Varanda e alpendres, de telha vã
FACHADA PARA O MAR
COBERTURA 1:200

2

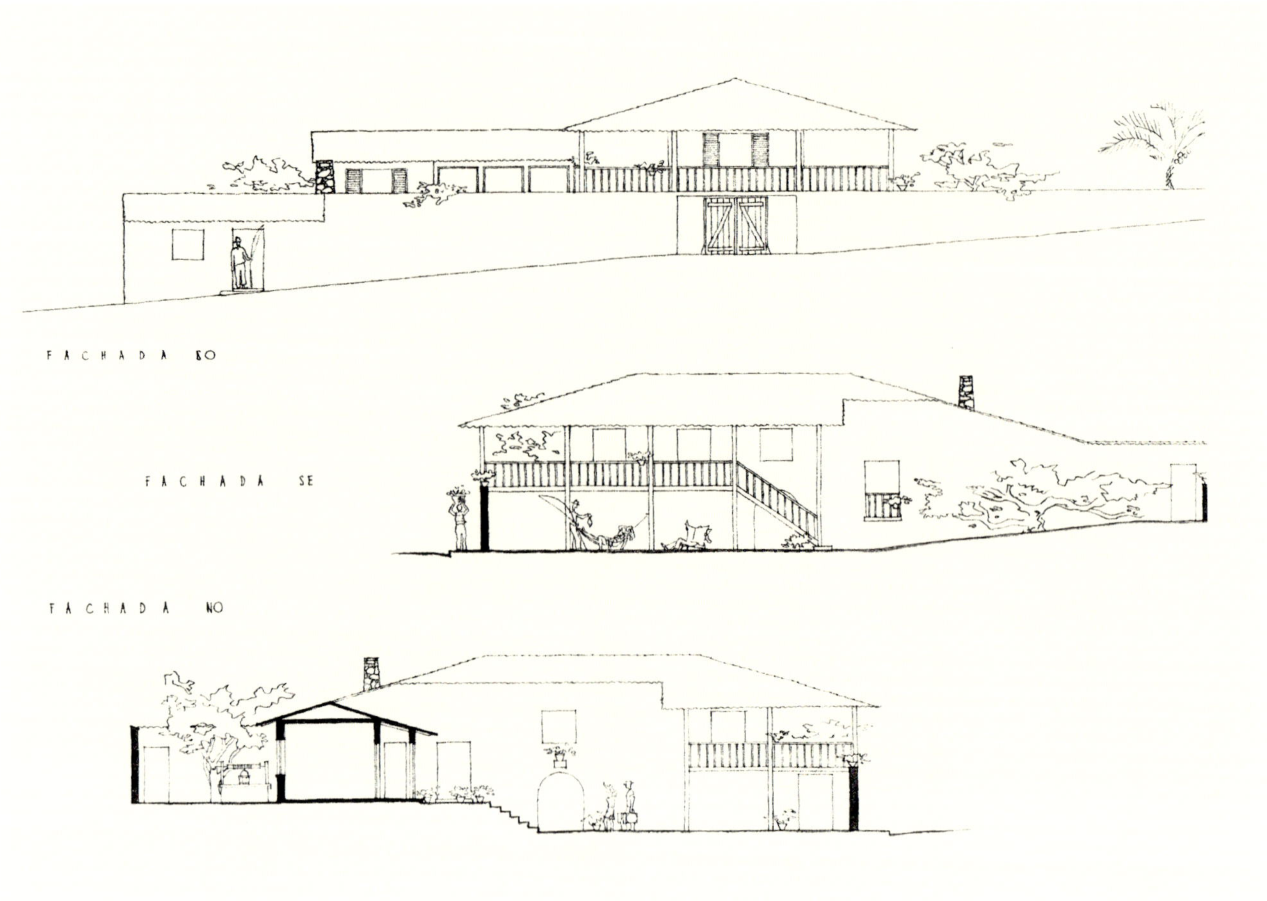

3

4

5

3 Fachadas [terceira versão]
4 Casa
5 Varanda com mar ao fundo
6 Planta baixa do pavimento inferior: (7) garagem
7 Planta baixa dos pavimentos intermediário e superior: (1) sala de estar, (2) sala de jantar, (3) cozinha, (4) área de serviço, (5) galeria avarandada, (6) quarto

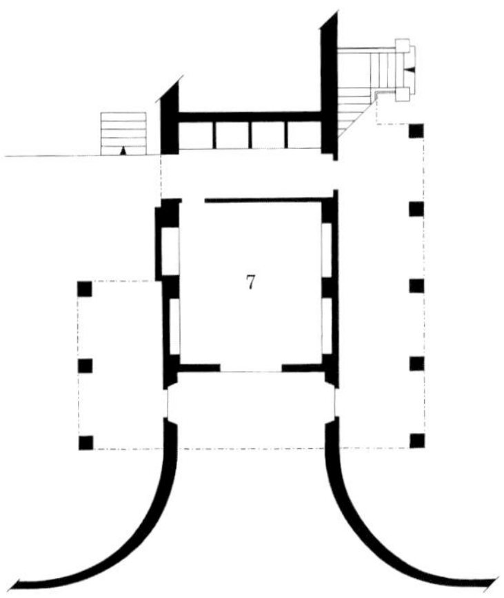

6

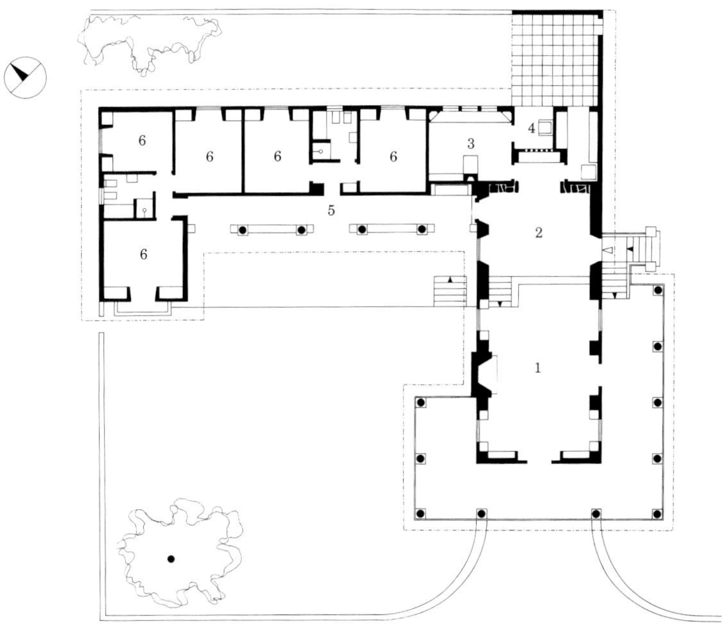

7

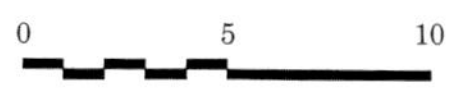

8

9

10

8 Detalhe do telhado
9 Detalhe da varanda e do telhado
10 Varanda com ala dos quartos ao fundo
11 Casa vista do jardim
12 Escada de acesso à varanda

11

12

SANATÓRIO DE TUBERCULOSE BELA VISTA

Correias, Petrópolis (RJ), 1944
projeto não executado,
com Jorge Machado Moreira

Na década de 1940, Carlos Leão projetou alguns sanatórios para o Serviço Nacional contra a Tuberculose (SNT), para o Instituto de Pensões e Aposentadorias dos Servidores do Estado (Ipase) e para o Instituto de Aposentadoria e Pensões dos Bancários (IAPB) em diversas cidades do Brasil. Em todos eles, chama a atenção a solução adotada, com a estruturação de setores de acordo com as funções, o uso de circulações independentes e a disposição dos aposentos visando ao controle e à otimização da incidência solar.

Neste sanatório, a referência ao Pavilhão Suíço de Le Corbusier se faz notar claramente, seja no partido plástico adotado, com embasamento que se acomoda à topografia e sobre o qual se ergue bloco em formato laminar, seja no desenho similar das fachadas, com grelha ortogonal de quebra-sóis esquadrinhando a fachada nordeste e cortina de vidro no volume que se projeta da fachada sudoeste, a qual tem aberturas quadrangulares alternadas por pavimento, reforçando o sentido abstrato da composição.

1 Perspectiva
2 Fachada sudoeste
3 Planta baixa do pavimento térreo
4 Planta baixa do pavimento-tipo
5 Planta baixa do décimo pavimento
6 Fachada nordeste

1

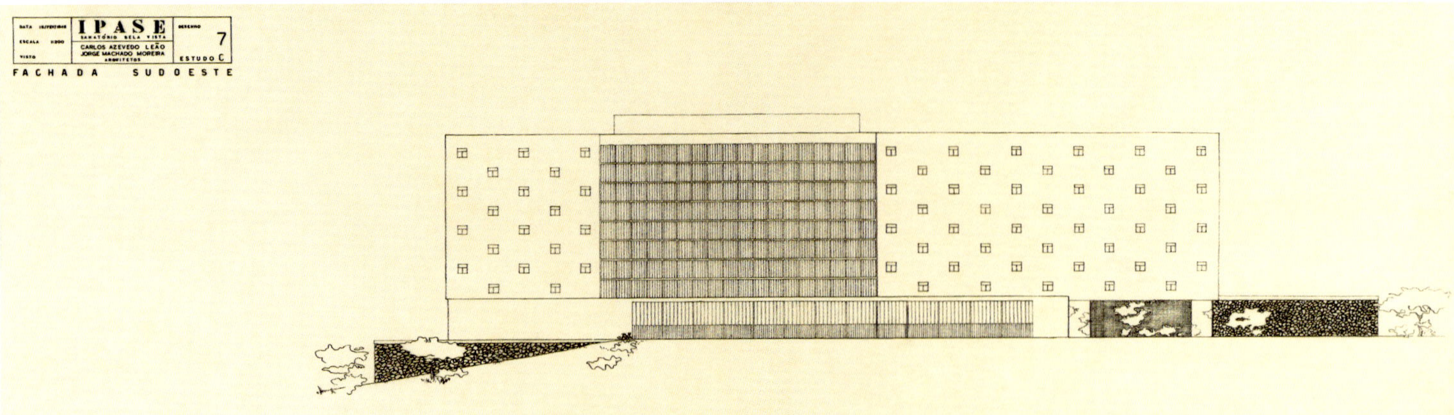

2

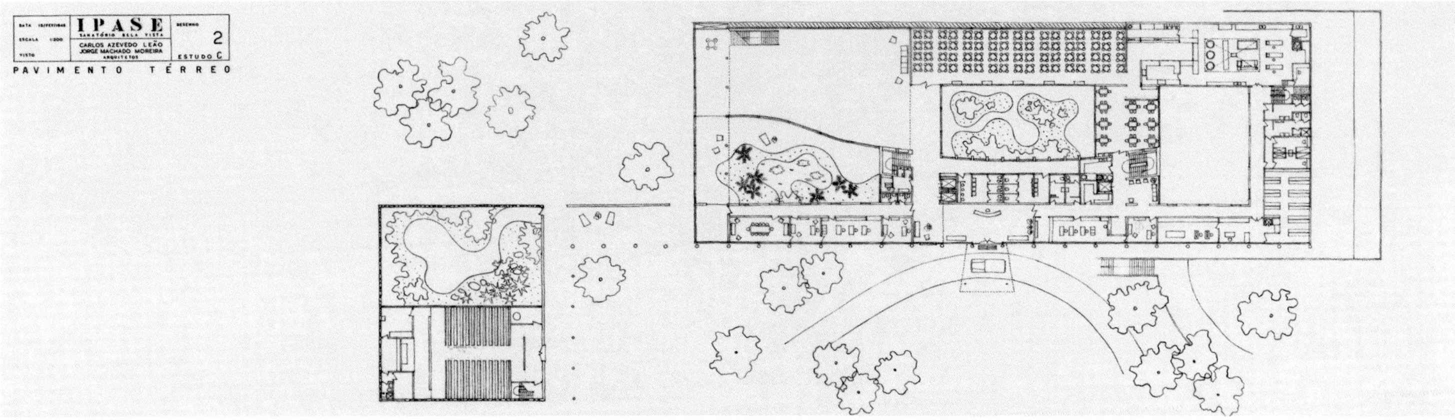
IPASE
SANATÓRIO BELA VISTA
CARLOS AZEVEDO LEÃO
JORGE MACHADO MOREIRA
ARQUITETOS
DESENHO 2
ESTUDO C
PAVIMENTO TÉRREO

3

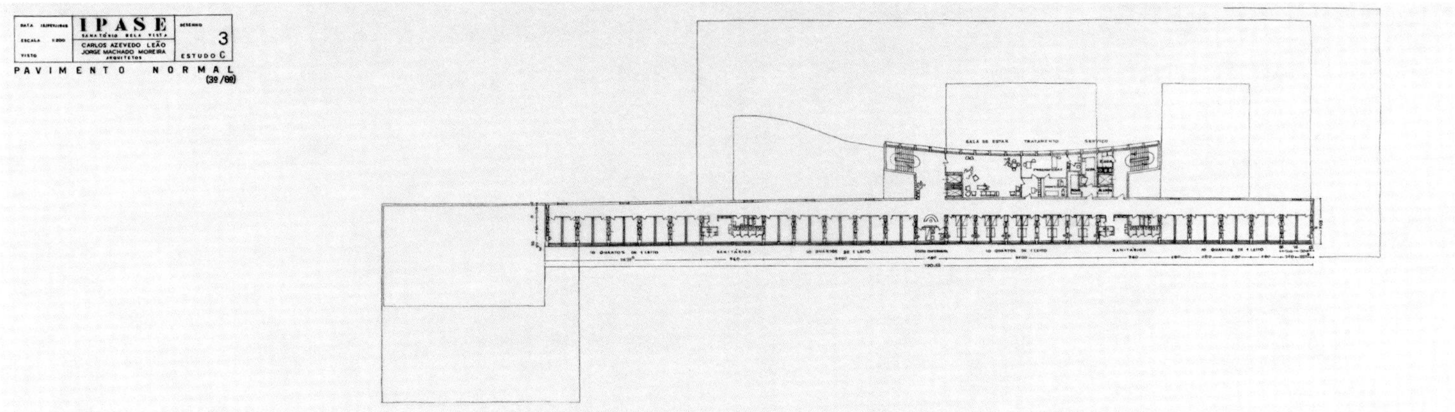
IPASE
SANATÓRIO BELA VISTA
CARLOS AZEVEDO LEÃO
JORGE MACHADO MOREIRA
ARQUITETOS
3
ESTUDO C
PAVIMENTO NORMAL

4

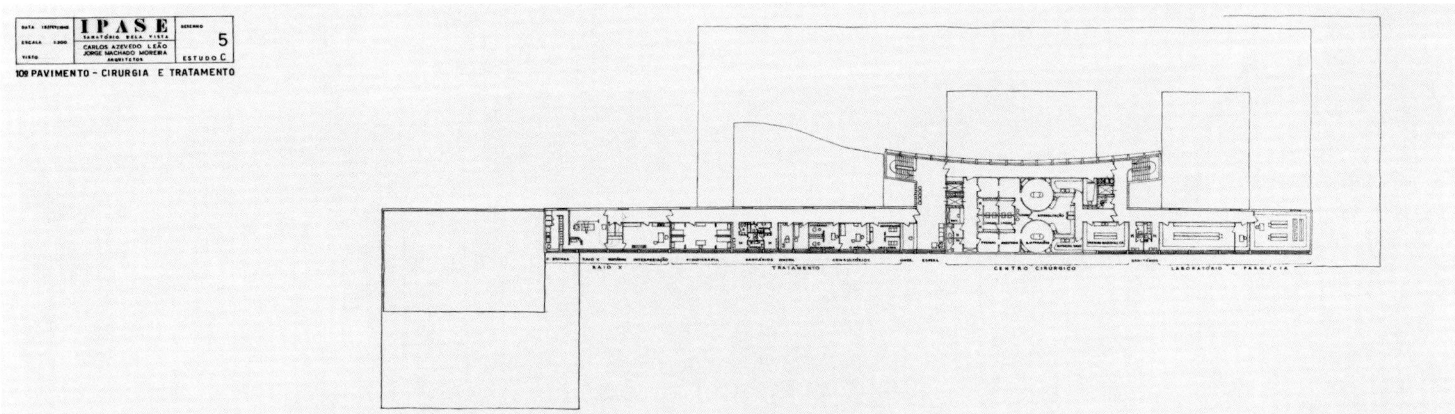
IPASE
SANATÓRIO BELA VISTA
CARLOS AZEVEDO LEÃO
JORGE MACHADO MOREIRA
ARQUITETOS
5
ESTUDO C
10º PAVIMENTO - CIRURGIA E TRATAMENTO

5

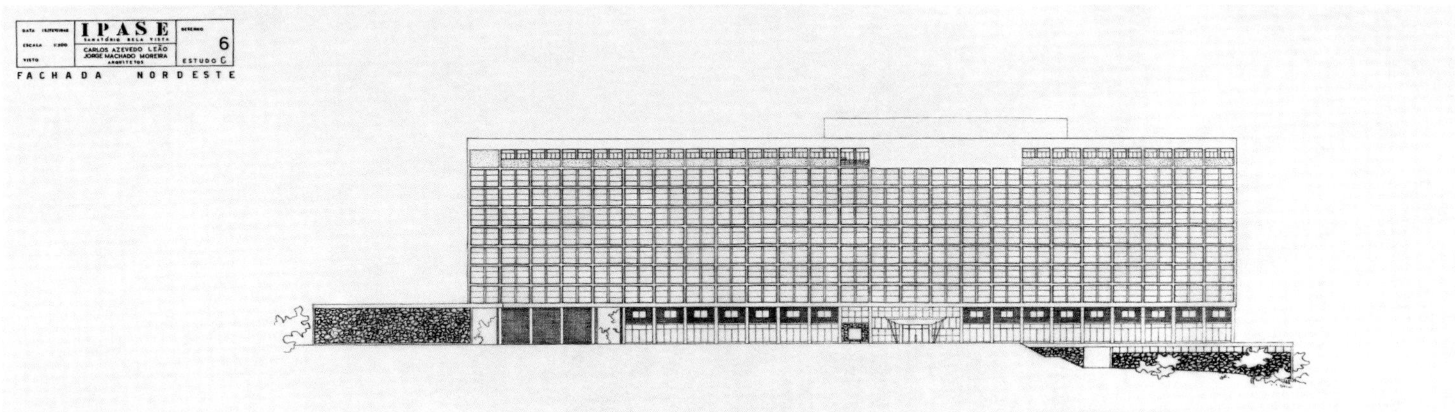
IPASE
SANATÓRIO BELA VISTA
CARLOS AZEVEDO LEÃO
JORGE MACHADO MOREIRA
ARQUITETOS
6
ESTUDO C
FACHADA NORDESTE

6

CINETEATRO CATAGUASES

Cataguases (MG), 1945
projeto executado, com Aldary Toledo

Depois do cinema e da literatura, foi a arquitetura que ajudou a consolidar o nome de Cataguases no mapa cultural brasileiro. A partir da década de 1940, vários arquitetos modernistas radicados no Rio de Janeiro construíram edifícios que, com contribuições de outros artistas, mudaram a feição da cidade.
Aldary Toledo e Carlos Leão projetaram o Cineteatro Cataguases para a Companhia Cinematográfica de Cataguases, no terreno onde antes havia o Cineteatro Recreio, no qual foram exibidos os pioneiros filmes de Humberto Mauro. Inaugurado em 1953, posteriormente mudou de nome em homenagem a Edgard Cunha, que atuara em prol daquelas artes na região.
Ao explorarem os princípios da arquitetura corbusieriana, bem como estilemas em voga então – pilotis, planos e recortes curvos, planos inclinados, painéis de azulejos –, os dois arquitetos configuraram um edifício que concilia os programas de um cinema, um teatro e um clube social, propagando leveza, transparência e fluidez na paisagem.

1

2

3

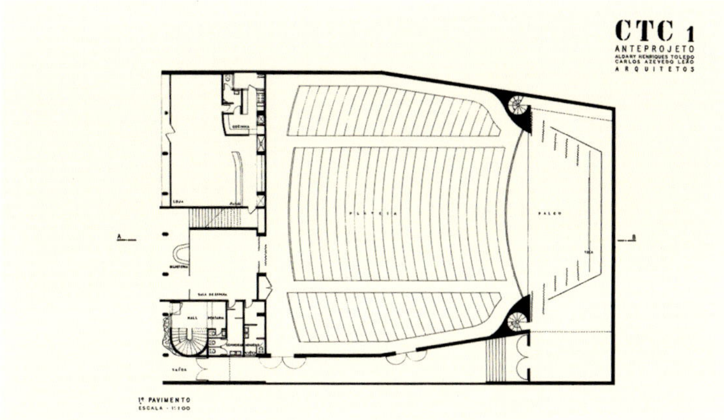

4

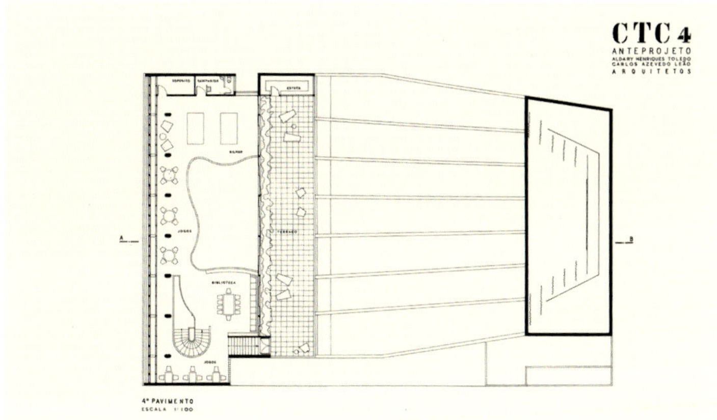

7

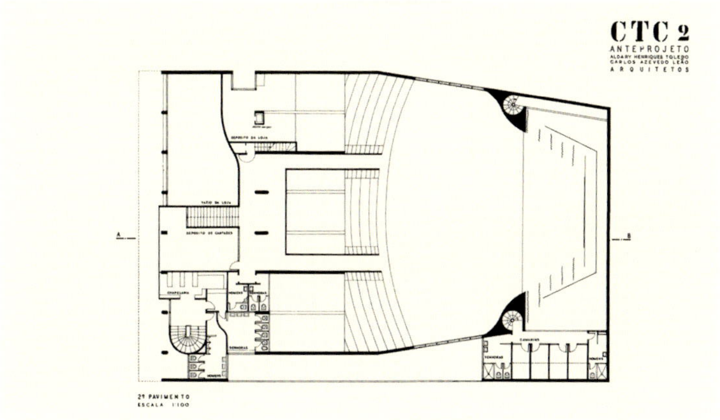

5

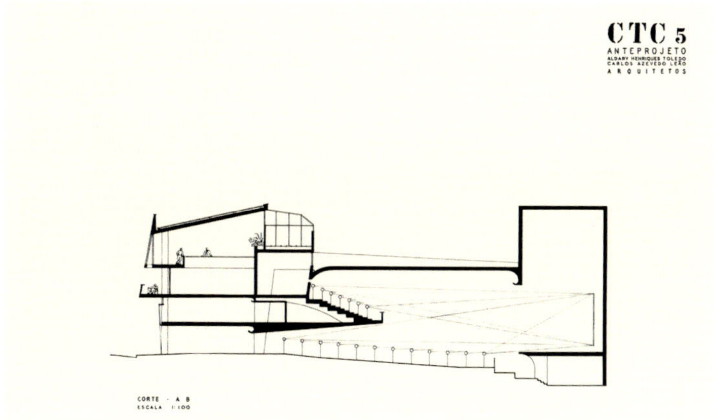

8

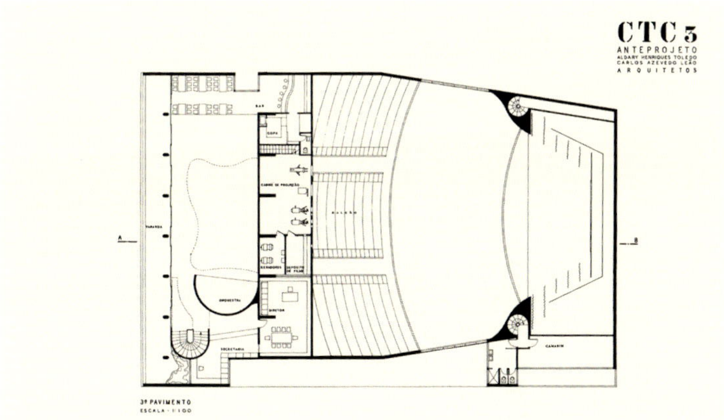

6

1 Fachada do Cineteatro Cataguases
2 Painel de azulejos [detalhe]
3 Fachada [detalhe]
4 Planta baixa do primeiro pavimento
5 Planta baixa do segundo pavimento
6 Planta baixa do terceiro pavimento
7 Planta baixa do quarto pavimento
8 Corte A-B
9 Perspectiva

9

10

11

12

13

14

15

10 Palco e salão vistos do mezanino
11 Salão visto do palco
12 Sala principal do cineteatro
13 Mezanino
14 Salão
15 Escada [detalhe]

EDIFÍCIO RATOEIRA

Jardim Botânico, Rio de Janeiro (RJ), 1946
projeto não executado

Edifício residencial multifamiliar para Aguinaldo de Freitas, Carlos Lacerda, Francisco de Assis Barbosa, Luiz Carlos de Oliveira, Maurício de Lacerda Filho e Odylo Costa, filho

O bem-humorado nome "Ratoeira" é mais um indício das brincadeiras que Carlos Leão se permitia ao projetar para seus familiares e amigos; no caso, jornalistas, escritores e políticos conectados a sua vida cultural e boêmia.

Para o terreno estreito e esconso situado em rua com pequeno aclive, ele projetou um edifício com seis apartamentos triplex, cada qual com entradas independentes a partir do longilíneo hall coberto, com iluminação e ventilação zenital, localizado na lateral, que conduz à garagem, no fundo do lote.

Cada uma das unidades tem, no primeiro pavimento, um hall social, com acesso para o alpendre e o jardim, e outro de serviço, junto do qual há um quarto de empregada e um banheiro; no segundo pavimento, a sala, um cômodo para almoço e a cozinha; no terceiro piso, três quartos, o banheiro e a rouparia. Os apartamentos das extremidades são maiores, tendo sala de jantar separada do estar e dois quartos maiores, mas sem a rouparia.

Os desenhos permitem observar outra tentativa do arquiteto para conciliar elementos modernistas e tradicionais – a fluidez espacial instaurada pelos finos pilotis metálicos e pelas cadeiras tubulares de metal e couro é sobreposta pela estática massividade do volume extenso, perfurado regularmente, emoldurado e coberto com telhas cerâmicas.

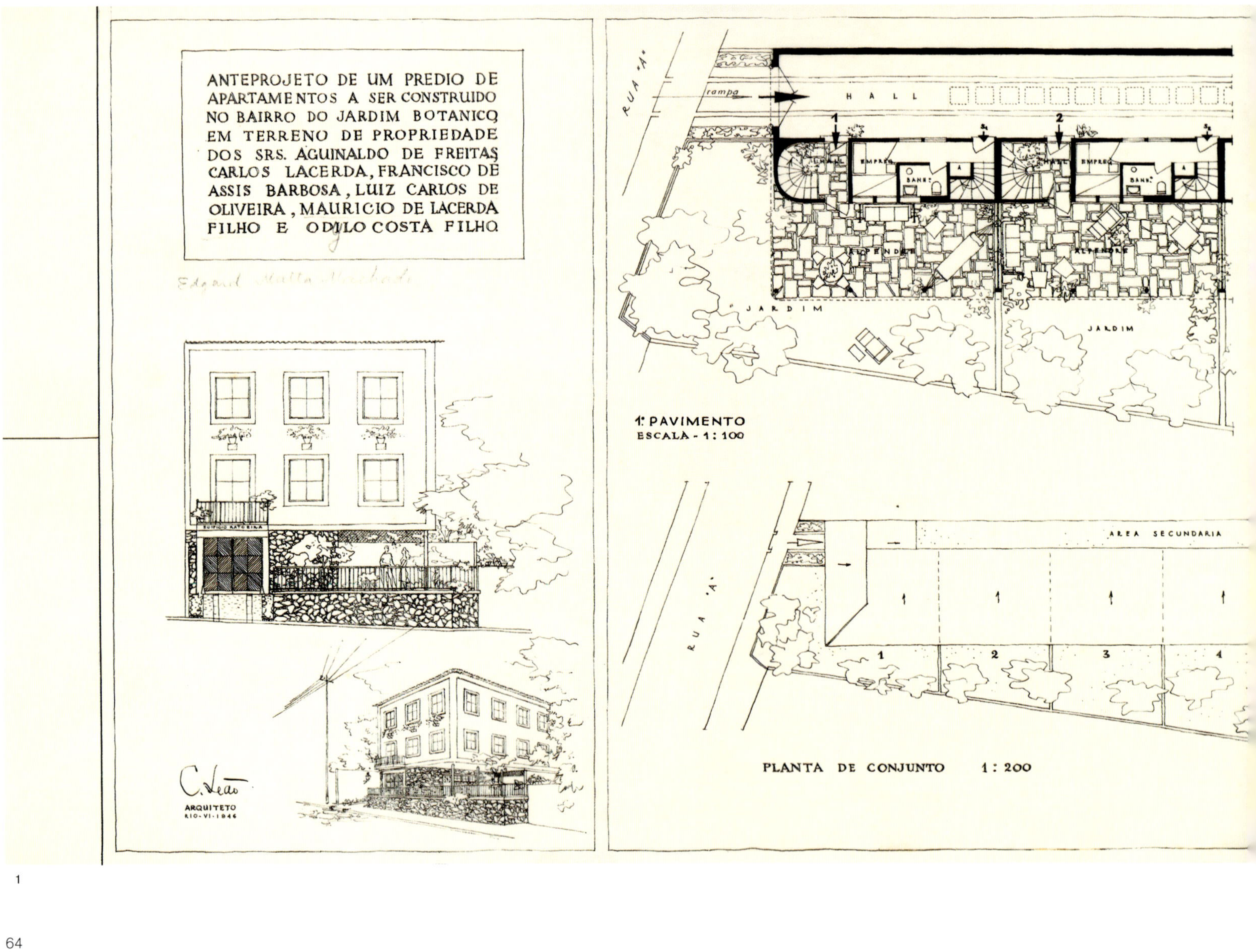

1

1 Plantas baixas, corte, fachada e perspectivas
2 Perspectiva da parte frontal

2

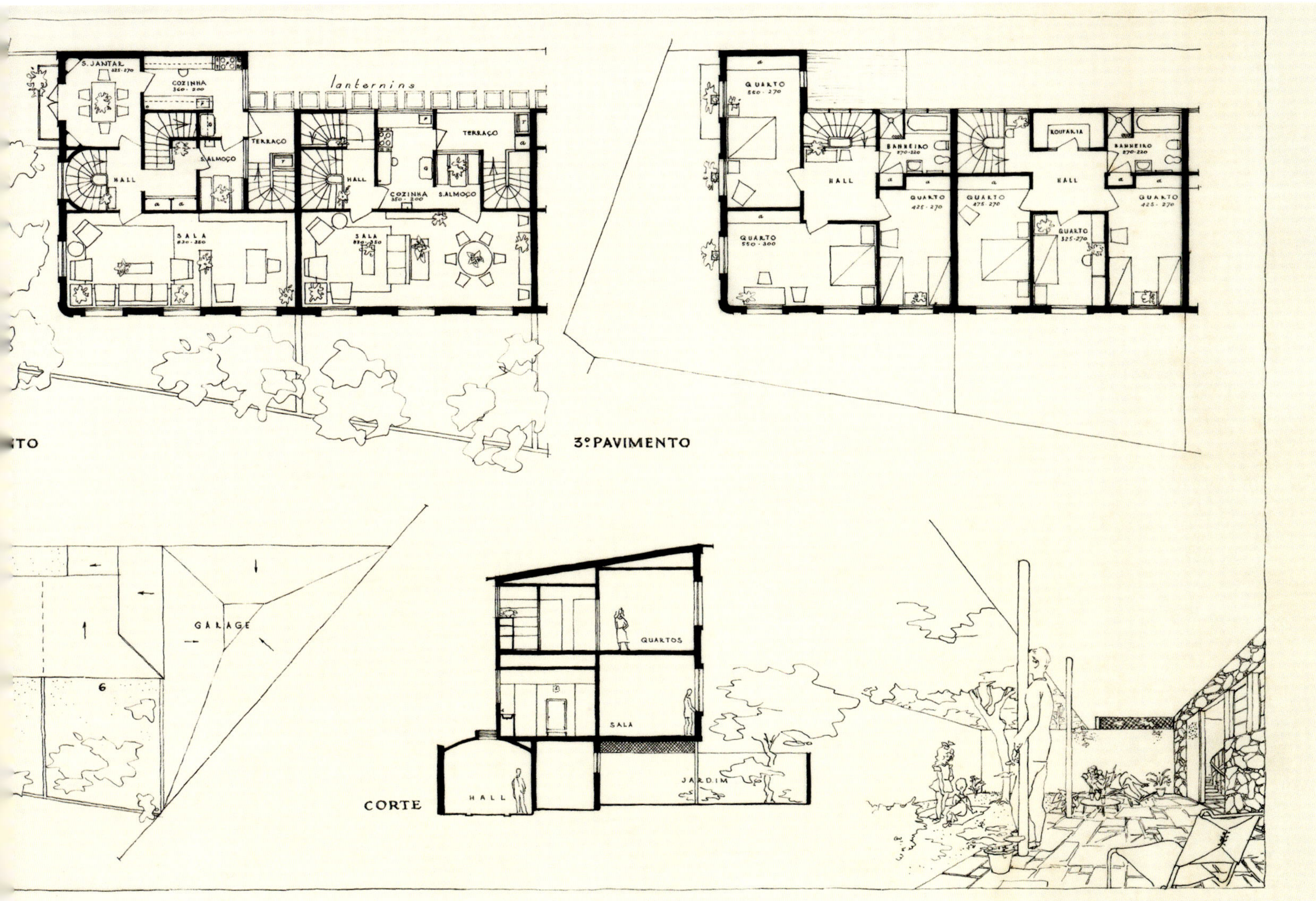

RESIDÊNCIA ZETE VAN ERVEN LAGE

Itaipava, Petrópolis (RJ), 1946
projeto executado com alterações

Na casa de Zete Van Erven Lage, amiga de Lota de Macedo Soares e cuja família morava na região desde o século XIX, o arquiteto explora a topografia do terreno na setorização dos espaços externos e internos. No nível inferior, estão a garagem, o depósito e a escada que conduz ao terrapleno à frente da casa. Esta é estruturada a partir do cômodo central, em dois níveis, que comunica o jardim fronteiro ao pátio ajardinado no fundo, atravessando-a de ar e luz. Na parte de baixo, esse cômodo funciona como hall de acesso; na parte de cima, antes de se transformar em sala de jantar, abre-se à esquerda para o setor íntimo e à direita ao de serviço, articulado em torno de outro pátio. O uso de materiais e elementos arquitetônicos triviais associados à sobriedade na conformação de planos e volumes determinam a elegante simplicidade da casa.

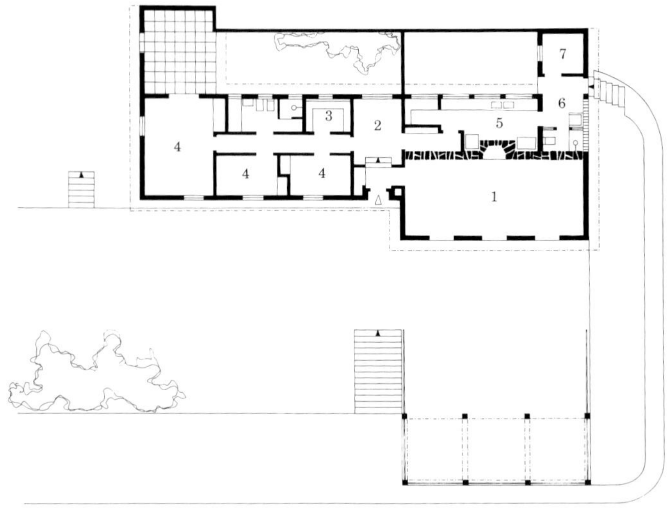

2

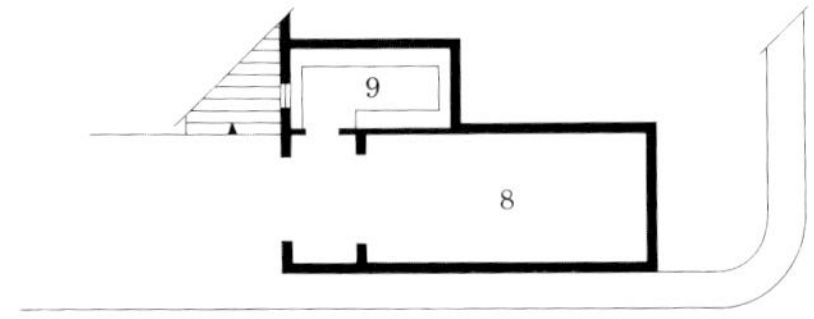

1

1 Planta baixa do nível inferior:
(8) garagem, (9) depósito
2 Planta baixa do nível superior:
(1) sala de estar, (2) sala de jantar, (3) vestiário, (4) quarto, (5) cozinha, (6) área de serviço, (7) quarto de empregada
3 Fachada

3

RESIDÊNCIA JOSÉ BARRETTO FILHO

Samambaia, Petrópolis (RJ), 1947
projeto executado com alterações

A residência serrana do poeta, romancista, crítico e professor José Barretto Filho assemelha-se a outras projetadas por Carlos Leão entre as décadas de 1930 e 1950, particularmente aquelas no condomínio Samambaia. Além de adaptar a topografia para potencializar sua inserção na paisagem, o programa da casa de veraneio é distribuído de acordo com setorização funcional clara, conformando uma volumetria dominantemente horizontal, materializada com elementos construtivos e arquitetônicos corriqueiros, mas com detalhes ao mesmo tempo práticos e atraentes, resultando em uma habitação aconchegante, singela e um tanto rústica. Entretanto, como nos demais projetos, algumas notas de exceção fazem a diferença, particularizando a obra e enriquecendo o conjunto das "casas brasileiras". Uma delas é a situação no terrapleno constituído a certa altura do morro em declive. Outra é o pátio algo orientalizante contíguo à sala, com seu piso alternando peças quadrangulares e seixos rolados. De tom mais espetacular é a varanda-galeria que, situada entre a garagem e a casa à qual se conecta ortogonalmente, protege o acesso e divide em dois o espaço adjacente, à beira da grota, configurando o menor como pátio de chegada, o maior como jardim e a si mesma como fronteira privilegiada de onde ver e vivenciar o ambiente.

1 Casa vista do jardim com varanda-galeria à esquerda

1

2

3

4

5

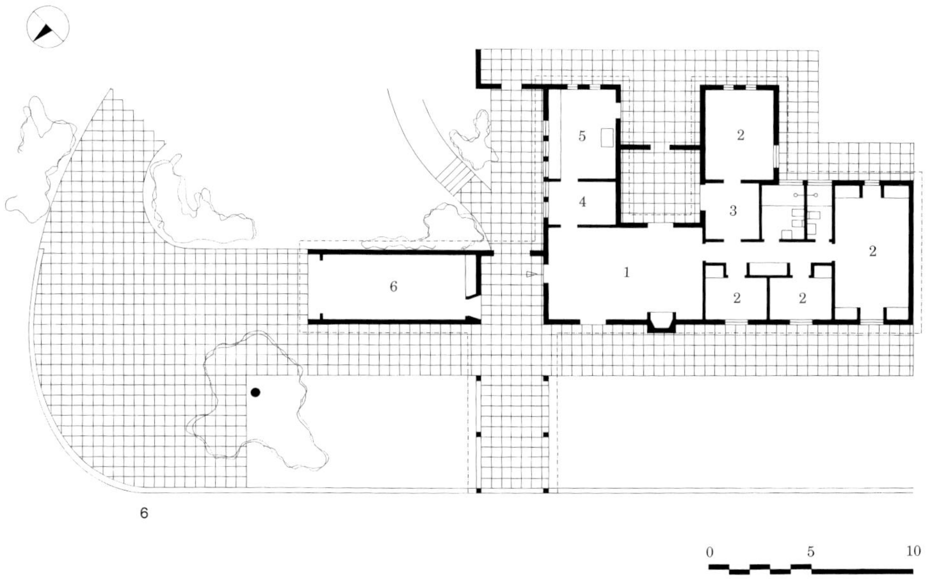

6

2 Sala de estar vista do pátio
3 Entrada com garagem à esquerda
e varanda-galeria à direita
4 Sala de estar com porta de entrada à direita
5 Jardim com varanda-galeria ao fundo
6 Planta baixa: (1) sala de estar, (2) quarto,
(3) vestiário, (4) copa, (5) cozinha,
(6) garagem

IGREJA MATRIZ DE ARARUAMA

Araruama (RJ), 1950
projeto não executado

Seguindo a tradição católica, o projeto se estrutura visando tanto às necessidades litúrgicas e devocionais, quanto ao papel do edifício como referência paisagística.
O programa é conformado em blocos com funções específicas que são justapostos, e constituem um equilibrado conjunto que expressa as individualidades e a hierarquia entre as partes. Ao centro e na parte mais alta do terrapleno, a igreja tem edificações baixas nas laterais: à direita, a casa do padre circunda um pátio; à esquerda, a sacristia e outros recintos subsidiários se alinham para formar com a nave o canto de um pátio em cujo vértice oposto está a torre sineira, enquanto as demais alas são varandas (uma delas, um *leitmotiv* do arquiteto: espaço coberto situado entre pátio e exterior), havendo na parte posterior um salão de uso múltiplo. A ortogonalidade rege o desenho dos planos, espaços e volumes.
As aberturas são configuradas como grandes planos contínuos ou perfurações feitas em ritmo constante. A interioridade própria à vida religiosa se manifesta plasticamente nos planos com poucas aberturas, em geral voltadas para os espaços internos. A ascese é expressa com a volumetria, horizontal nos blocos anexos e elevada na nave, e os materiais, muros de alvenaria de pedra nos embasamentos e paredes brancas nas partes altas. Escolhas que conferem à igreja uma monumentalidade branda.
Notável ainda neste projeto, como em outros do arquiteto, é a expressão gráfica, observável desde a escolha do papel, cuja cor dialoga com o branco das paredes e o azul das molduras, à diagramação das pranchas, que passa das discretas interpenetrações das plantas e perspectivas à tranquila disposição dos cortes e fachadas.

1 Perspectiva do conjunto
2 Plantas baixas e perspectivas

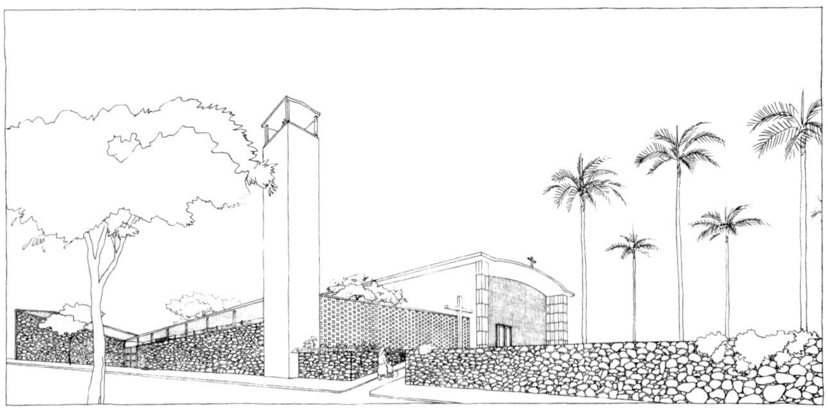

1

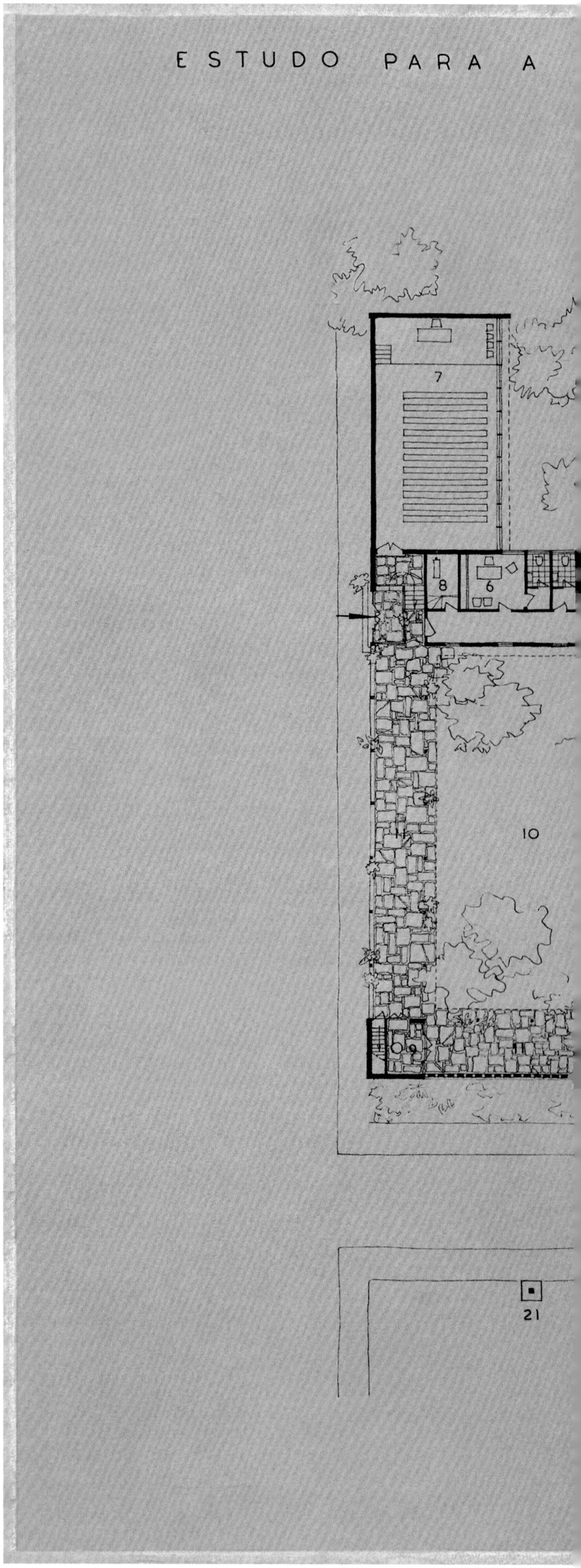

2

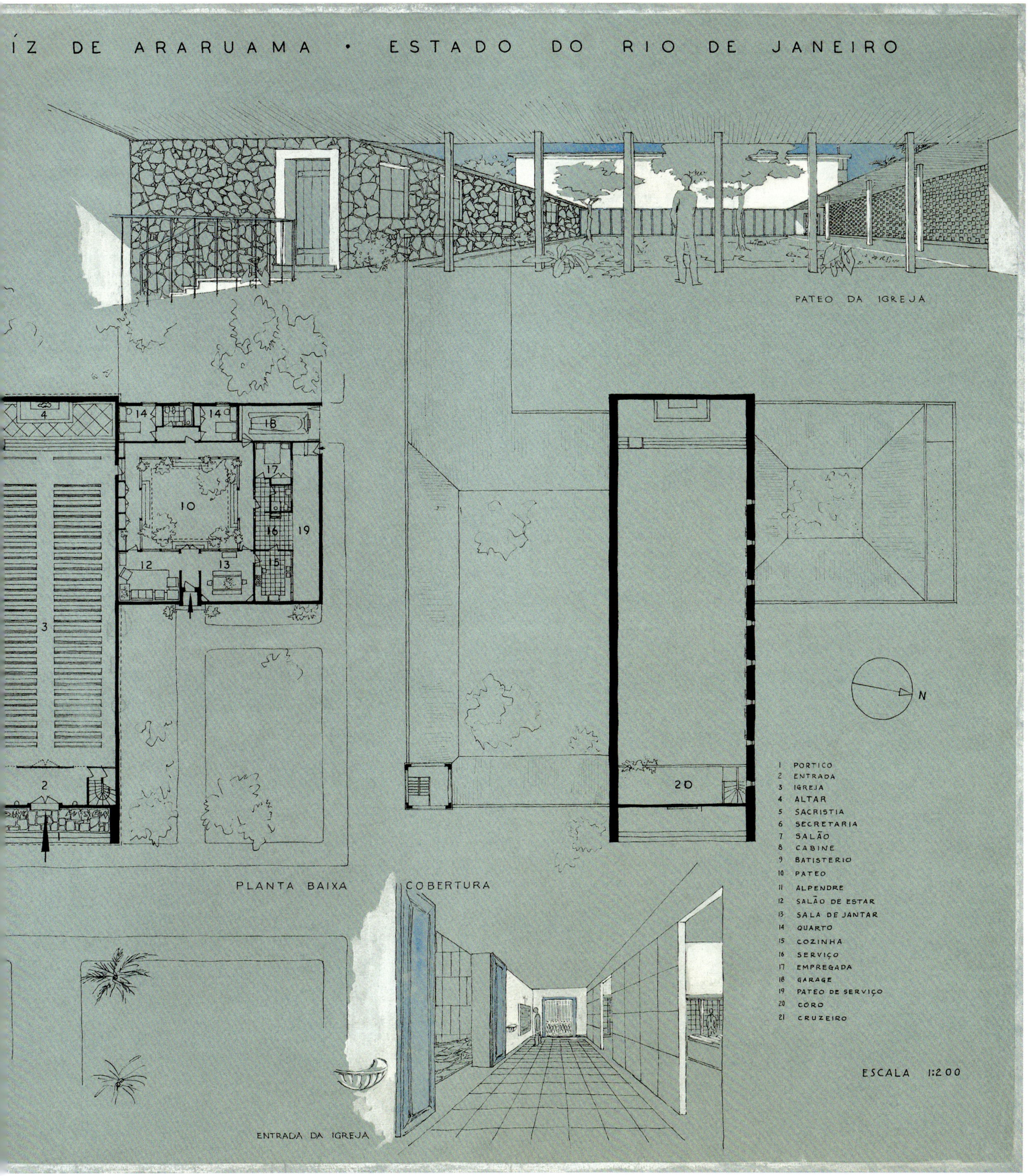
ÍZ DE ARARUAMA • ESTADO DO RIO DE JANEIRO
PATEO DA IGREJA
PLANTA BAIXA
COBERTURA
ENTRADA DA IGREJA
N
1 PORTICO
2 ENTRADA
3 IGREJA
4 ALTAR
5 SACRISTIA
6 SECRETARIA
7 SALÃO
8 CABINE
9 BATISTERIO
10 PATEO
11 ALPENDRE
12 SALÃO DE ESTAR
13 SALA DE JANTAR
14 QUARTO
15 COZINHA
16 SERVIÇO
17 EMPREGADA
18 GARAGE
19 PATEO DE SERVIÇO
20 CORO
21 CRUZEIRO
ESCALA 1:200

3 Fachadas e cortes

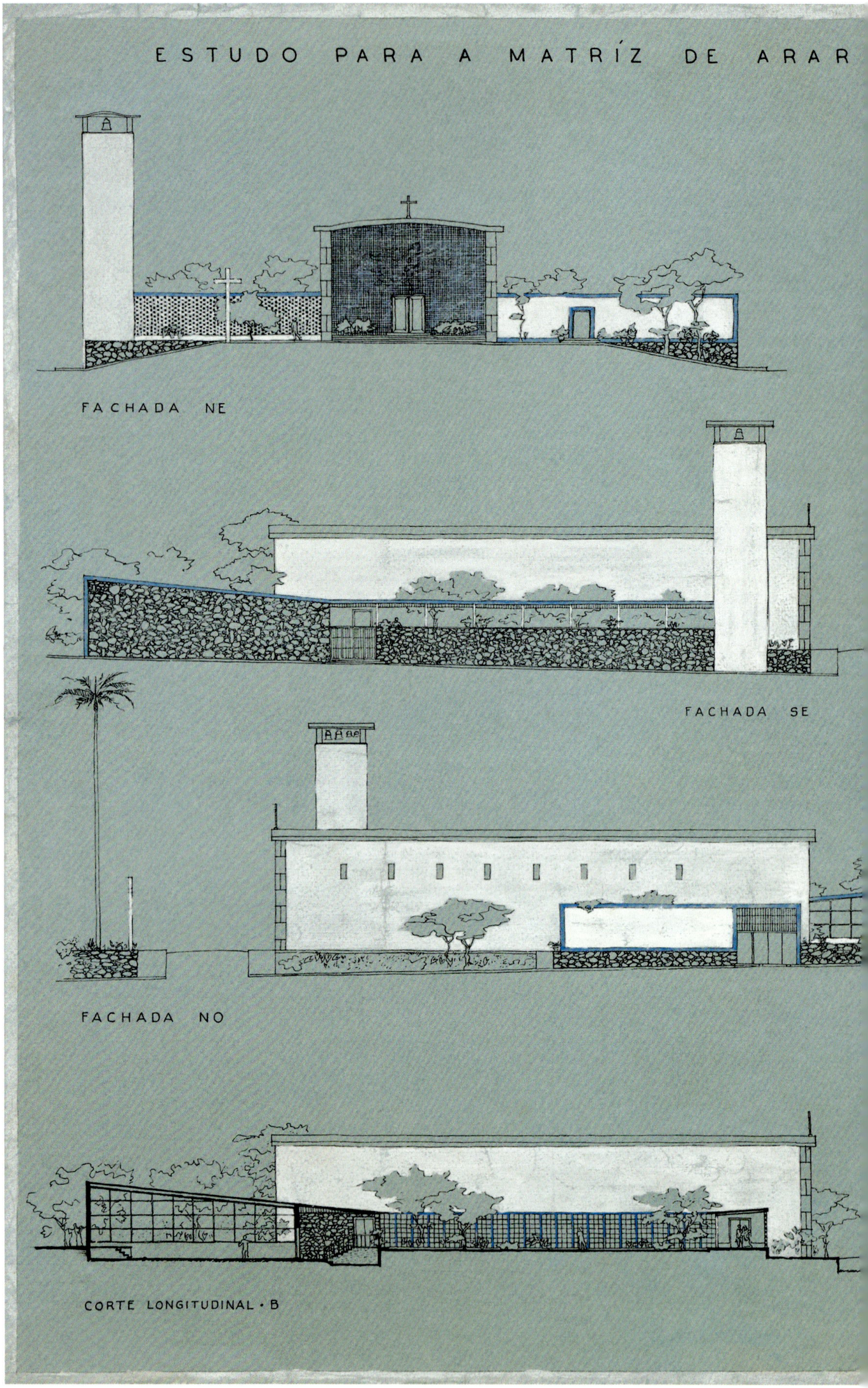

3

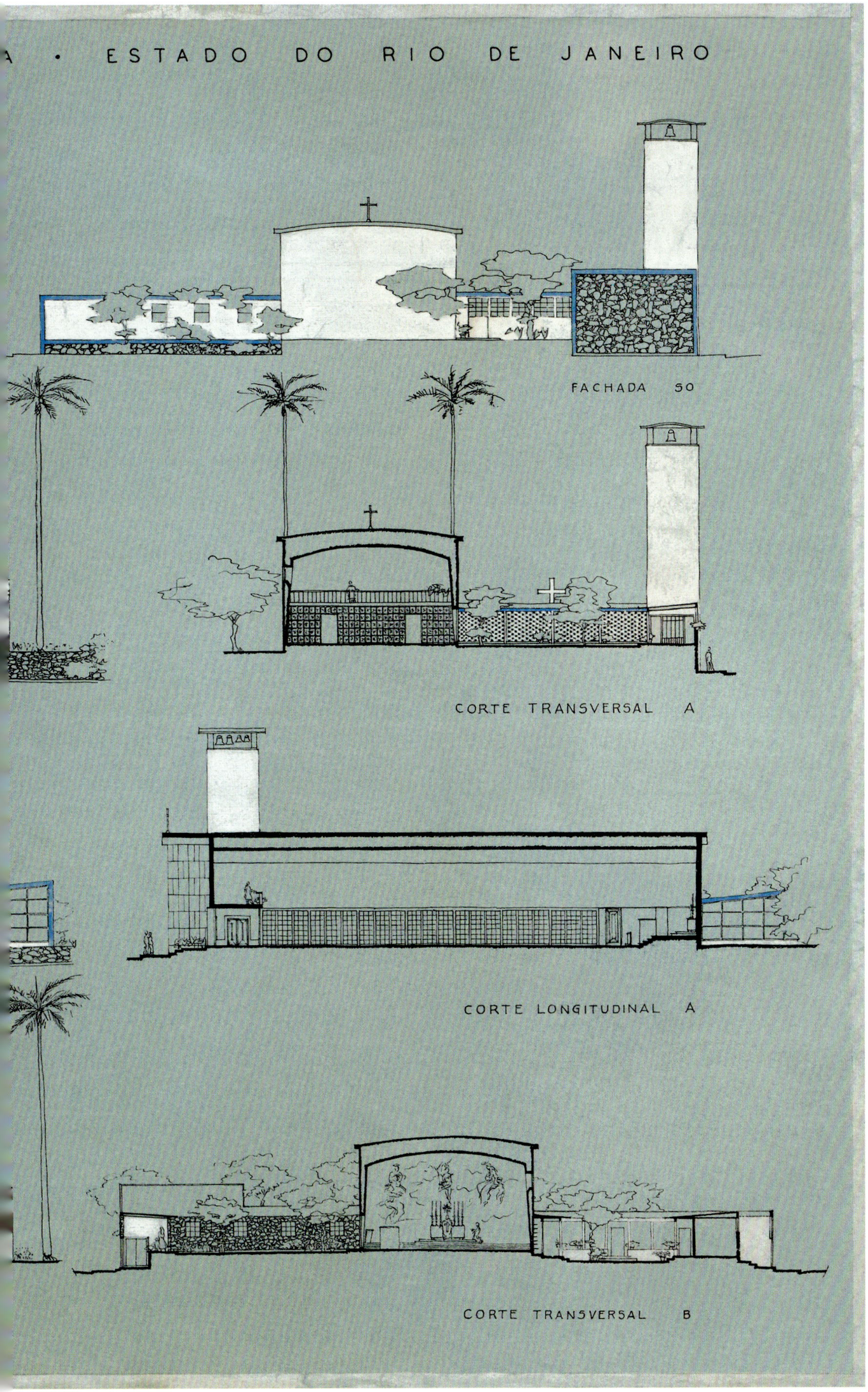
A • ESTADO DO RIO DE JANEIRO
FACHADA SO
CORTE TRANSVERSAL A
CORTE LONGITUDINAL A
CORTE TRANSVERSAL B

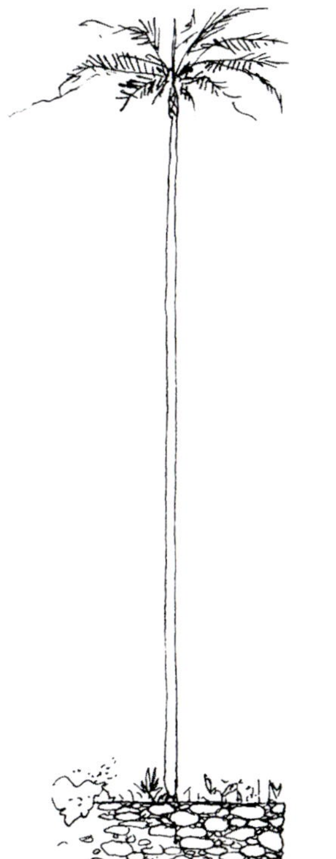

RESIDÊNCIA HÉLIO FRAGA

Gávea, Rio de Janeiro (RJ), 1951
projeto executado [alterado posteriormente]

Residência unifamiliar projetada para o médico Hélio Fraga. Nesta "casa brasileira", os elementos arquitetônicos se combinam numa síntese que produz uma imagem quase arquetípica do "lar ideal". Uma pequena alteração da topografia original do terreno permitiu a distribuição da casa em dois pavimentos: o primeiro, com garagem e depósito, está um pouco acima da rua, enquanto o restante da casa se situa no nível mais alto. Desse modo, a casa parece quase sempre ser térrea, mas os cômodos fronteiros ganham mais privacidade por não terem acesso direto ao terreno e estarem elevados em relação à rua. Pode-se entrar na casa de três modos a partir do terraço aberto, ajardinado e parcialmente coberto situado junto da rua. À esquerda, uma escada dá acesso direto ao jardim delimitado pelas divisas lateral e posterior do lote, a casa e uma pérgola que, marcando a fronteira com a rua, sugere a formação de um pátio aberto para a cidade. Ao centro, há uma porta voltada para outra escada, a princípio interna, mas que se abre à medida que alcança o pátio interno para chegar ao hall. À direita, colada à garagem, outra porta conduz à área de serviços por meio de dois espaços laterais e uma terceira escada. Na planta compacta, o pequeno pátio interno desempenha papel de núcleo gerador e organizador do espaço, em torno do qual se distribuem os cômodos de acordo com uma setorização que permite usos independentes, além de ajudar na configuração de recintos abertos em diferentes direções, otimizando iluminação e ventilação naturais. Esse misto de conexões espaciais fluidas ou mediadas, mais ou menos conservadoras, tem correspondência na feição da casa que, ao justapor janela em fita corbusieriana, esquadrias em vidro e com venezianas, telhas cerâmicas, painéis de azulejos e outros elementos arquitetônicos com referências temporais e espaciais diversas, assume caráter entre o contemporâneo e o pretérito. Com graus diversos de formalidade, as pranchas de desenho permitem ter ideia do processo de projeto e construção, no qual foram importantes o diálogo com o cliente e as condicionantes da legislação reguladora do espaço construído. Nota-se também o modo minucioso como Carlos Leão projetou o edifício, compôs os jardins e especificou a construção, indicando articulações morfológicas de espaços, elementos arquitetônicos e paisagísticos, bem como materiais e detalhes técnicos por ele usados em outras obras.

1 Planta baixa do pavimento inferior: (9) garagem, (10) depósito
2 Planta baixa do pavimento superior: (1) sala de estar, (2) escritório (3) sala íntima, (4) quarto, (5) sala de jantar, (6) cozinha, (7) área de serviço, (8) quarto de empregada
3 Fachada frontal

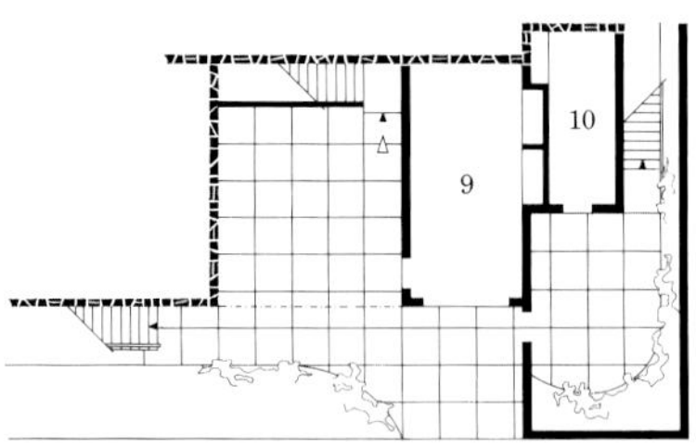

1

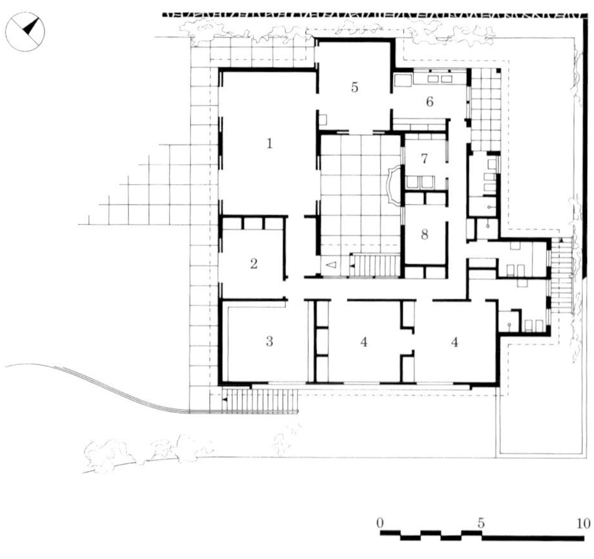

3

4 Plantas baixas, perspectivas e notas com propostas de alteração do projeto
5 Terceira versão do projeto

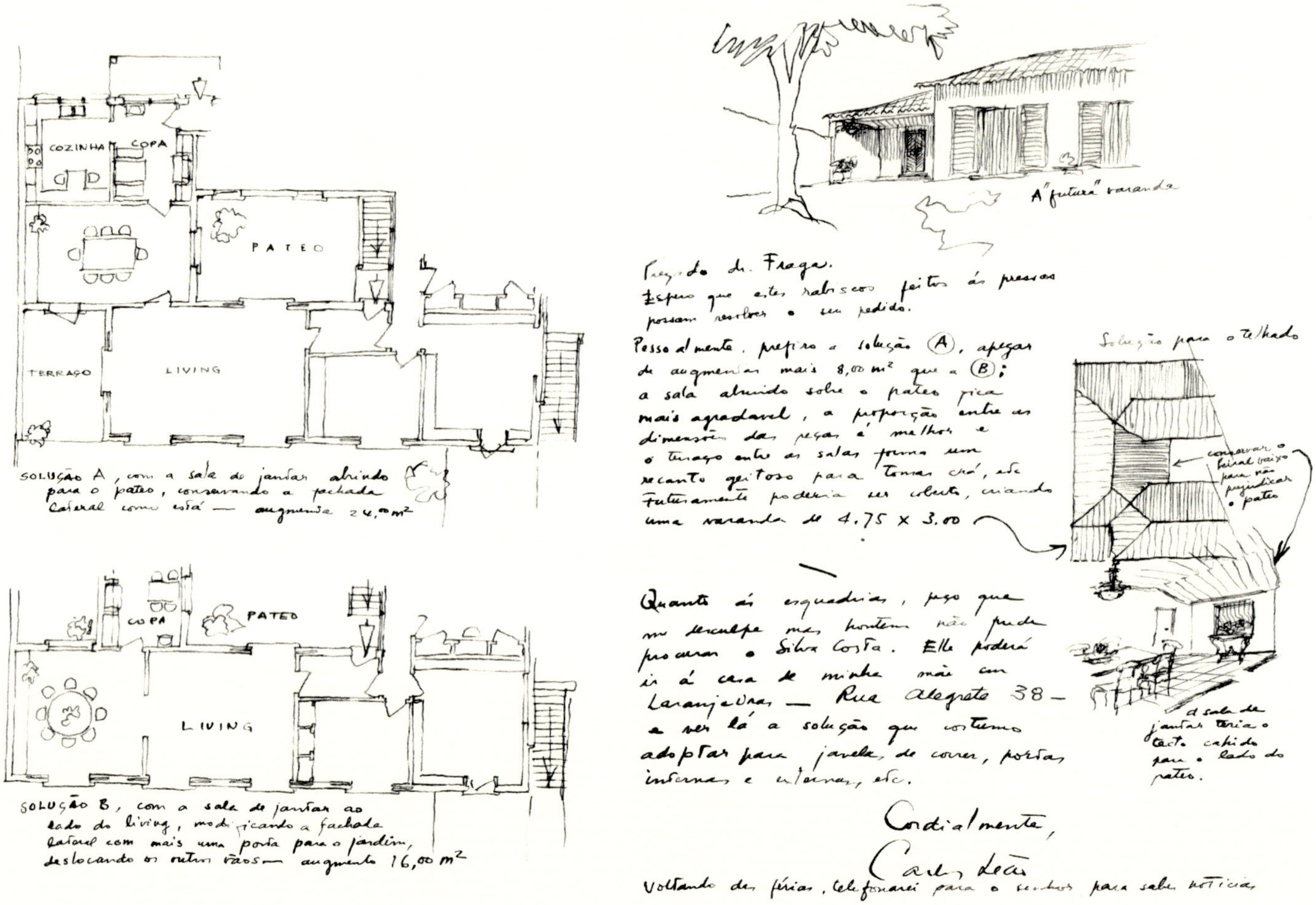

4

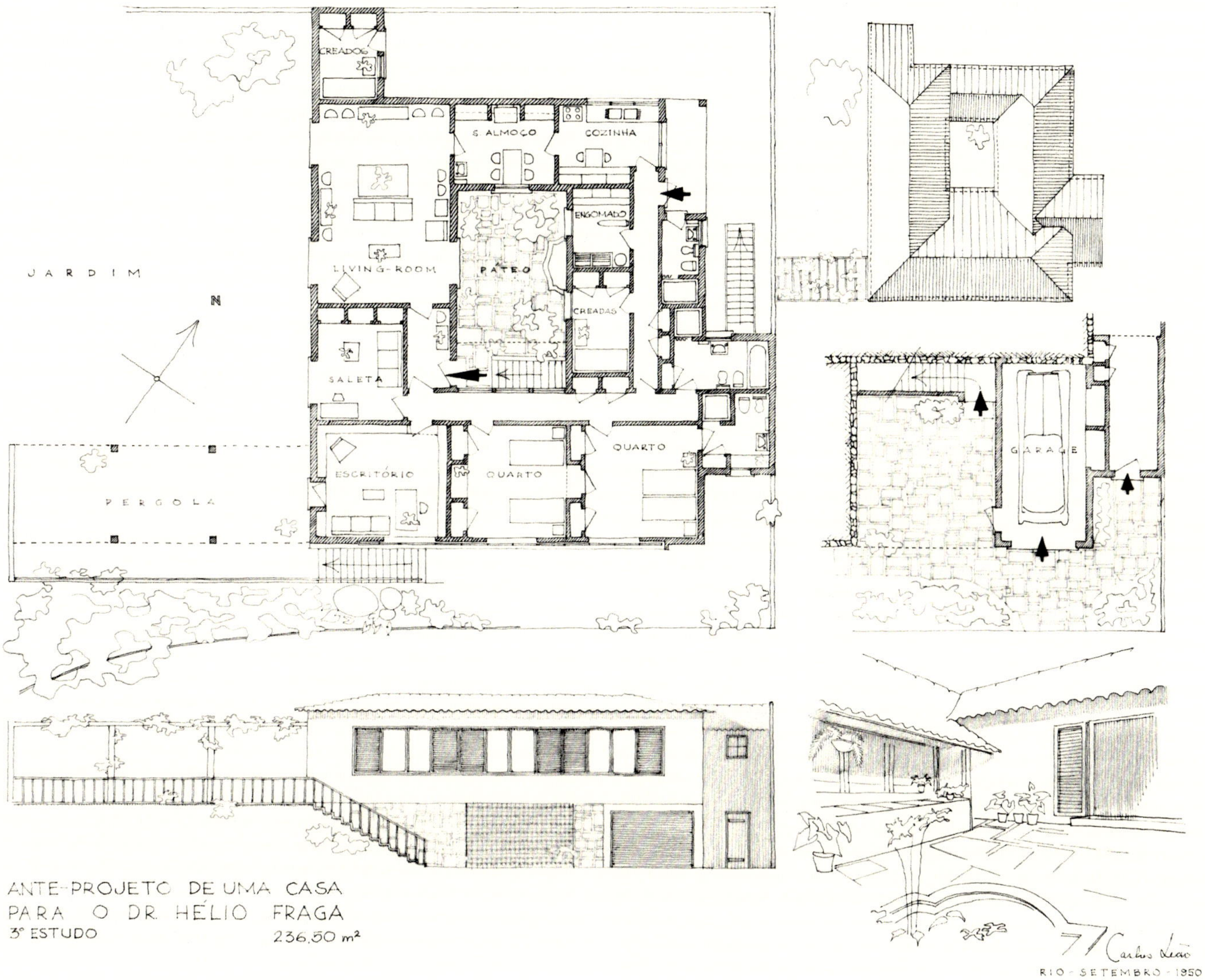
CREADOS
S. ALMOÇO
COZINHA
ENGOMADO
PATEO
LIVING-ROOM
JARDIM
N
CREADAS
SALETA
ESCRITÓRIO
QUARTO
QUARTO
PERGOLA
GARAGE
ANTE-PROJETO DE UMA CASA
PARA O DR. HÉLIO FRAGA
3º ESTUDO
236,50 m²
Carlos Leão
RIO - SETEMBRO - 1950

5

6 Planta baixa e perspectiva do projeto de paisagismo
7 Escada de acesso

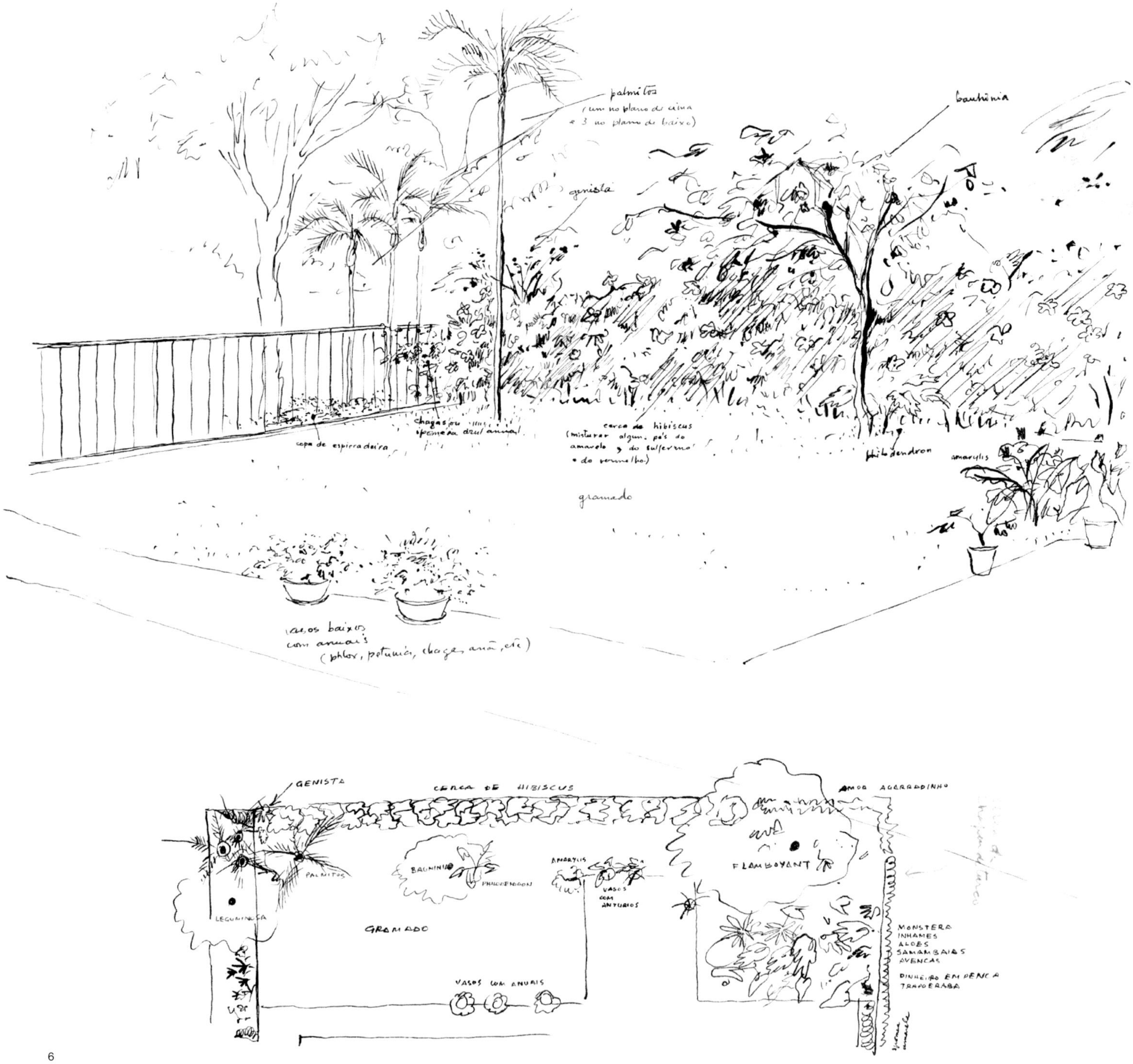

6

7

8 Plantas baixas, cortes e fachadas de detalhamento do pátio interno
9 Pátio interno

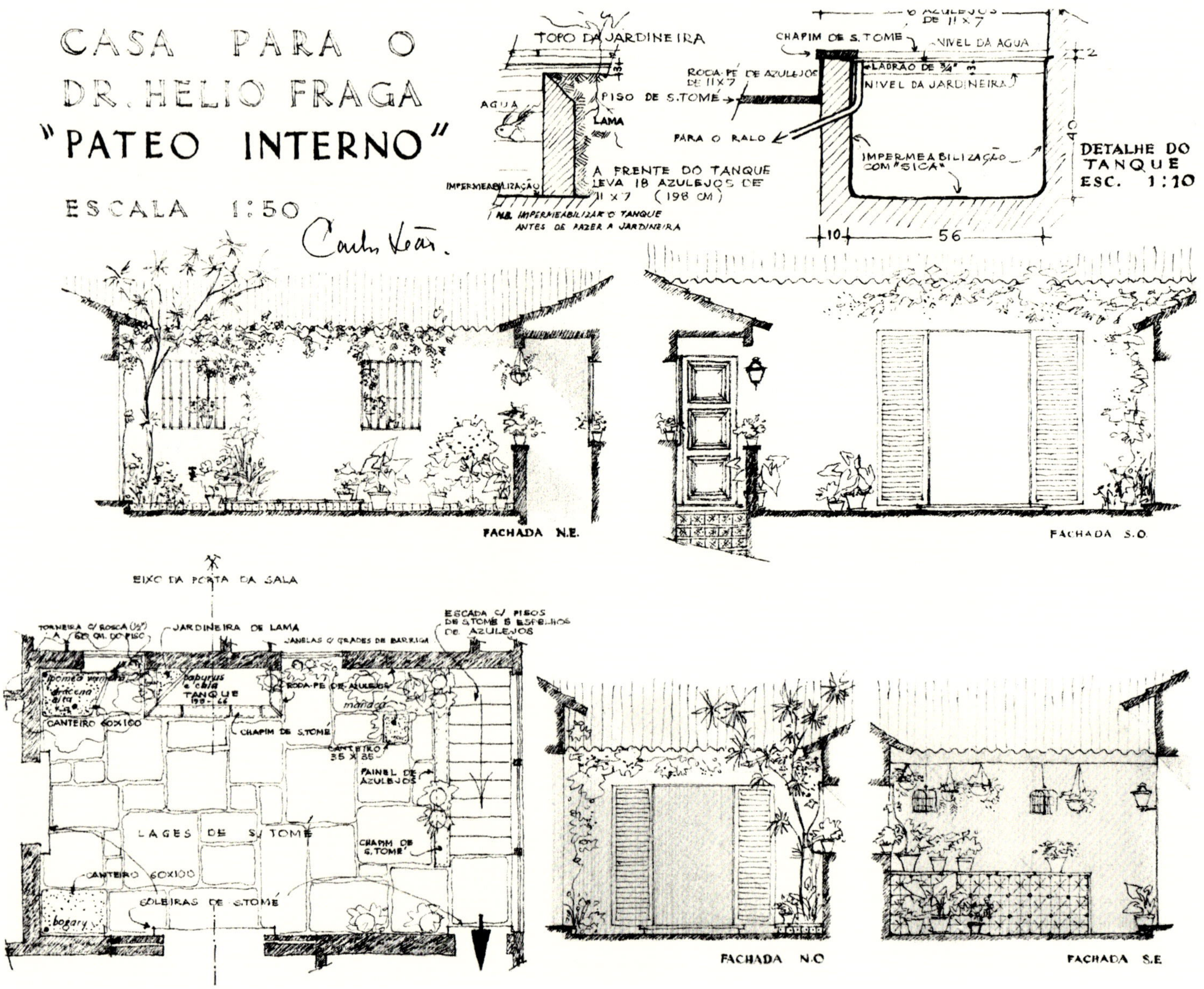

8

9

10

11

12

10 Perspectiva do jardim
11 Jardim e fachada lateral
12 Fachada lateral com sala de estar e pátio ao fundo

EDIFÍCIO PARA NAPOLEÃO DE ALENCASTRO GUIMARÃES

Leblon, Rio de Janeiro (RJ), 1952
projeto não executado

Embora a iniciativa de Napoleão de Alencastro Guimarães (militar, jornalista e político) visasse à especulação imobiliária, o projeto é um exemplo da preocupação do arquiteto com a qualidade da arquitetura. No pequeno lote, o edifício concentra 17 unidades residenciais tendo o hall, a garagem e o apartamento do zelador no térreo, quatro apartamentos de sala e quarto em cada um dos quatro pavimentos acima e outro apartamento de sala e quarto na cobertura. O projeto também permite observar outra constante na obra do arquiteto – a solução arquitetônica dissociada do desenho dos interiores. A sala do apartamento-tipo tem formato de "L", com a haste menor junto da fachada e a maior no interior, circundando as laterais internas do quarto, de acordo com um padrão fomentado pelo mercado imobiliário que dificulta a penetração da luz e sugere certo enclausuramento. Problemas que o arquiteto tenta minimizar tratando a área menor como varanda quase inteiramente vazada e configurando a circulação entre o quarto e o banheiro com um painel de tijolos de vidro. Outro indício gráfico de cuidado com a constituição de ambientes adequados e bons de viver é a humanização da planta baixa do apartamento na cobertura com mobiliário e vegetação. O tratamento da fachada frontal, com molduras que a dividem em três tramos – o central vazado e os laterais perfurados com regularidade –, além de marcarem as laterais, as lajes e a platibanda, confere ao edifício a imagem de um bloco planar e autônomo na quadra.

1 Perspectiva do edifício
2 Planta baixa do pavimento térreo
3 Perspectiva da sala de estar

1

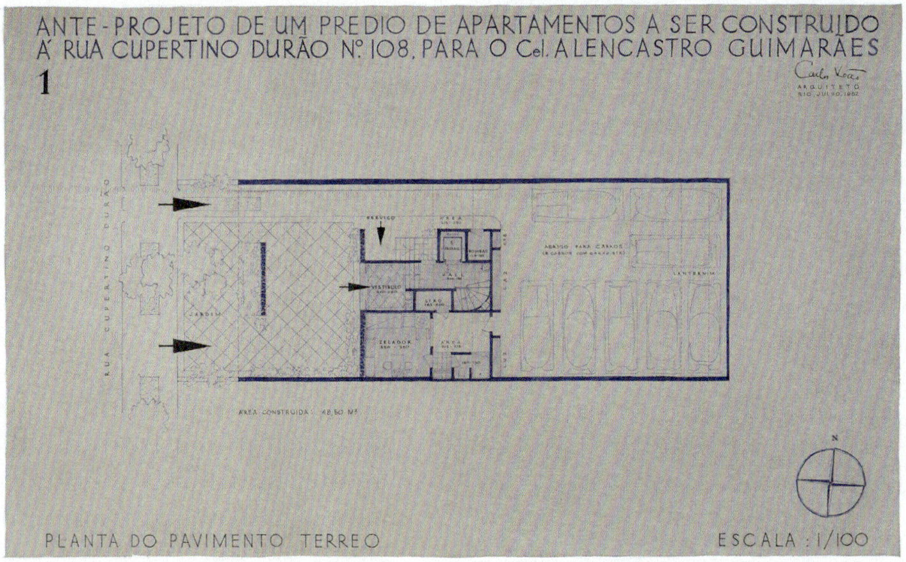
ANTE-PROJETO DE UM PREDIO DE APARTAMENTOS A SER CONSTRUIDO
Á RUA CUPERTINO DURÃO Nº 108, PARA O Cel. ALENCASTRO GUIMARÃES
1
PLANTA DO PAVIMENTO TERREO
ESCALA : 1/100

2

3

4 Planta baixa do pavimento de cobertura
5 Planta baixa do pavimento-tipo
6 Fachada e corte longitudinal

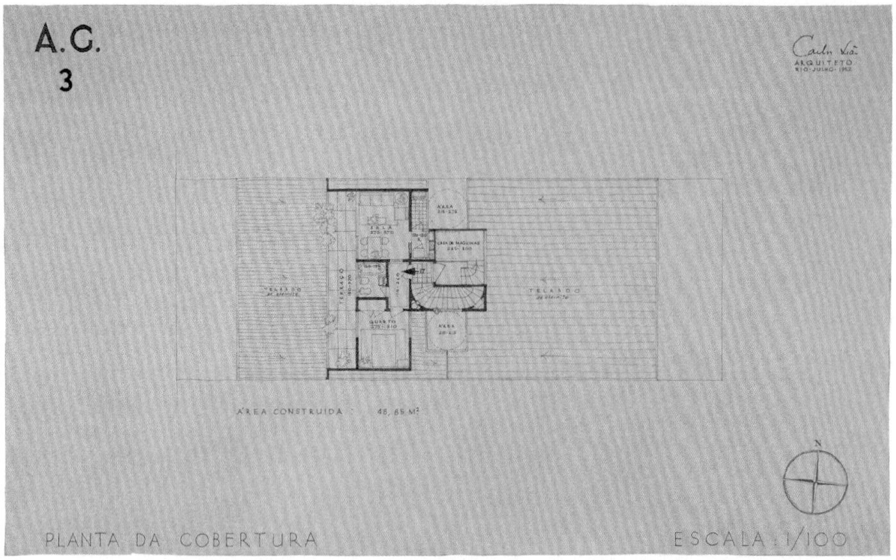

4

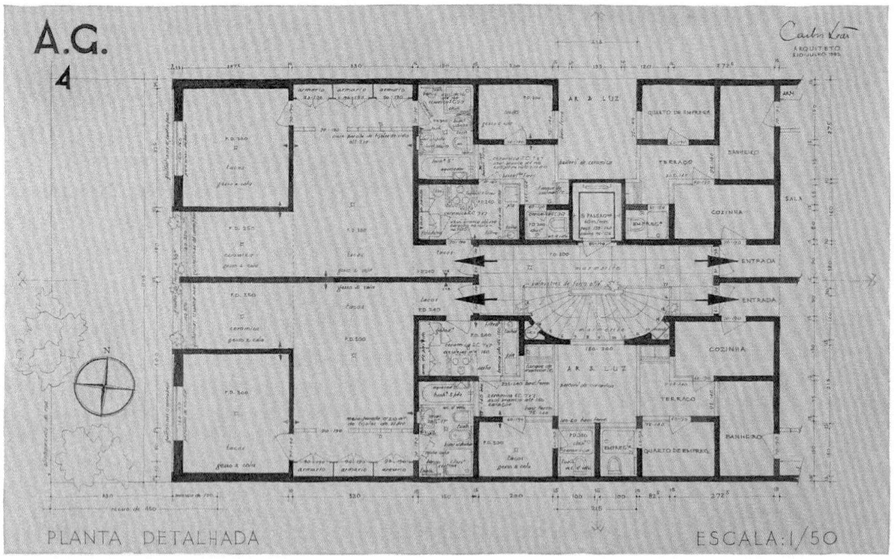

5

6

RESIDÊNCIA FRANCISCO CLEMENTINO DE SAN TIAGO DANTAS

Botafogo, Rio de Janeiro (RJ), 1953
projeto executado com alterações
[alterado posteriormente]

O programa extenso, composto por recintos com funções específicas, deriva da vida intelectual e pública de San Tiago Dantas, advogado, professor, jornalista e político. Carlos Leão novamente usa pátios para estruturar os espaços em setores claramente marcados no terreno proporcionalmente estreito e longo. Em torno de um deles articulam-se a galeria, as salas de estar e de jantar e uma varanda, que, com o escritório público e o hall, compõe o setor social no térreo. Aos fundos, os cômodos de serviço são articulados com um grande pátio, subdividido em duas áreas por uma passarela – a maior para manobra de automóveis e a menor para quarar roupa –, e outro pequeno, para criação de animais. No pavimento superior, o escritório particular, a biblioteca, salas, quartos, vestiários, banheiros e rouparia integram o setor íntimo. Na parte externa, a linguagem arquitetônica trilha sobriamente o caminho do meio entre a tradição e a modernidade.

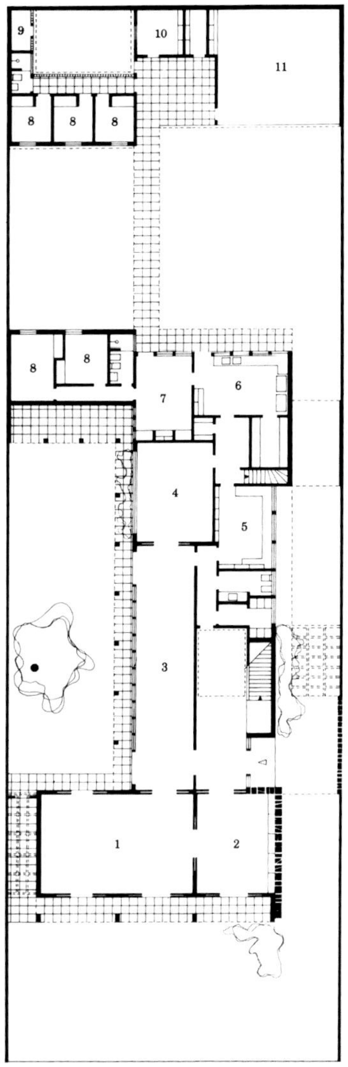

1

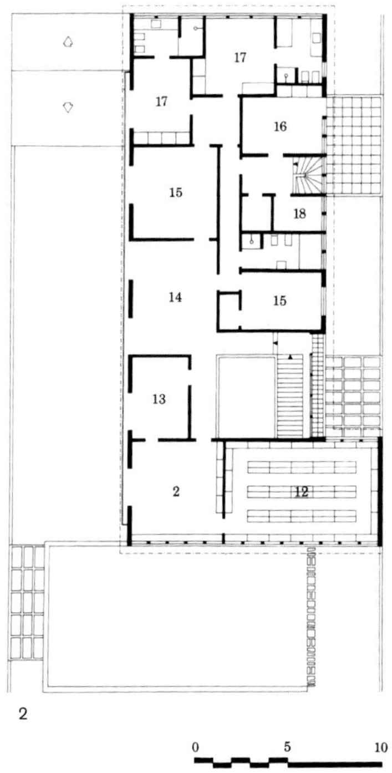

2

1 Planta baixa do pavimento térreo: (1) sala de estar, (2) escritório, (3) galeria, (4) sala de jantar, (5) sala de almoço, (6) cozinha, (7) área de serviço, (8) quarto de empregados, (9) galinheiro, (10) depósito, (11) garagem
2 Planta baixa do pavimento superior: (2) escritório, (12) biblioteca, (13) saleta, (14) sala íntima, (15) quarto, (16) rouparia, (17) vestiário, (18) quarto de costura
3 Fachada

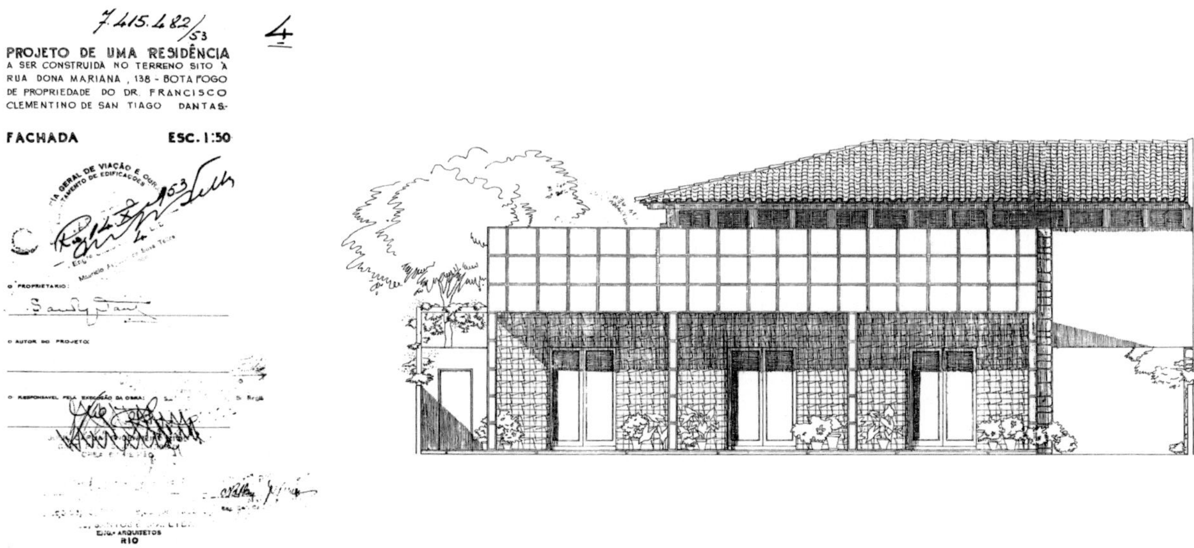

3

EDIFÍCIO CASA DA BANCÁRIA

Jardim Botânico, Rio de Janeiro (RJ), 1953
projeto executado

Edifício residencial construído para trabalhadoras solteiras no setor bancário, dando prosseguimento à política social do governo de construção de moradias populares, projetado por Carlos Leão quando chefiava a Carteira Imobiliária do Instituto dos Bancários. Situado em terreno íngreme, o programa foi resolvido com a setorização em dois volumes de acordo com o uso individual ou coletivo dos espaços. O volume basilar abriga os equipamentos coletivos em três pavimentos: no subsolo encontra-se a lavanderia e a cozinha industrial; no térreo, a central telefônica e a capela; e no piso superior, a sala de estar comunitária e o terraço coberto. Pilotis sustentam o volume que concentra cinquenta apartamentos compostos por quarto com banheiro privativo, distribuídos em quatro pavimentos. Prisma ortogonal disposto perpendicularmente em relação à rua, esse volume tem fachadas compostas por faixas horizontais e/ou verticais determinadas por janelas de diferentes dimensões e zonas revestidas em pastilhas, cobogós ou massa corrida pintada, expressando usos internos: os espaços de circulação coletiva e os conjuntos de células individuais.

1 Planta baixa do pavimento térreo: (1) pórtico, (2) sala de estar, (3) portaria, (4) sanitário de homens, (5) sanitário de mulheres, (6) cozinha, (7) restaurante, (8) lixeira
2 Planta baixa do pavimento-tipo: (1) quarto, (2) banheiro, (3) armário, (4) lixeira, (5) circulação
3 Planta baixa do primeiro pavimento com proposta de mobília para os cômodos e para a sala de estar comum
4 Perspectiva do edifício
5 Fachadas frontal e lateral
6 Perspectiva da unidade mínima
7 Perspectiva do restaurante

4

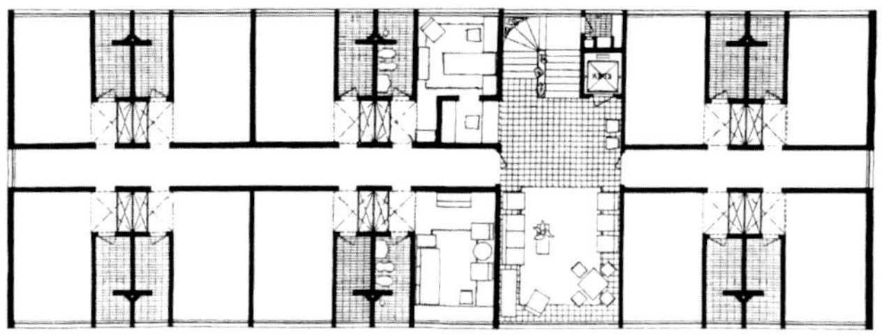

3

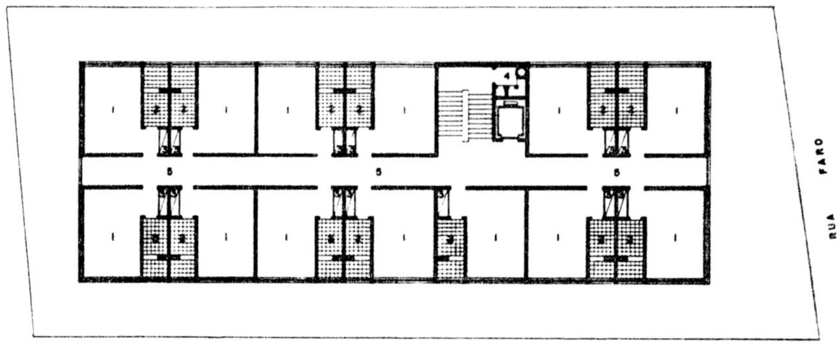

2

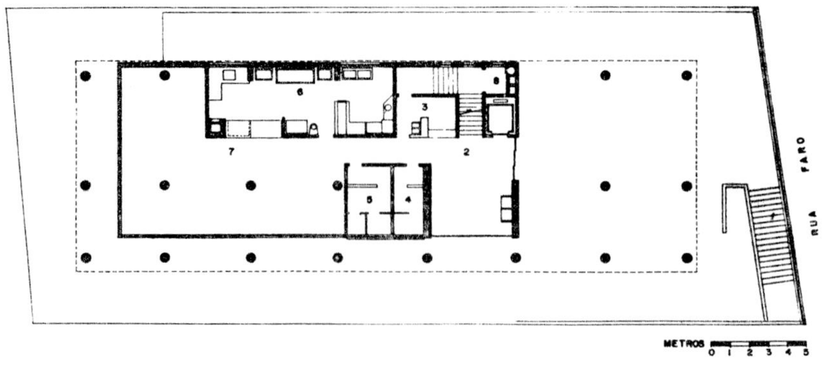

1

5

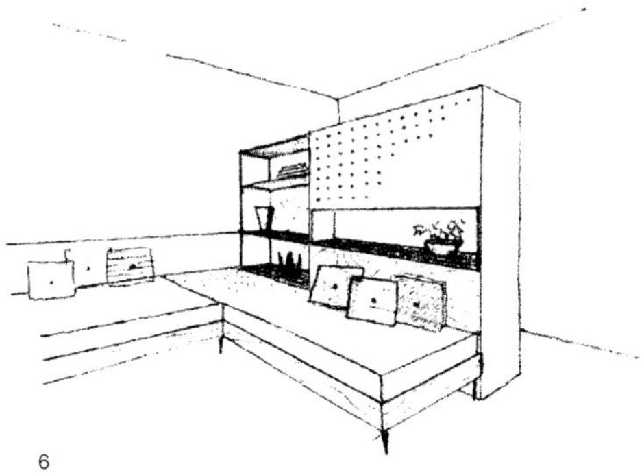

6

7

RESIDÊNCIA JOSÉ VASCONCELLOS CARVALHO

Laranjeiras, Rio de Janeiro (RJ), 1955
projeto não executado

O projeto, destinado a uma família numerosa, demonstra o virtuosismo do arquiteto em acomodar uma complexa variedade de funções em um conjunto harmonioso e aparentemente simples. Nas duas versões, ele se vale da acidentada topografia e da setorização funcional para distribuir o extenso programa, em torno de pátios e explorando as múltiplas possibilidades de conjugação de espaços abertos e fechados, cobertos ou não, e suas transições, gerando variadas sequências de ambientes. Se, na primeira versão, ele tira proveito das variações de altura do terreno e dos telhados para, com alguns planos esconsos, configurar uma volumetria abstratizante, na segunda versão, predomina o tradicionalismo na linguagem arquitetônica, contribuindo para a maior coerência do projeto.
No especial tratamento dos pátios e jardins, com suas varandas, *loggias*, terraços e latadas, é digna de nota, na segunda versão, a varanda-galeria próxima da sala de estar, limítrofe entre o pátio e o espaço livre, que aparecera na casa de Anete Oliveira Sampaio e ressurgirá nas residências Sebastião Paes Almeida e Américo Lutz, mas que, neste projeto, tem configuração mais espetacular, porque mais solta, similar à varanda da casa José Barretto Filho, embora ainda mais dramática devido a sua situação na paisagem.

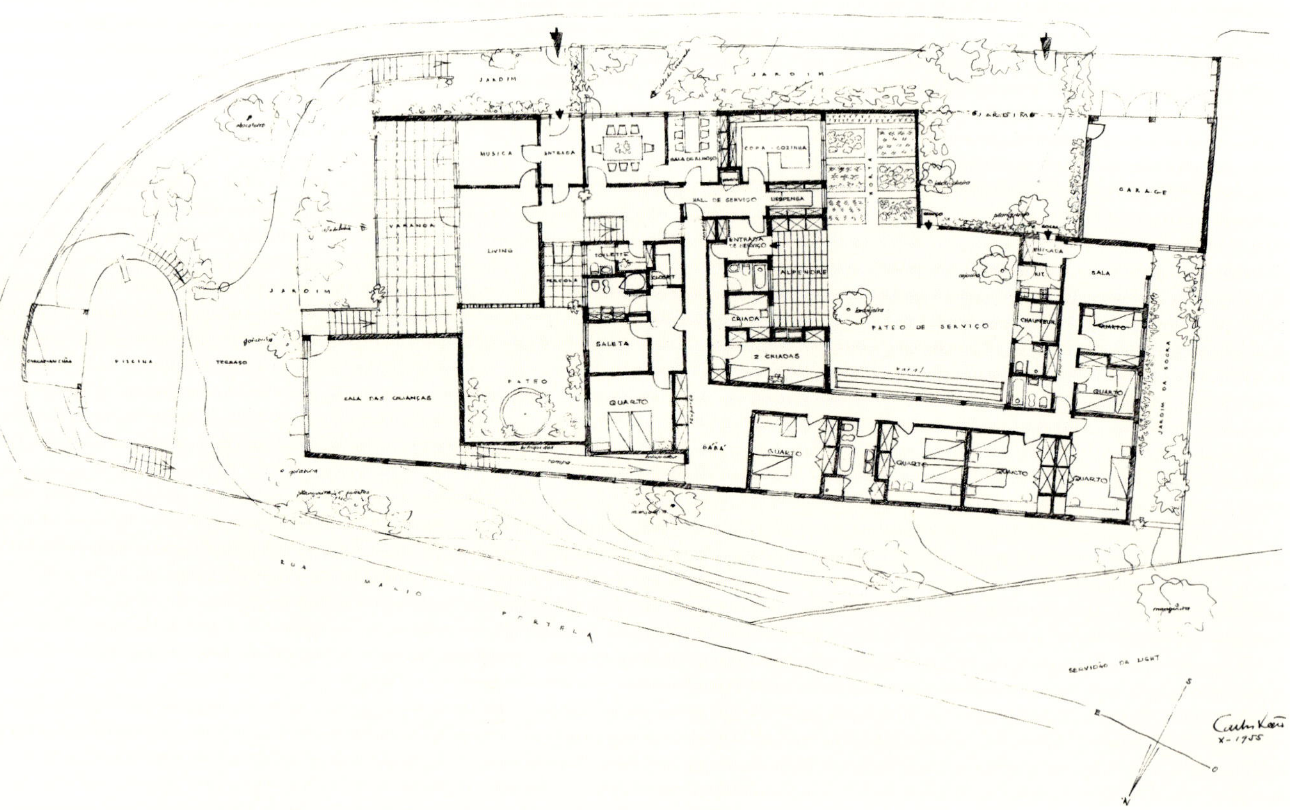

1

2

1 Planta baixa [primeira versão]
2 Perspectiva [primeira versão]

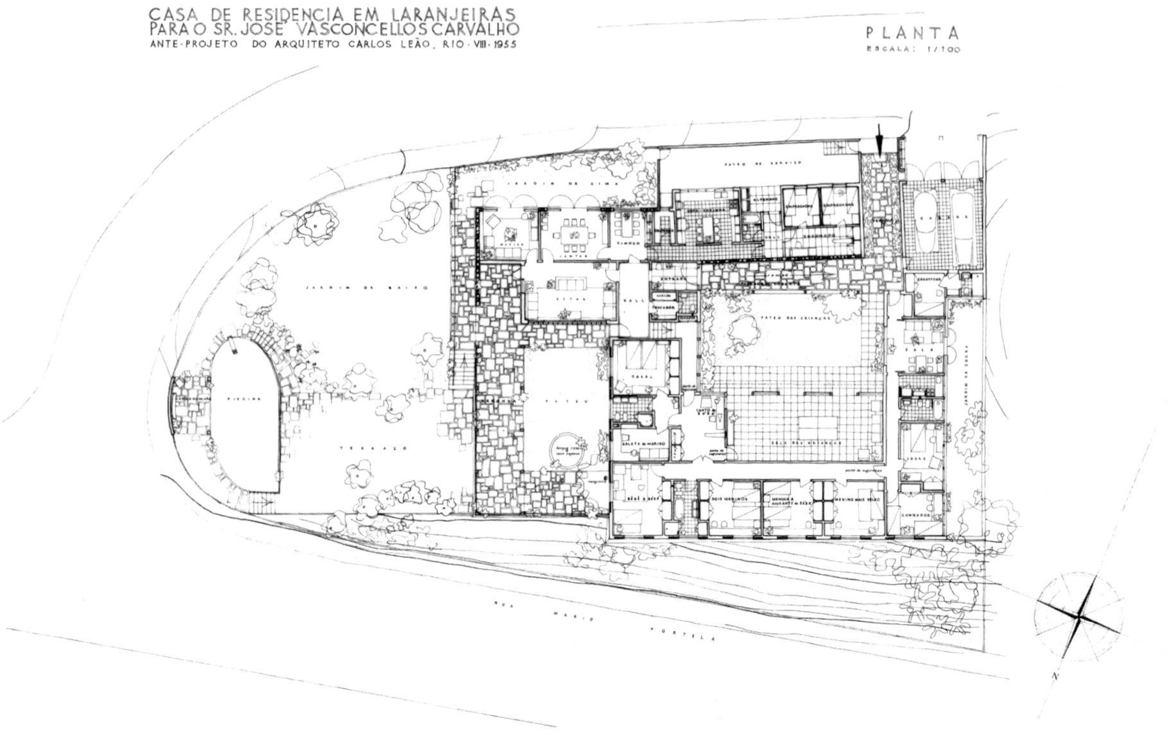
CASA DE RESIDENCIA EM LARANJEIRAS
PARA O SR. JOSÉ VASCONCELLOS CARVALHO
ANTE-PROJETO DO ARQUITETO CARLOS LEÃO, RIO · VIII · 1955
PLANTA
ESCALA: 1/100

3

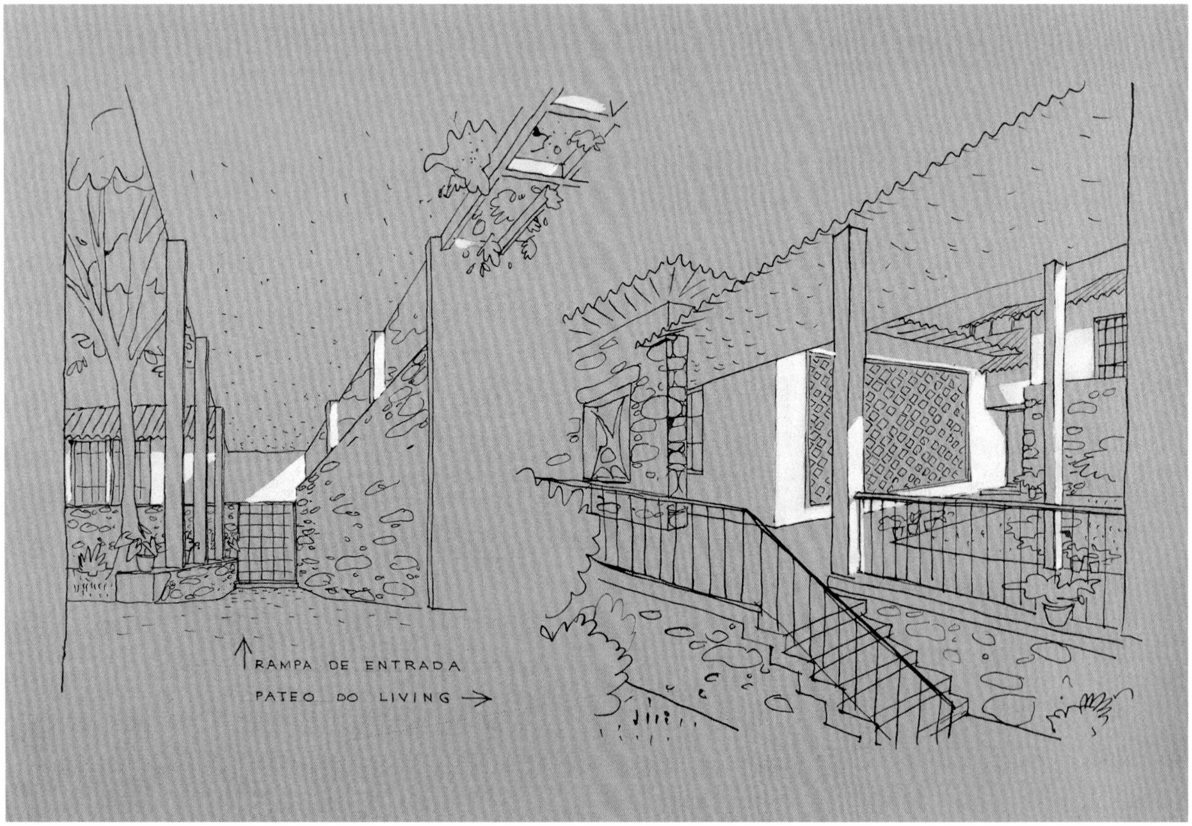
RAMPA DE ENTRADA
PATEO DO LIVING

4

5

3 Planta baixa [segunda versão]
4 Perspectivas de interiores [segunda versão]
5 Perspectiva [segunda versão]

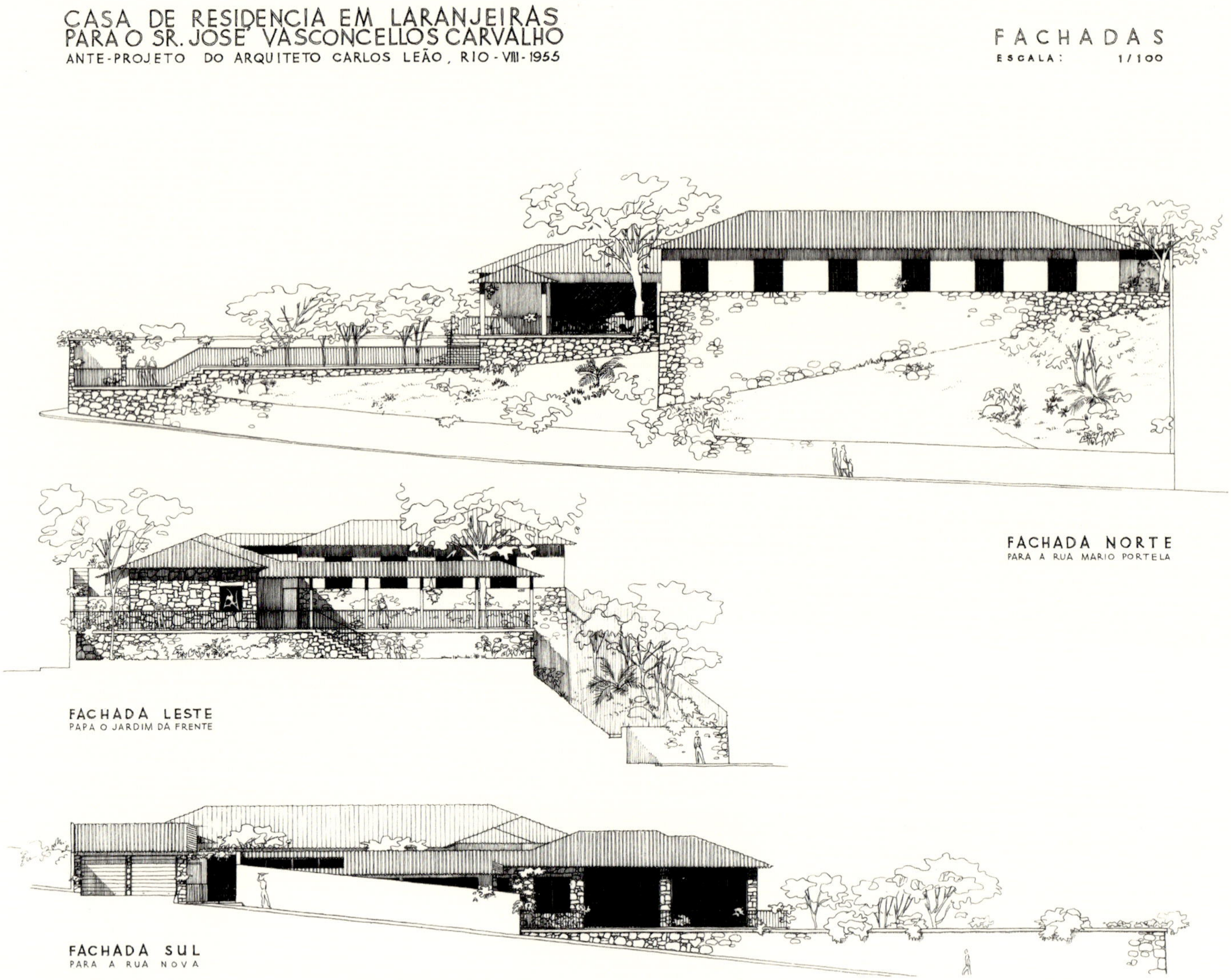

6

6 Fachadas [segunda versão]
7 Cortes e planta baixa dos telhados [segunda versão]

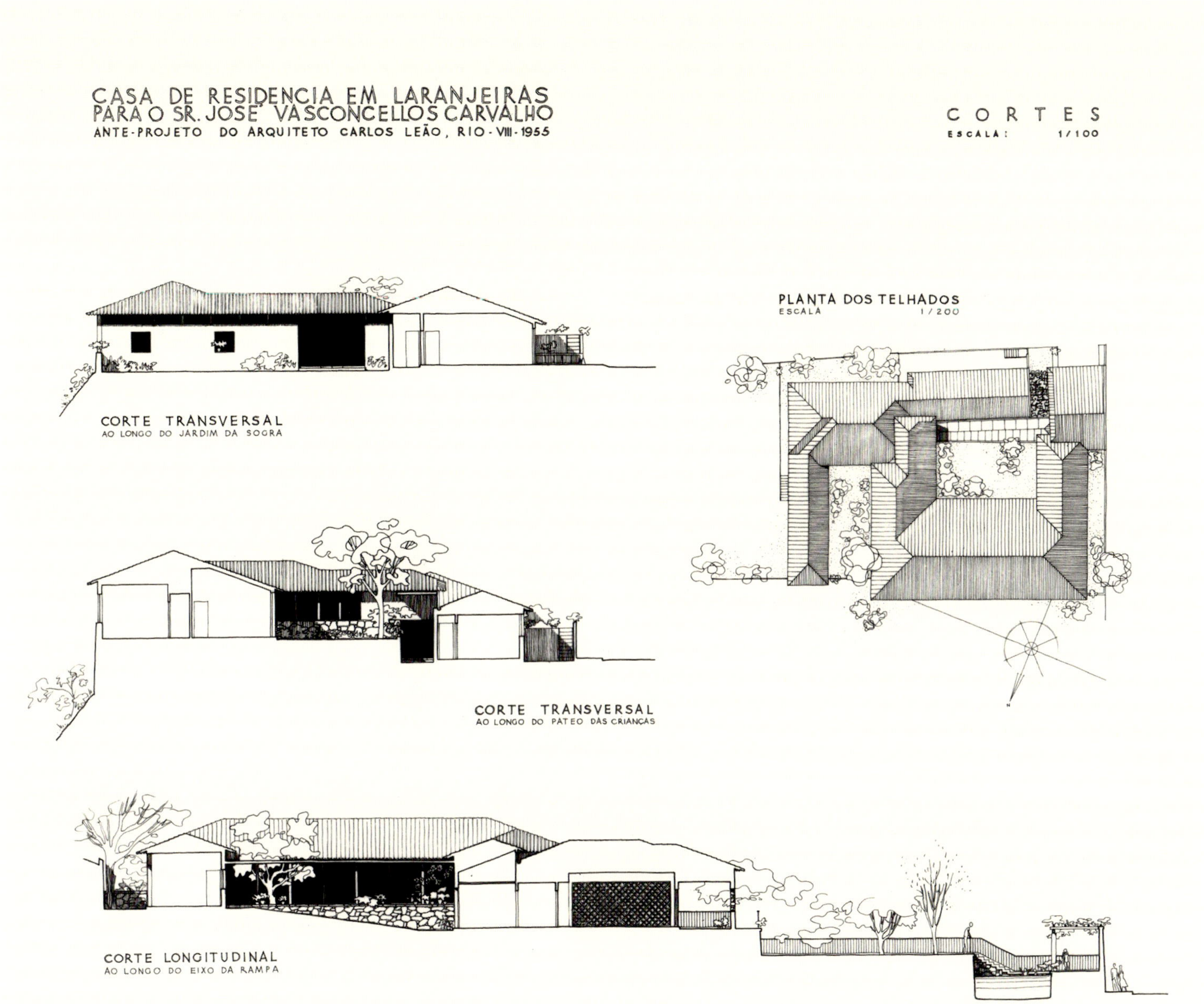
CASA DE RESIDENCIA EM LARANJEIRAS
PARA O SR. JOSÉ VASCONCELLOS CARVALHO
ANTE-PROJETO DO ARQUITETO CARLOS LEÃO, RIO - VIII - 1955
CORTES
ESCALA: 1/100
PLANTA DOS TELHADOS
ESCALA 1/200
CORTE TRANSVERSAL
AO LONGO DO JARDIM DA SOGRA
CORTE TRANSVERSAL
AO LONGO DO PATEO DAS CRIANÇAS
CORTE LONGITUDINAL
AO LONGO DO EIXO DA RAMPA

7

RESIDÊNCIA OLGA E TEÓFILO LEÃO

Rua Itamonte, São Paulo (SP),
década de 1950
projeto não executado

No projeto da casa de seu irmão Teófilo, sua cunhada Olga Portinari Leão e os filhos deles, em São Paulo, Carlos Leão situa a construção de dois pavimentos no centro do terreno esconso, voltando os principais cômodos para a parte posterior. Duas extensões do primeiro pavimento que abrigam cômodos complementares (o quarto para a empregada e a garagem que também funciona como "quarto de brinquedos") mais muros e o "ripado dos antúrios" delineiam pátios que ajudam na estrita setorização da casa. Na lateral esquerda, está o pátio de serviço; à direita da parte fronteira, o pátio de acesso; nos fundos, o pátio para o qual se abrem as salas – estes últimos divididos em dois setores: jardim e terraço pavimentado com pedras (mais lago, no caso de trás) que dá continuidade ao pórtico e à varanda, respectivamente. No primeiro pavimento, localizam-se os setores social e de serviço, enquanto no pavimento superior estão quatro quartos, dois banheiros e uma rouparia. Como em outros de seus projetos, ele conjuga regularidade e sutis assimetrias na composição de recintos, fachadas e volumes. E se vale de revestimentos com pedras, elementos cerâmicos e massa corrida pintada nas paredes, algumas tendo molduras, como as esquadrias em madeira. A cobertura de telhas cerâmicas com quatro águas é outro dos elementos com os quais o arquiteto pretendeu conferir um caráter aconchegante à "Casa para Olga, Tufão & prole".

1

1 Plantas baixas, corte e fachadas

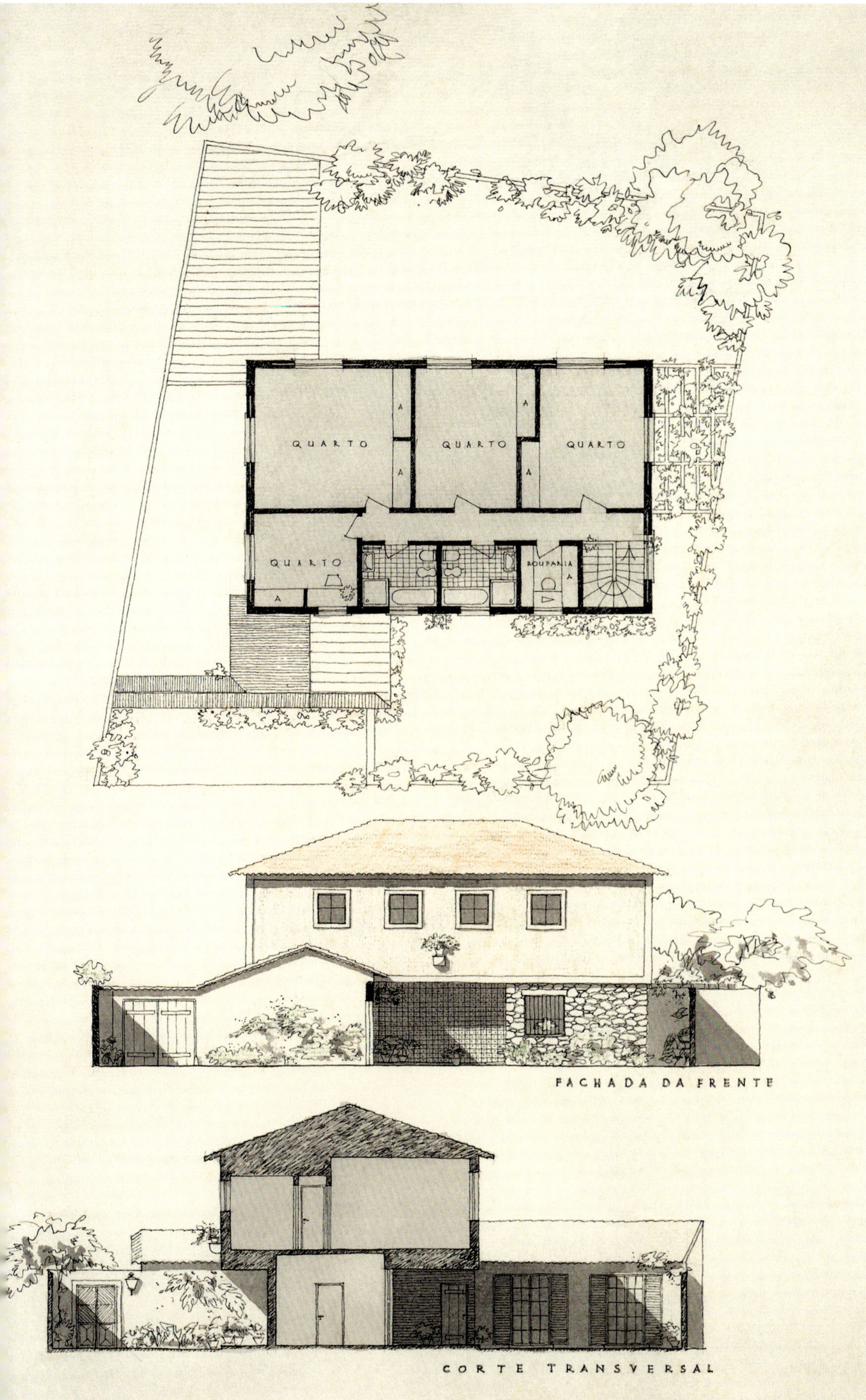
QUARTO
QUARTO
QUARTO
QUARTO
ROUPARIA
FACHADA DA FRENTE
CORTE TRANSVERSAL

RESIDÊNCIA REGINA E CARLOS SOARES BRANDÃO

Gávea, Rio de Janeiro (RJ), 1956
projeto executado

Em um terreno relativamente exíguo, Carlos Leão, mais uma, vez adotou uma clara setorização funcional, compondo plantas que garantem usos independentes dos espaços. Se frontalmente a casa aparenta ser um prisma único, na parte posterior é fracionada devido à planta, que se desenvolve de modo escalonado para garantir o acesso dos automóveis à garagem localizada no fundo do lote, e à volumetria que acomoda espaços com diferentes demandas. No pavimento térreo, os cômodos sociais se abrem em direção à rua e à divisa direita, onde se esboça um pátio semiaberto, enquanto os cômodos de serviço se voltam para a divisa esquerda na parte posterior do terreno. No piso superior, há quatro quartos e dois banheiros para a família, mais dois quartos e um banheiro de serviço, junto do terraço sobre a garagem. Tanto a obra final quanto os vivazes desenhos das versões iniciais deste projeto permitem percebê-lo como uma das tentativas malogradas de retorno à linguagem moderna, ainda de cunho formalista e rejeitada pelo cliente em favor da versão mais tradicional.

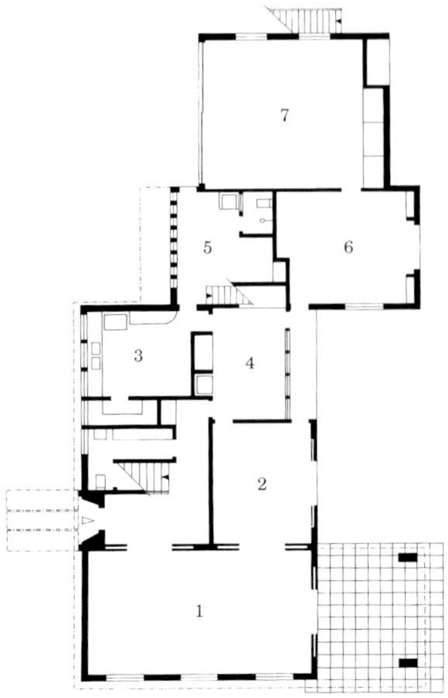

1

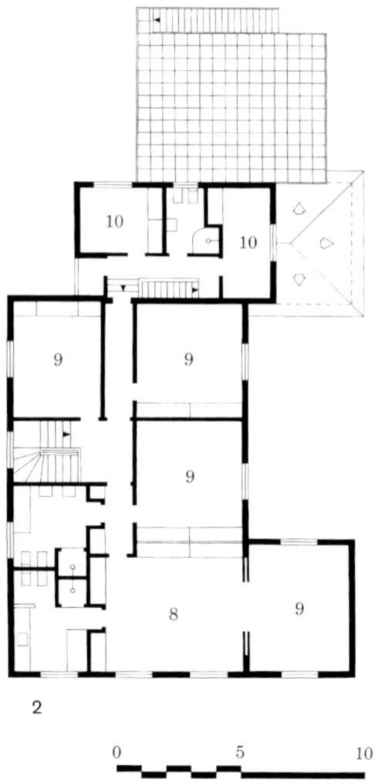

2

3

4

5

1 Planta baixa do pavimento térreo: (1) sala de estar, (2) sala de jantar, (3) cozinha, (4) sala de almoço, (5) área de serviço, (6) sala de jogos, (7) garagem
2 Planta baixa do pavimento superior: (8) vestiário, (9) quarto, (10) quarto de empregada
3 Fachada
4 Perspectiva [segunda versão]
5 Perspectiva [primeira versão]

RESIDÊNCIA HOMERO SOUZA E SILVA

Jardim Botânico, Rio de Janeiro (RJ), 1956
projeto executado

Projetada para Homero Souza e Silva, banqueiro que foi sócio de Walter Moreira Salles no Unibanco, é a maior residência construída por Carlos Leão e sua primeira obra francamente moderna depois de duas décadas de "casas brasileiras". Tem na distribuição interna o seu ponto alto: o programa extenso, com cômodos específicos para muitas funções nos setores social, íntimo e de serviço, é distribuído em três alas e seis níveis, de modo a garantir independência e privacidade nos usos dos espaços. Como em outros projetos de residências, o arquiteto se vale de cortes, terraplenos e muros de arrimo para acomodar a construção à topografia, configurando um embasamento sobre o qual se eleva um bloco que parece ter formato de "U" invertido e ser composto pelo encaixe de três monólitos autônomos. Se os pilotis, os terraços ajardinados, as fachadas diagramadas com diversidade e outros detalhes arquitetônicos indicam fidelidade à gramática corbusieriana, o pátio mais os planos, espaços e volumes compostos simetricamente permitem ver a persistência de sistemas arquitetônicos pretéritos. Como no projeto para sua mãe, de 1934, a sala de jantar se abre para um pátio que se conecta por meio de uma escada a um terraço e ao jardim na parte superior do lote. Com efeito, a arquitetura se contrapõe sobriamente à exuberante vegetação, abraçando os espaços de lazer e tratando o resto da propriedade como uma reserva florestal.

1 Perspectiva de estudo do conjunto
2 Fachada vista da rua

1

2

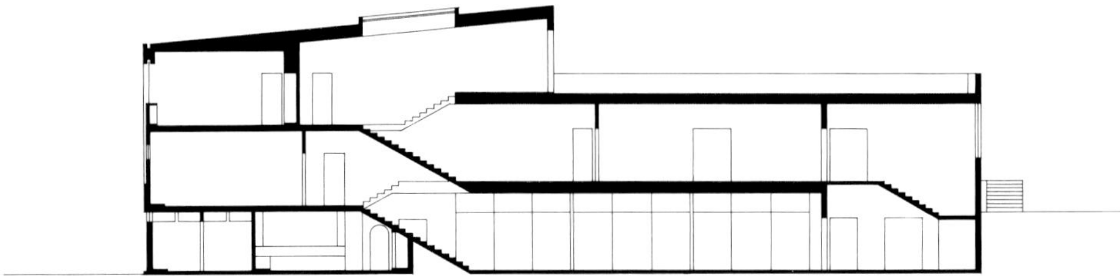

5

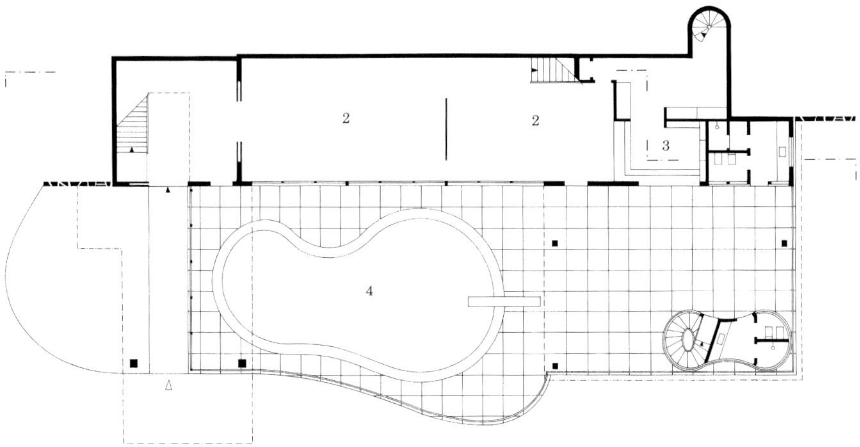

4

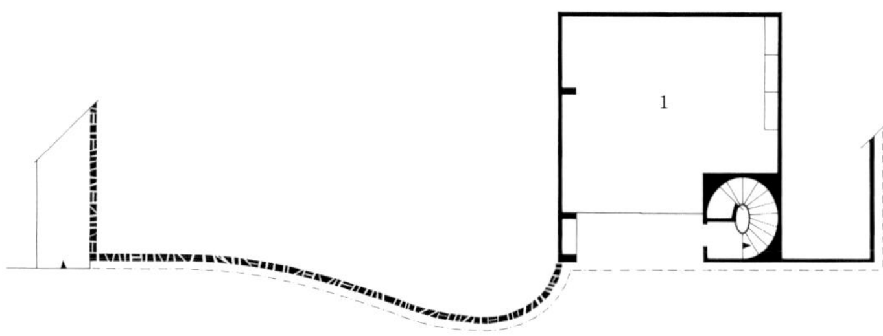

3

3 Planta baixa do pavimento inferior: (1) garagem
4 Planta baixa do pavimento intermediário 1: (2) sala de jogos, (3) copa, (4) piscina
5 Corte
6 Planta baixa dos pavimentos intermediários 2 e 3: (3) copa, (5) sala de estar, (6) sala íntima, (7) adega, (8) sala de jantar, (9) sala de almoço, (10) cozinha, (11) área de serviço, (12) lavanderia, (13) rouparia, (14) vestiário, (15) quarto
7 Planta baixa dos pavimentos intermediário 4 e superior: (15) quarto, (16) quarto de empregados

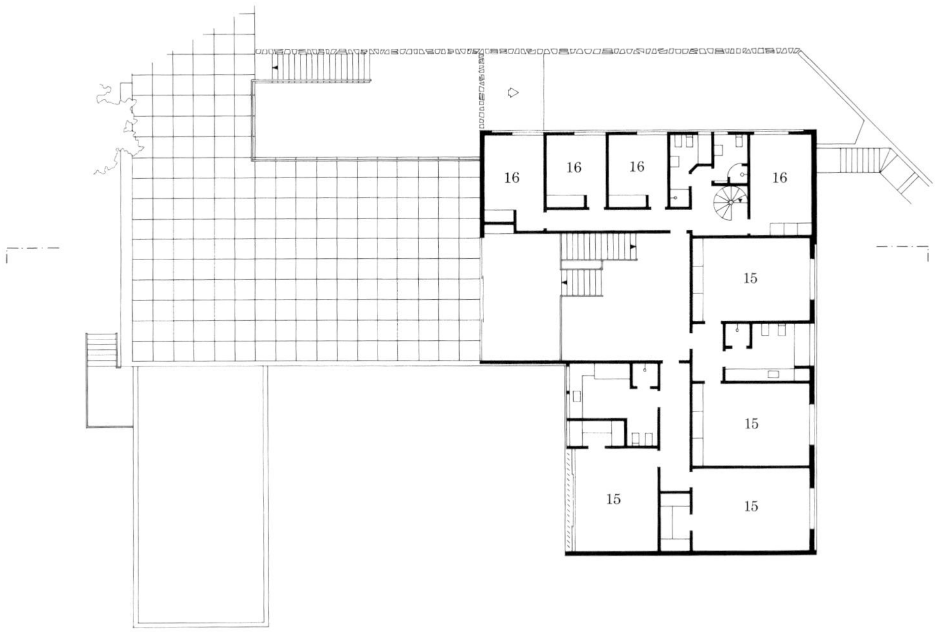

7

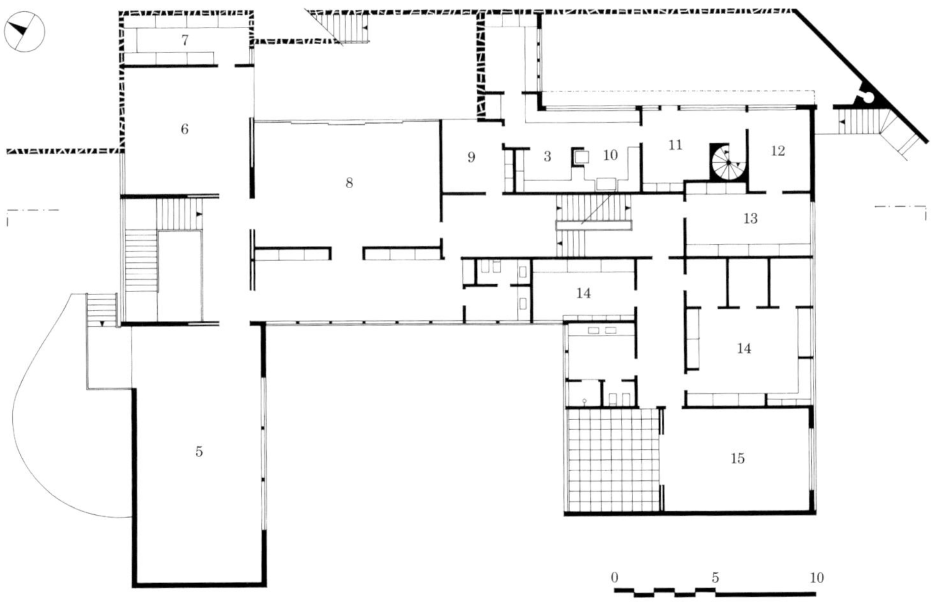

6

8

8 Hall de entrada
9 Perspectiva a partir do jardim posterior

9

10

11

10 Perspectiva do pátio
11 Perspectiva da rampa de acesso sob o bloco com a sala de estar
12 Perspectiva do conjunto

12

13

14

13 Piscina e bloco dos quartos ao fundo
14 Piscina e bloco da sala de estar ao fundo
15 Perspectiva da piscina e do bloco
dos quartos ao fundo

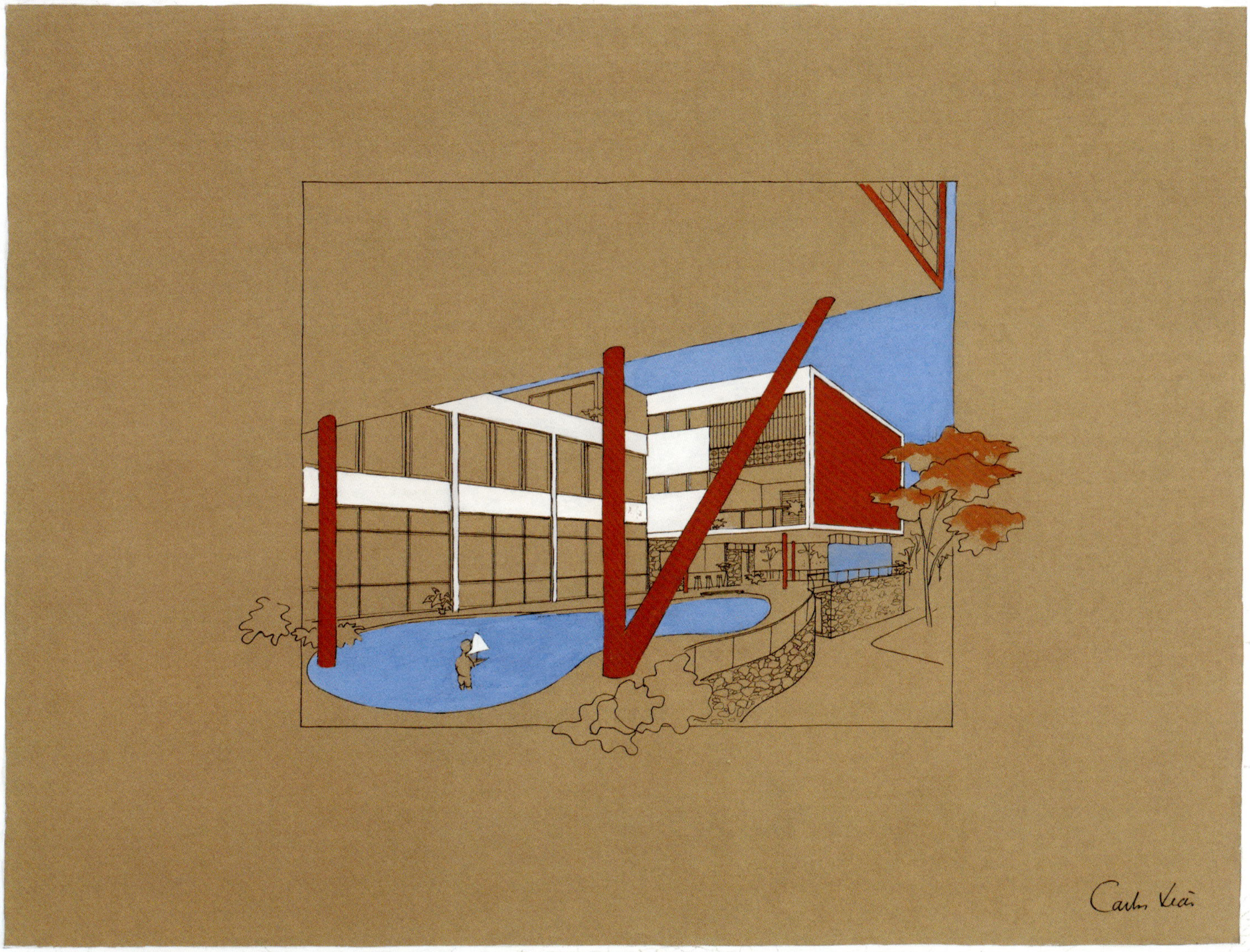

15

RESIDÊNCIA JOÃO PROENÇA

Gávea, Rio de Janeiro (RJ), 1957
projeto executado com alteração

Acompanhando o aclive acentuado do terreno, a casa se distribui em três pisos de acordo com uma setorização funcional e um encaixe dos cômodos que garante usos independentes dos espaços. No piso inferior, estão a garagem e o hall de acesso; no piso intermediário, o setor social, um terraço e os principais cômodos de serviço; no piso superior, cinco quartos para a família, uma sala íntima, banheiros e um terraço, mais três quartos de serviço e um banheiro. Mesmo em um lote relativamente exíguo para um programa extenso e com constrangimentos espaciais e técnicos devido à topografia, é notável o jogo entre interior e exterior, como em outros projetos residenciais de Carlos Leão. Além do terraço-jardim íntimo no piso superior, o terraço social, no piso intermediário, é dividido em três partes: uma coberta, que cria uma varanda aberta sobre a rua, uma semicoberta por uma pérgola e uma descoberta, determinando diferentes gradações de luz para esse espaço e as salas a ele contíguas. Junto da divisa lateral nesse terraço, há uma escada que permite alcançar o jardim na parte superior do terreno, ao qual se chega também por um dos quartos no piso superior. Em continuidade à pesquisa iniciada na residência Regina e Carlos Soares Brandão, o arquiteto conjuga elementos arquitetônicos tradicionais e modernistas. Embora acomode as intricadas plantas em uma volumetria purista, ele não esconde a cobertura de telhas cerâmicas com caimento para o interior do lote. Mas o sentido moderno prevalece também devido ao uso das janelas em fita, um ícone do ideário corbusieriano, especialmente com o correr de janelas que virtualmente rasga a fachada do piso intermediário e potencializa a discreta projeção do pavimento superior no espaço.

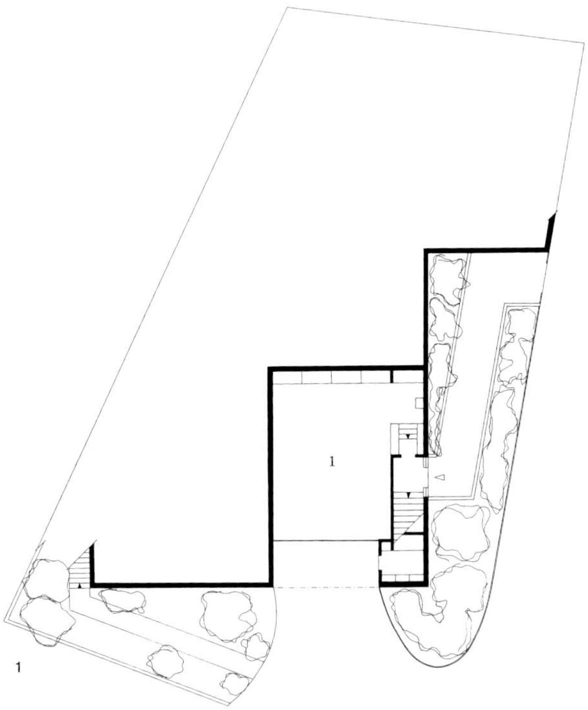

1

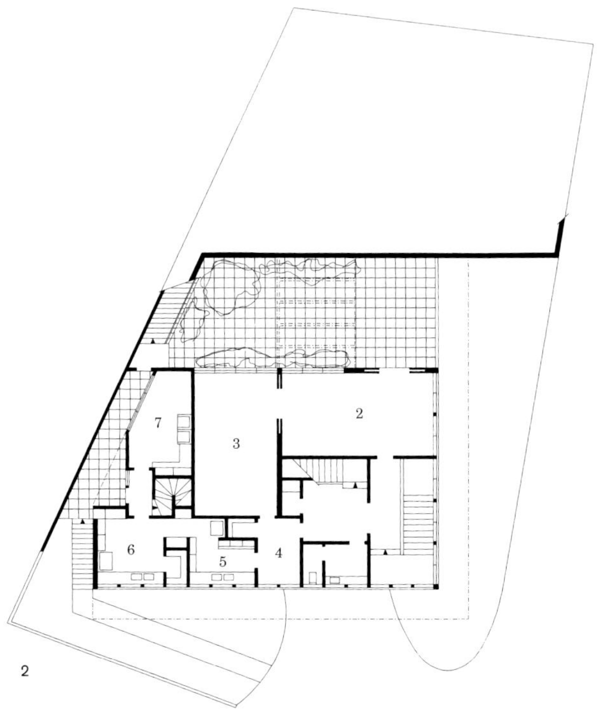

2

4

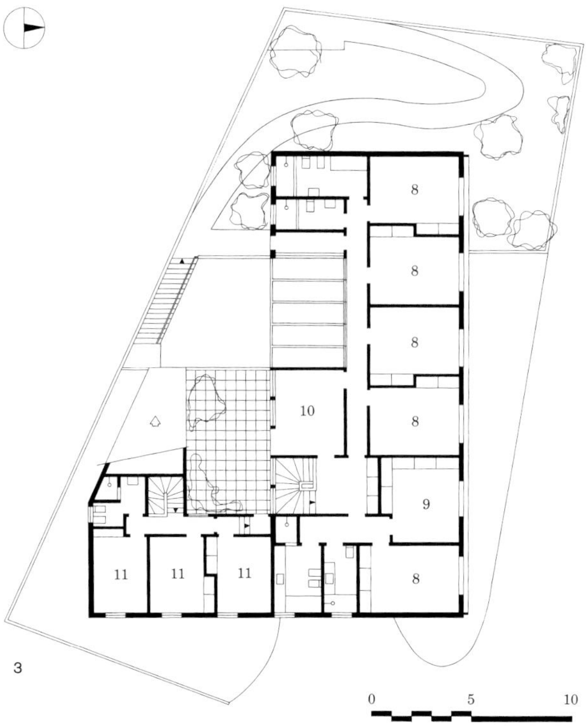

3

1 Planta baixa do pavimento inferior: (1) garagem
2 Planta baixa do pavimento intermediário: (2) sala de estar, (3) sala de jantar, (4) sala de almoço, (5) copa, (6) cozinha, (7) área de serviço
3 Planta baixa do pavimento superior: (8) quarto, (9) vestiário, (10) sala íntima, (11) quarto de empregados
4 Fachada

RESIDÊNCIA AUGUSTO BESOUCHET

São Francisco, Niterói (RJ), 1957
projeto executado

Na casa de Augusto Besouchet, bancário e sindicalista por um tempo vinculado ao Partido Comunista do Brasil, situada em terreno de esquina, Carlos Leão adotou uma planta com forma de "L" no pavimento térreo, situando o hall e a circulação vertical no vértice, com a zona de serviço estendendo-se pela haste maior, conformando um pátio longitudinal junto da divisa lateral, e o setor social na haste menor, que é encimada pelos cômodos íntimos. O pátio configurado pela situação do edifício no lote e a cobertura com telhas cerâmicas da parte de serviço remetem à arquitetura tradicional. Entretanto, o uso de planos contínuos, com elementos cerâmicos ou esquadrias de vidro, no pavimento térreo, mais a ausência de muros, somados à volumetria pura e esconsa do pavimento superior, rasgada por janela em fita, em contraponto à vegetação circundante, conferem um caráter algo abstrato que se projeta virtualmente na cidade.

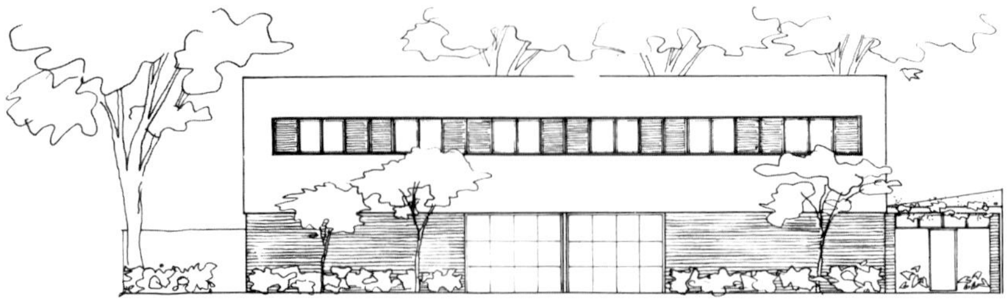

1

2

3

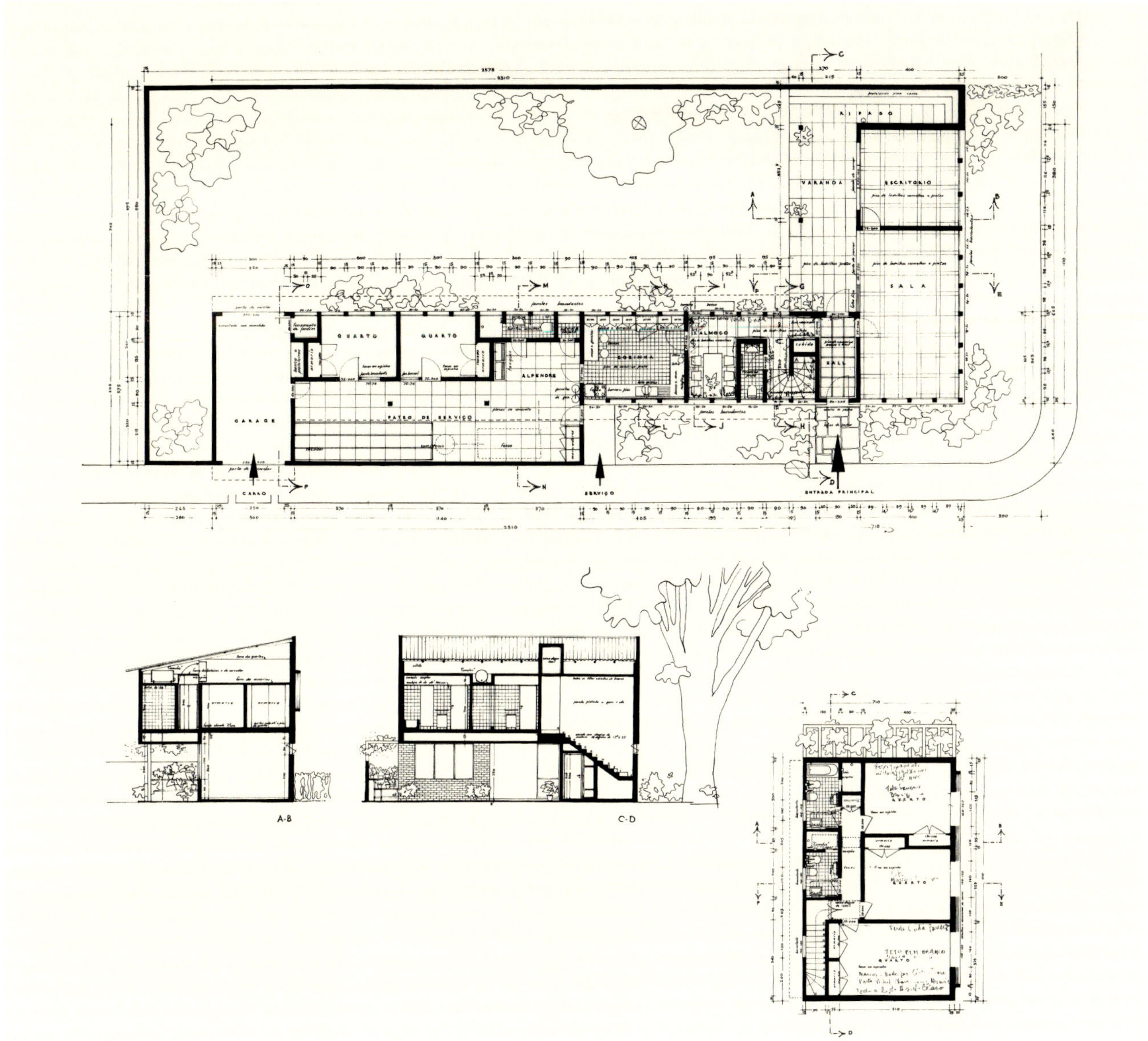

4

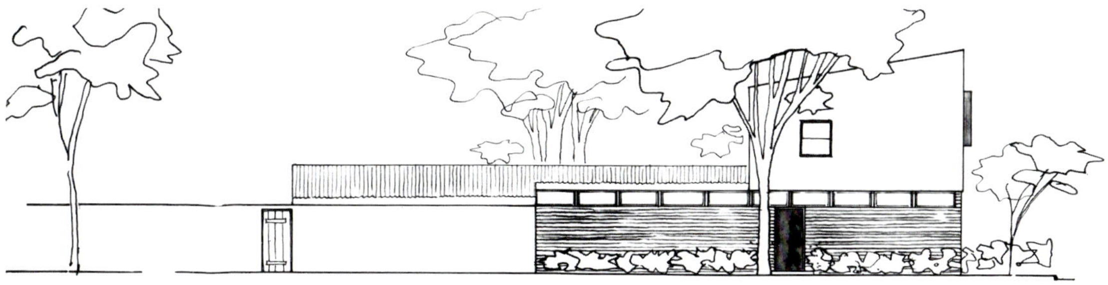

5

1 Fachada para a rua dos Tupinambás [versão preliminar]
2 Fachada para o jardim interno [versão preliminar]
3 Casa vista da esquina
4 Plantas baixas e cortes [versão final]
5 Fachada para a rua dos Tamoios [versão final]

CAPELA DE NOSSA SENHORA DA CONCEIÇÃO FAZENDA VARGAS

Valença (RJ), c. 1957
projeto de reforma e acréscimo
[parcialmente executado]

Construída em homenagem a Nossa Senhora da Conceição, padroeira da localidade de Vargas, e inaugurada em 13 de maio de 1898, a capela foi reformada por Carlos Leão quando ele adquiriu a Fazenda Vargas na década de 1950. Além de indicar os vizinhos, nomear as plantas a serem usadas no paisagismo e detalhar o sistema de fixação do sino, entre outros detalhes, seu projeto previa anexos para a pequena capela, com nave única e arco cruzeiro. À frente, o adro, ao qual se chegaria por uma alameda de eucaliptos e junto do qual ficaria o cruzeiro. Na lateral esquerda, a sacristia, com entrada direta para o altar, e sob cujo piso estão enterradas as cinzas do arquiteto, conforme seu desejo. Na lateral direita, no "caminho da aldeia" e com entradas independentes, uma edificação para abrigar uma sala para aulas, dois banheiros e um posto médico – composto por sala de espera, consultório e banheiro –, que seriam voltados para o lado direito e os fundos da capela, onde ficariam espaços coberto e descobertos para recreio dos estudantes. Projeto que sugere um plano de atendimento social dos habitantes da região.

1 Perspectiva de detalhe do sino
2 Planta baixa e fachadas

1

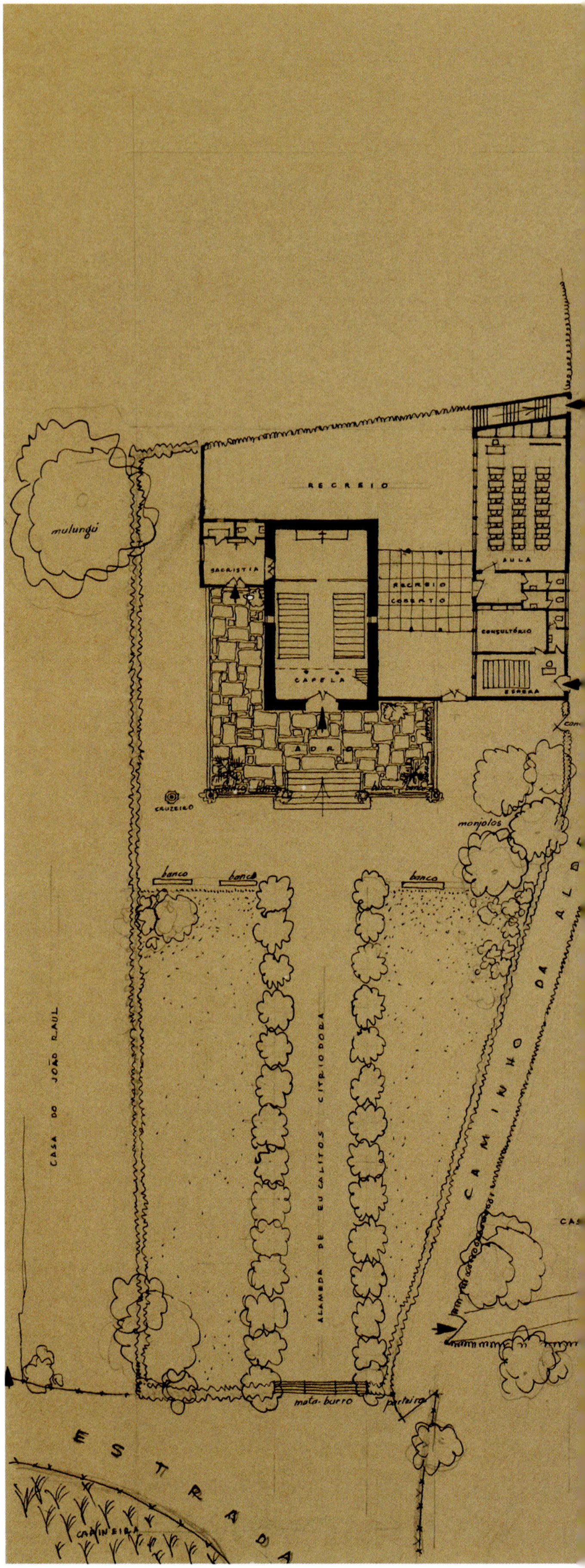

2

Valença (RJ), 1957
projeto de reforma [alterado posteriormente]

Constituída no século XIX para cultivo de café, a fazenda Vargas foi adquirida por Carlos Leão na década de 1950. Embora seu nome pudesse associá-la ao presidente Getúlio Vargas e, consequentemente, o arquiteto, ao getulismo, ele decidiu preservar o modo como a fazenda era conhecida na região.
Em 1957, ele iniciou uma reforma de suas instalações que se estendeu por anos.
A adaptação para uso próprio da fazenda deu origem a muitos estudos, desde intervenções em escala territorial até o detalhamento do trinco da porta. Em todos transparece o mesmo envolvimento do arquiteto com o objeto representado e seu domínio das diferentes técnicas de desenho. Com plantas baixas, cortes, fachadas e perspectivas feitas com diferentes materiais (lápis, guache, aquarela, caneta esferográfica e papéis de variados tipos, tamanhos e formatos), ele registra, esboça, especifica e detalha desde a implantação dos edifícios e espaços até a identidade visual da fazenda, passando por edículas e equipamentos complementares, como a sauna e o filtro da piscina, respectivamente, instalações utilitárias, como o curral, e paisagismo, como o jardim de ervas aromáticas e diferentes bancos. Desenhos que variam do geral ao particular, chegando por vezes a especificações minuciosas que permitem vislumbrar técnicas e processos construtivos. A casa principal mereceu atenção especial. Além do redesenho das fachadas, são muitos os estudos de composição dos interiores – com destaque para a sala de estar e a "cozinha de Ruth" –, com indicações precisas de formas, cores, materiais, móveis e outros objetos decorativos. Os azulejos e elementos cerâmicos constituem um capítulo à parte, dada a quantidade de ideias para peças e painéis de parede e piso. Apesar das modificações e dos acréscimos feitos, Carlos Leão manteve e valorizou a tipologia arquitetônica do conjunto. Antes de falecer, ele pediu que seu corpo fosse cremado e suas cinzas jogadas nas terras da fazenda Vargas. Tarefa que coube a Marlene Gioseffi (sobrinha-neta de Olga Gioseffi, que vendera a fazenda a ele), que enterrou as cinzas do arquiteto sob o piso da sacristia da capela.

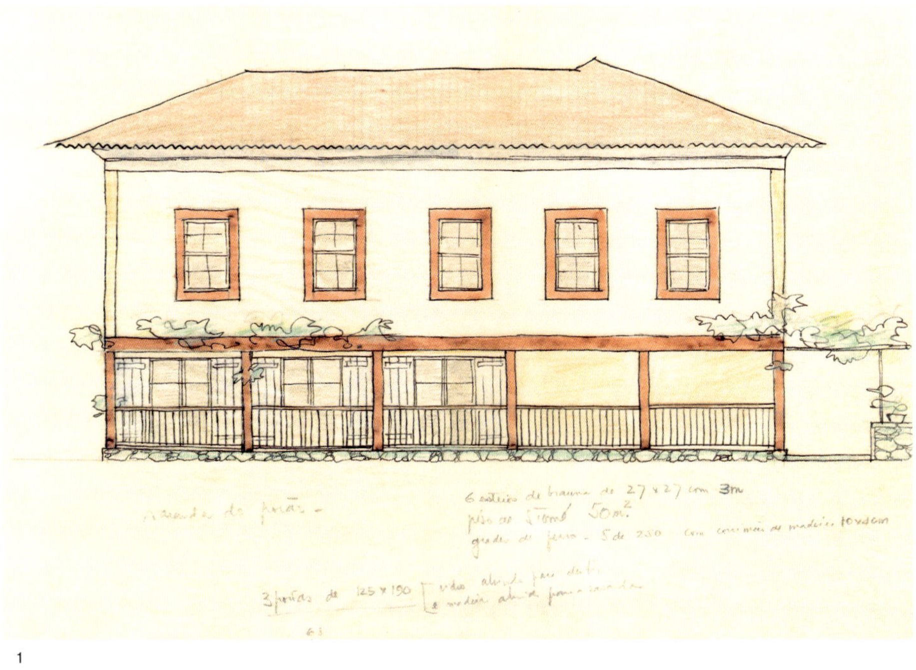

1

2

3

4

1 Estudo da fachada
2 Logomarca da Fazenda Vargas
3 Fachada
4 Perspectiva de estudo

FACHADA PARA O JARDIM

5

FACHADA PARA A ESTRADA
FACHADA PARA O PATEO

6

5 Estudos das fachadas
6 Estudos das fachadas
7 Estudo da planta baixa do pavimento superior

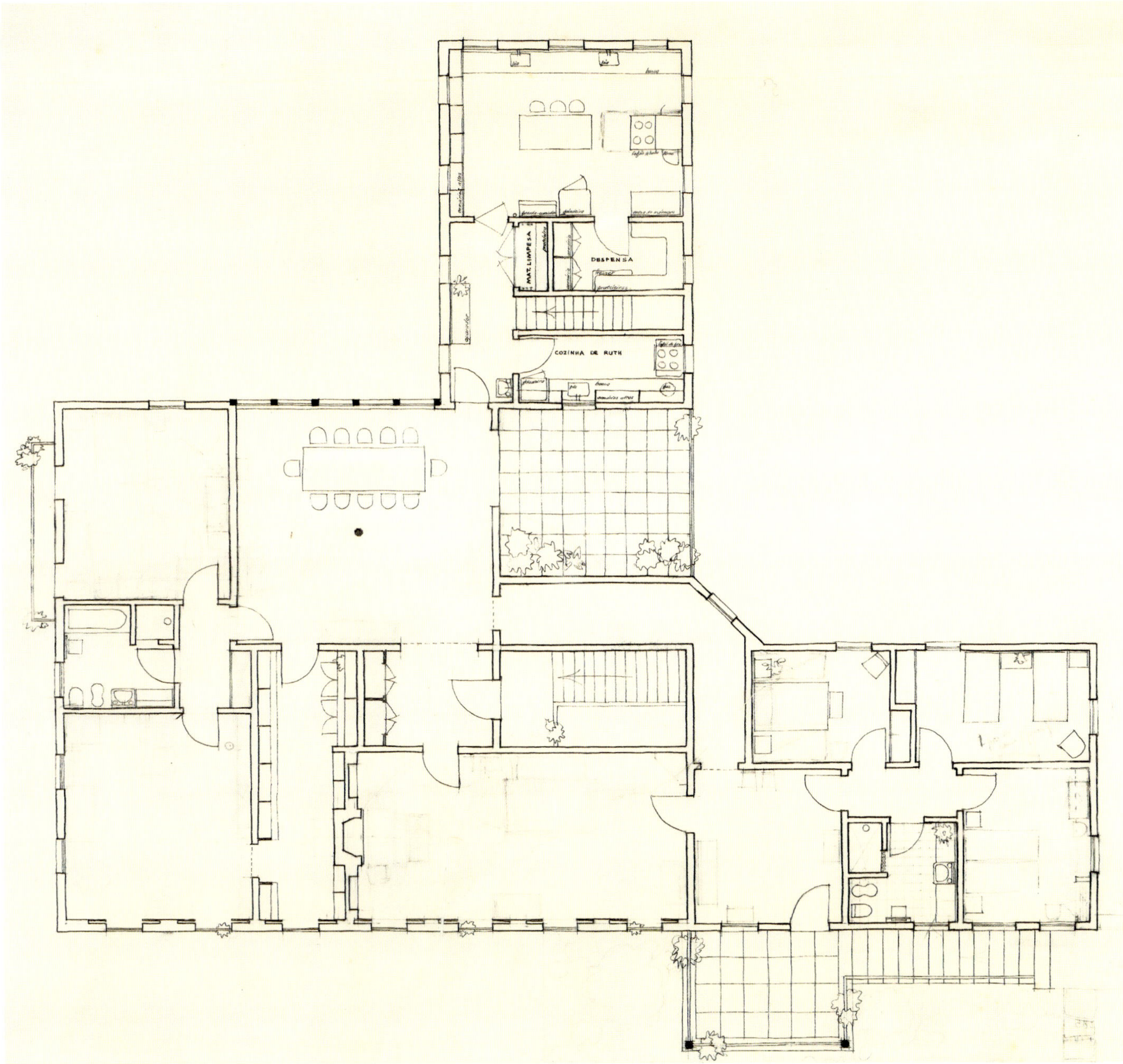

7

8

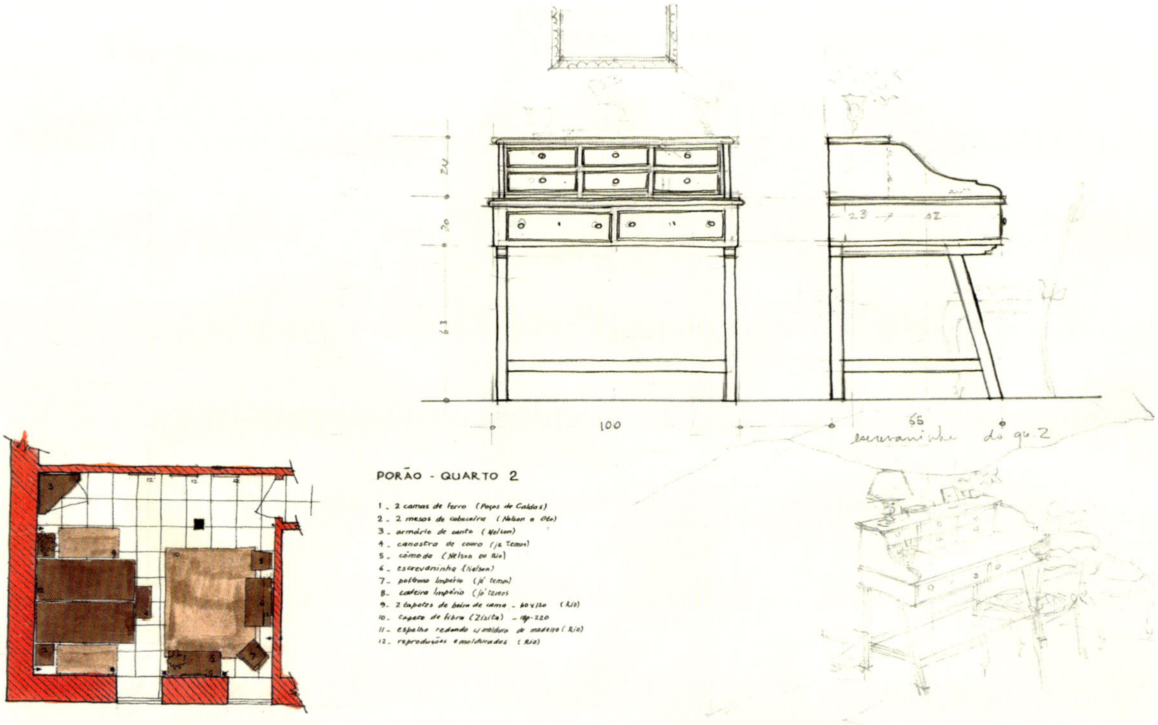
100
65
PORÃO - QUARTO 2
1 . 2 camas de ferro (Poços de Caldas)
3 . armário de canto (Nelson)
5 . cômoda (Nelson ou Rio)
6 . escrevaninha (Nelson)
11 . espelho redondo c/ moldura de madeira (Rio)
12 . reproduções emolduradas (Rio)

9

8 Estudo de quarto
9 Estudo da planta baixa do quarto 2, vistas e perspectiva da escrivaninha
10 Perspectiva de estudo de sala de estar
11-14 Estudos da sala de estar [pp. 122-123]

10

11

12

13

14

15

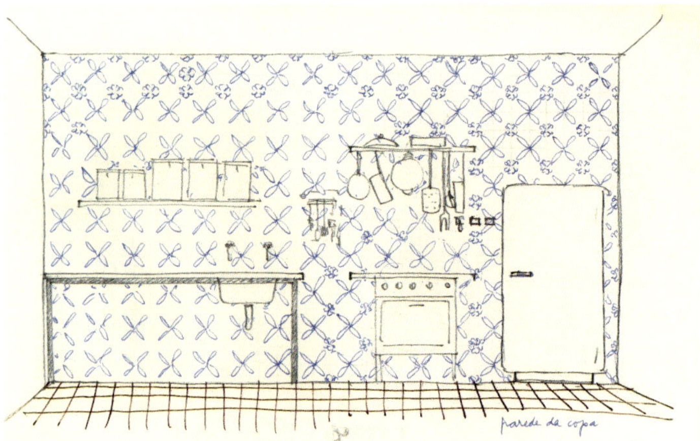

16

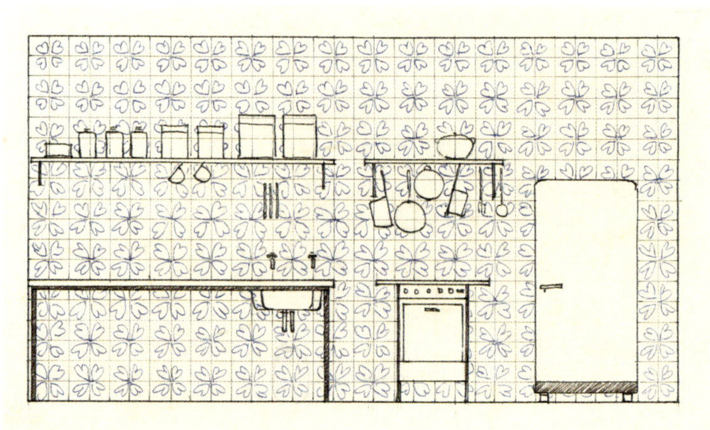

17

15-17 Estudos para a parede da copa
18 Estudo para a cozinha
19 Estudo para parede do alpendre

18

19

Nos vários estudos para cozinhas e alpendres da fazenda Vargas pode-se ver como o arquiteto pouco hierarquizava os cômodos com relação à necessidade de serem resolvidos pelo projeto. E como os espaços eram pensados com as coisas visando às pessoas e seu melhor viver.

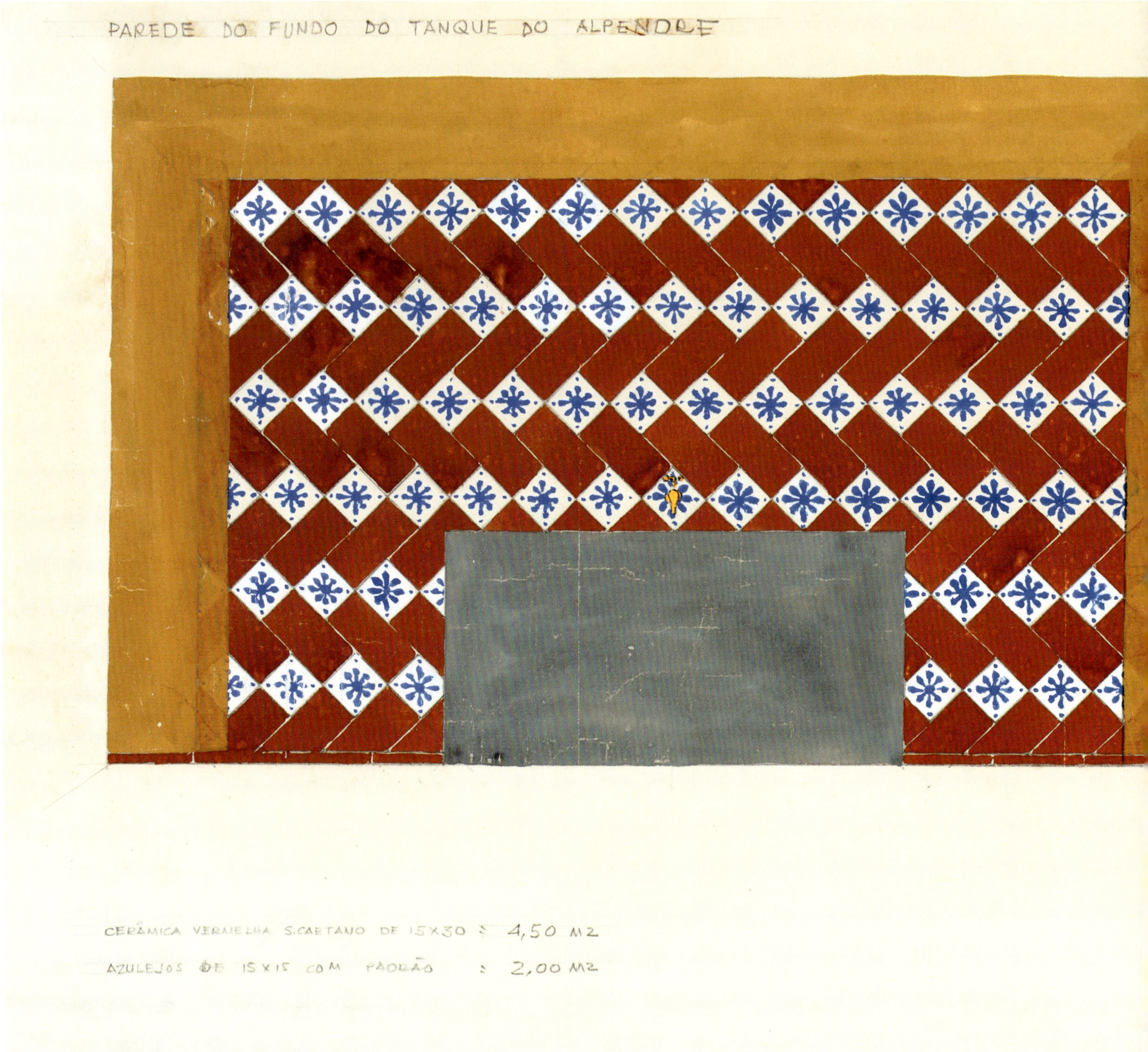
PAREDE DO FUNDO DO TANQUE DO ALPENDRE
CERÂMICA VERMELHA S.CAETANO DE 15X30 : 4,50 M2
AZULEJOS DE 15X15 COM PADRÃO : 2,00 M2

20

A grande quantidade de estudos de azulejos entre os desenhos elaborados para a fazenda Vargas indica adesão ao processo de revivescência desse elemento arquitetônico no modernismo, bem como conhecimento de sua história, especialmente no universo luso-brasileiro. Com diversos motivos, formatos, tamanhos, cores e acabamentos, as peças são projetadas para compor painéis que protejam as paredes e dinamizem visualmente os ambientes.

20 Estudo para parede do alpendre
21 Estudo para friso de azulejos

21

22 Estudos de azulejos para compor painéis
23-24 Estudos de painéis de azulejos

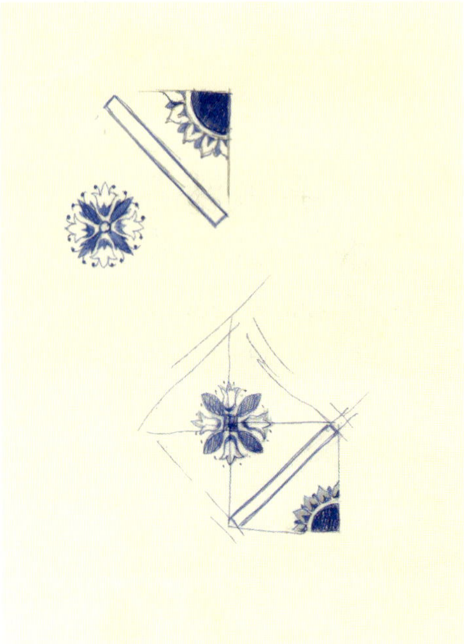

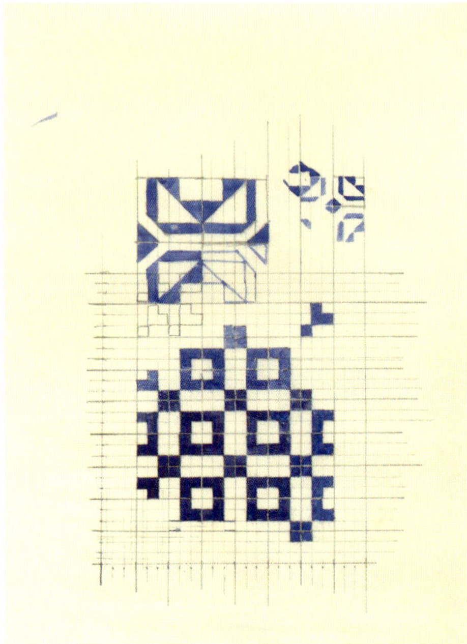

22

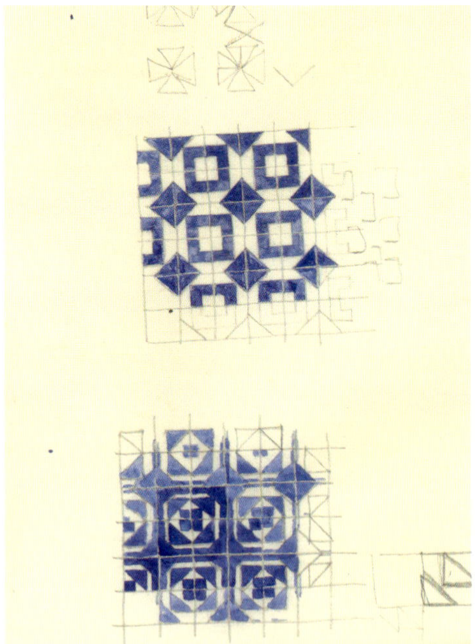

23

24

25

26

27

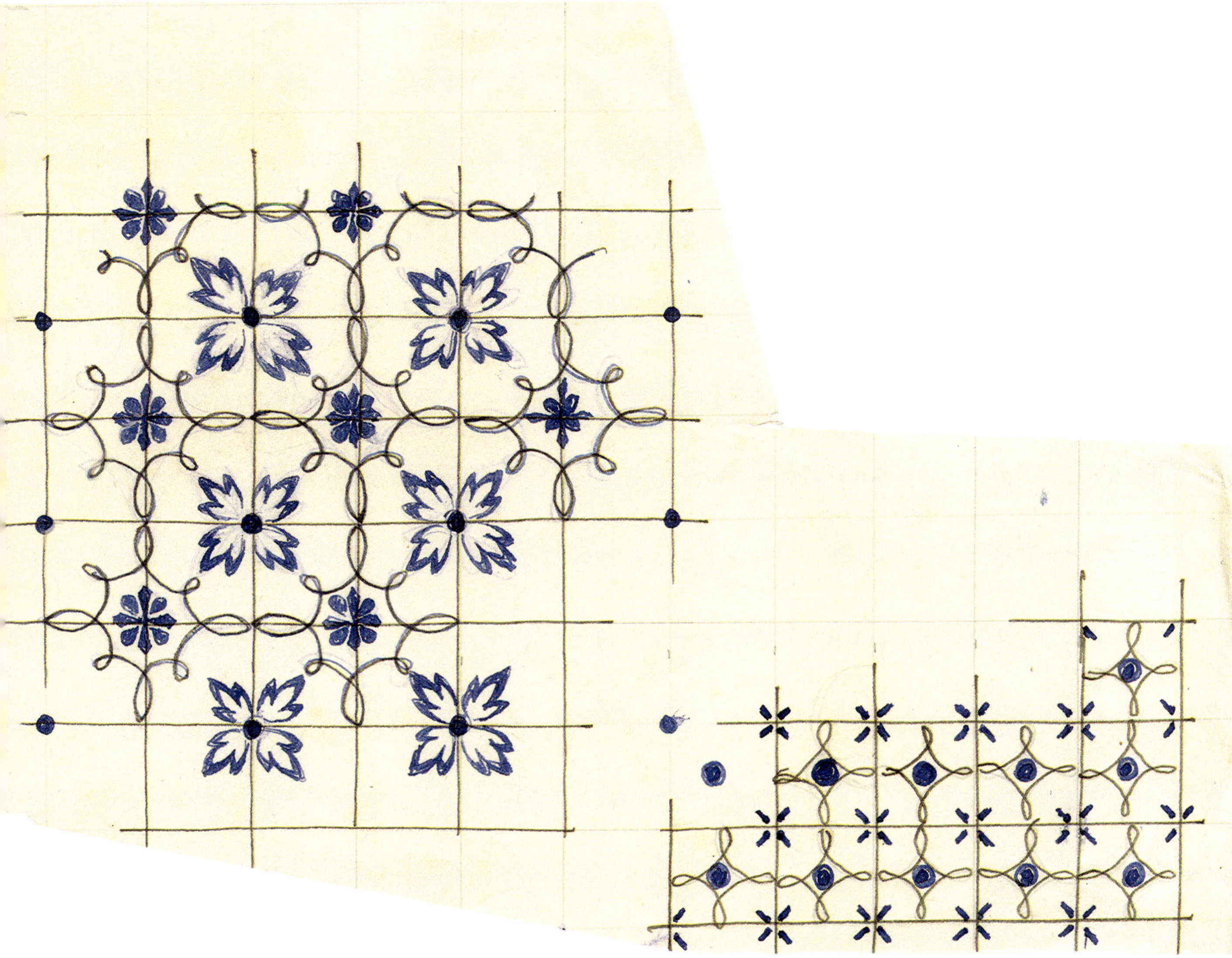

28

29

30

28-30 Estudos de azulejos para compor painéis

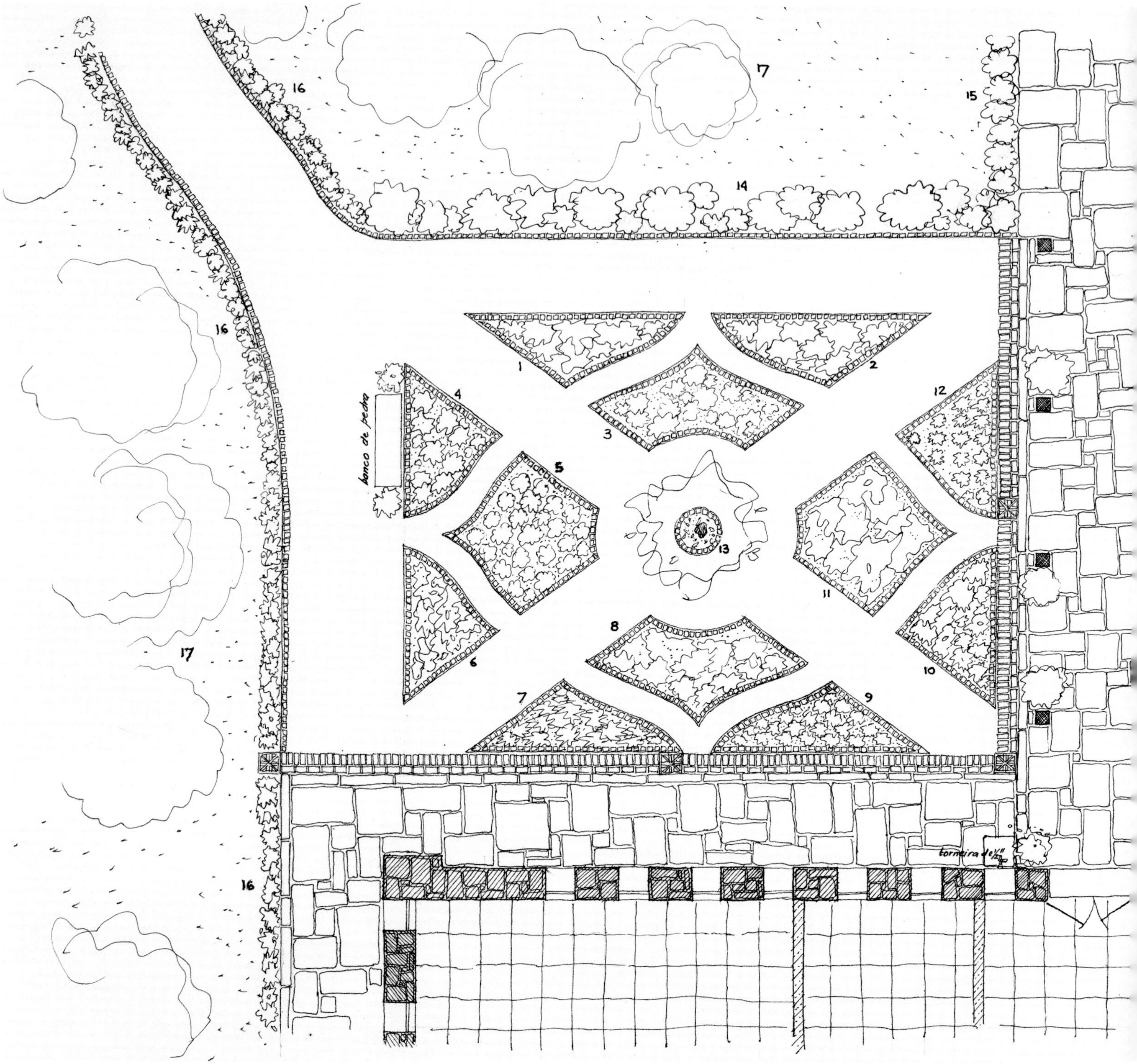

31

31 Planta baixa do jardim de ervas aromáticas
32 Perspectivas de bancos móveis
33 Vista, corte e planta baixa de banco fixo

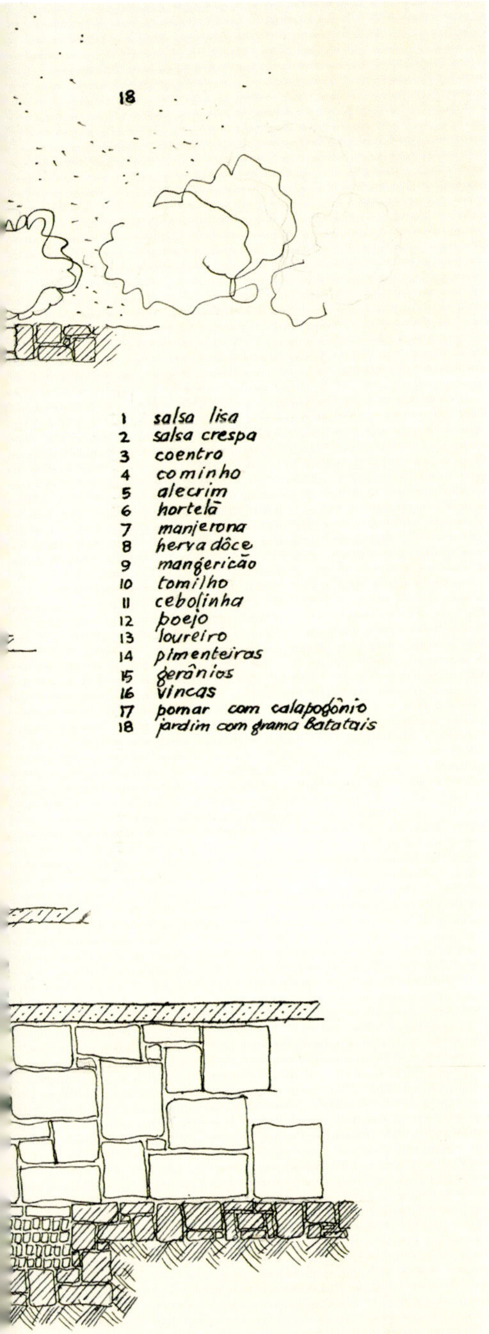

Seja por seu formato, seja pelo misto de utilidade e estética, tem caráter pretérito o jardim de ervas aromáticas que ele desenha, valendo-se do conhecimento que tinha das plantas. Minúcia e nostalgia no paisagismo também perceptíveis no detalhamento de bancos variados, conforme a localização e as necessidades de uso.

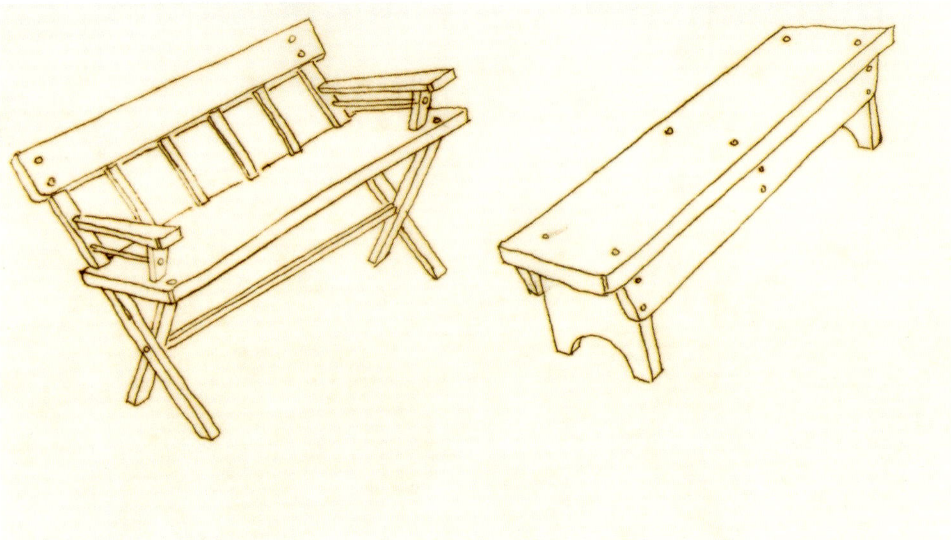

32

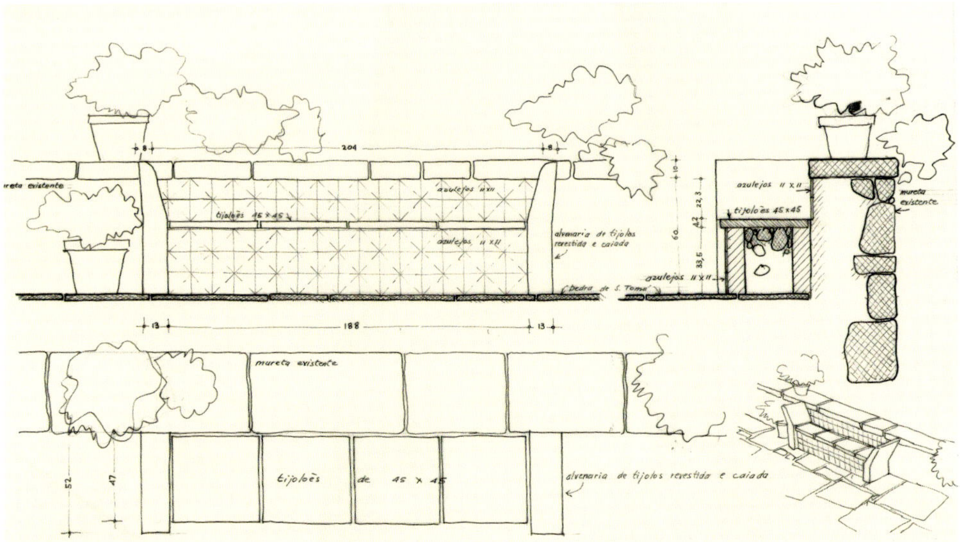

33

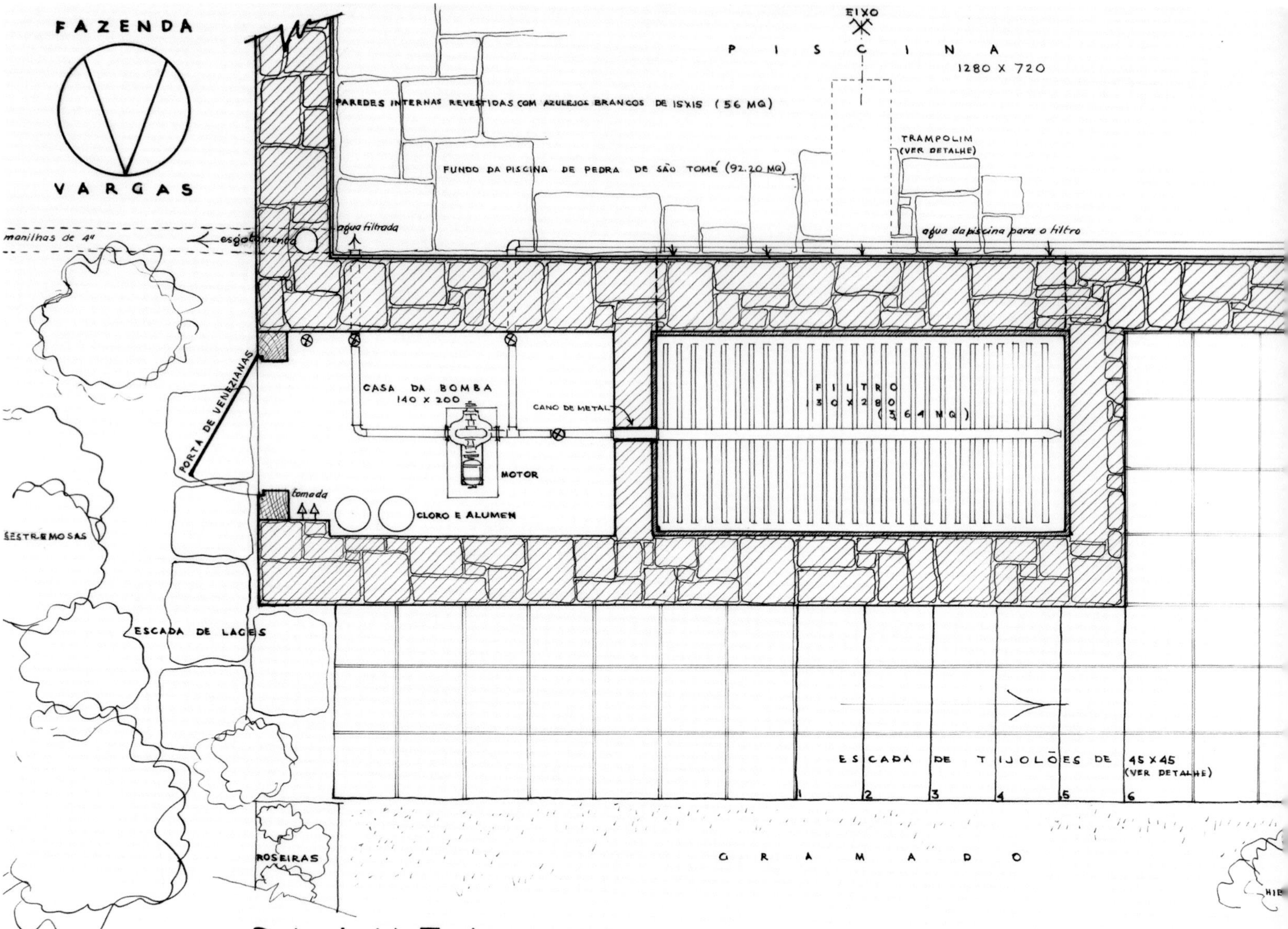

FAZENDA
VARGAS
EIXO
PISCINA
1280 X 720
PAREDES INTERNAS REVESTIDAS COM AZULEJOS BRANCOS DE 15X15 (56 MQ)
TRAMPOLIM (VER DETALHE)
FUNDO DA PISCINA DE PEDRA DE SÃO TOMÉ (92.20 MQ)
manilhas de 4"
esgotamento
agua filtrada
agua da piscina para o filtro
PORTA DE VENEZIANAS
CASA DA BOMBA
140 X 200
CANO DE METAL
FILTRO
130 X 280
(3.64 MQ)
MOTOR
tomada
CLORO E ALUMEN
ESTREMOSAS
ESCADA DE LAGES
ESCADA DE TIJOLÕES DE 45 X 45 (VER DETALHE)
ROSEIRAS
GRAMADO
PLANTA
TRAMPOLIM
LADRÃO
NIVEL DA PISCINA
CALHA DE NIVEL
ABASTECIMENTO
BOMBA
FUNDO DA PISCINA
RALO
ESGOTAMENTO
MANILHAS DE 4"
AREIA GROSSA LAVADA
SEIXO ROLADO Ø ½ C
SEIXO ROLADO Ø 1 C
SEIXO ROLADO Ø 2 C
SEIXO ROLADO Ø 3½
SEIXO ROLADO Ø 5 C

34

O detalhamento do filtro da piscina permite observar como ele transitava do macro ao micro e o modo intricado com o qual por vezes compunha suas pranchas de desenho. Surpreendente em um desenho a princípio técnico, a pequena cena do cotidiano em torno da piscina atesta como ele projetava as coisas visando às pessoas que as usariam.

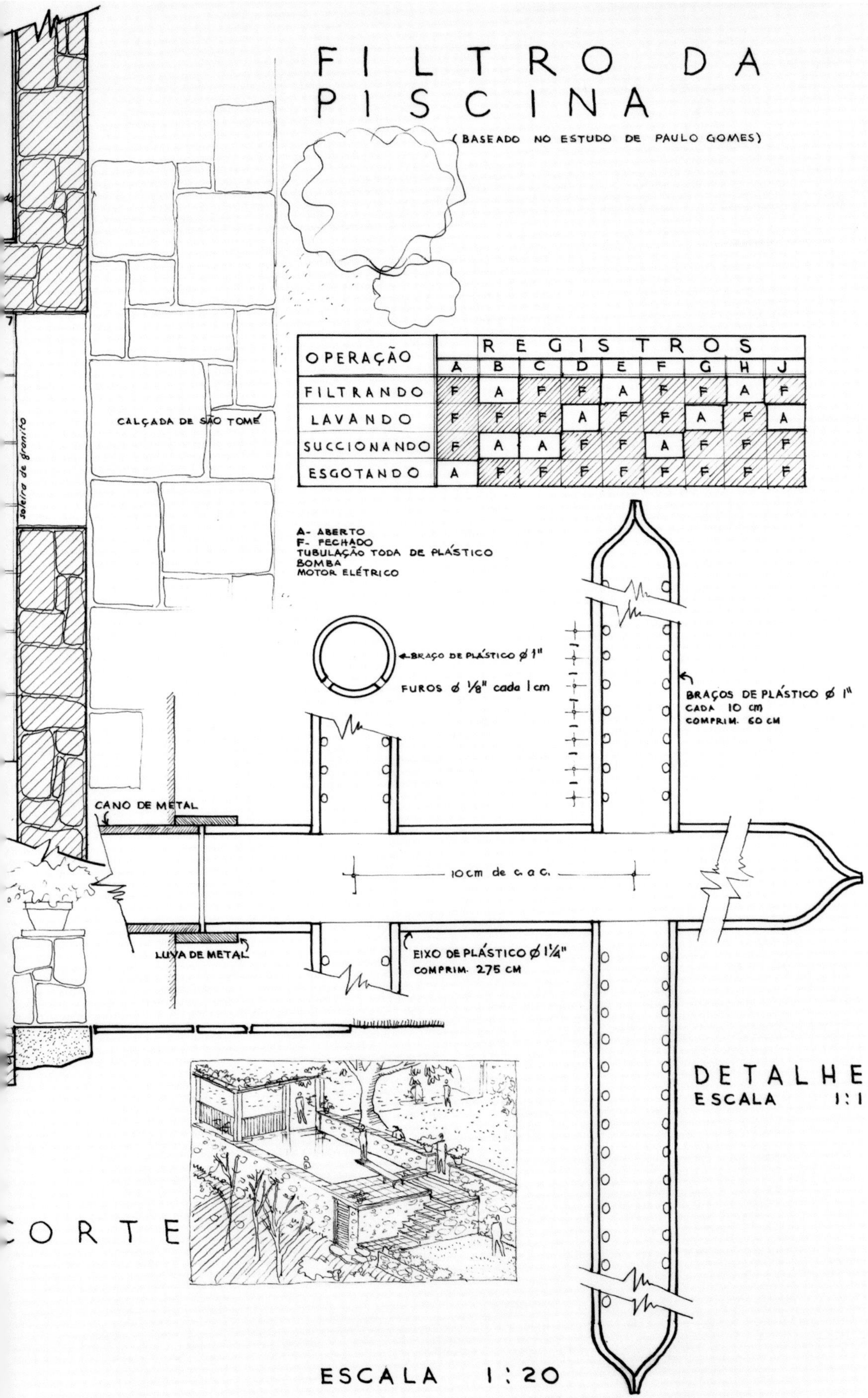

OPERAÇÃO	REGISTROS								
	A	B	C	D	E	F	G	H	J
FILTRANDO	F	A	F	F	A	F	F	A	F
LAVANDO	F	F	F	A	F	F	A	F	A
SUCCIONANDO	F	A	A	F	F	A	F	F	F
ESGOTANDO	A	F	F	F	F	F	F	F	F

34 Planta baixa, corte e detalhe do filtro da piscina, perspectiva da piscina

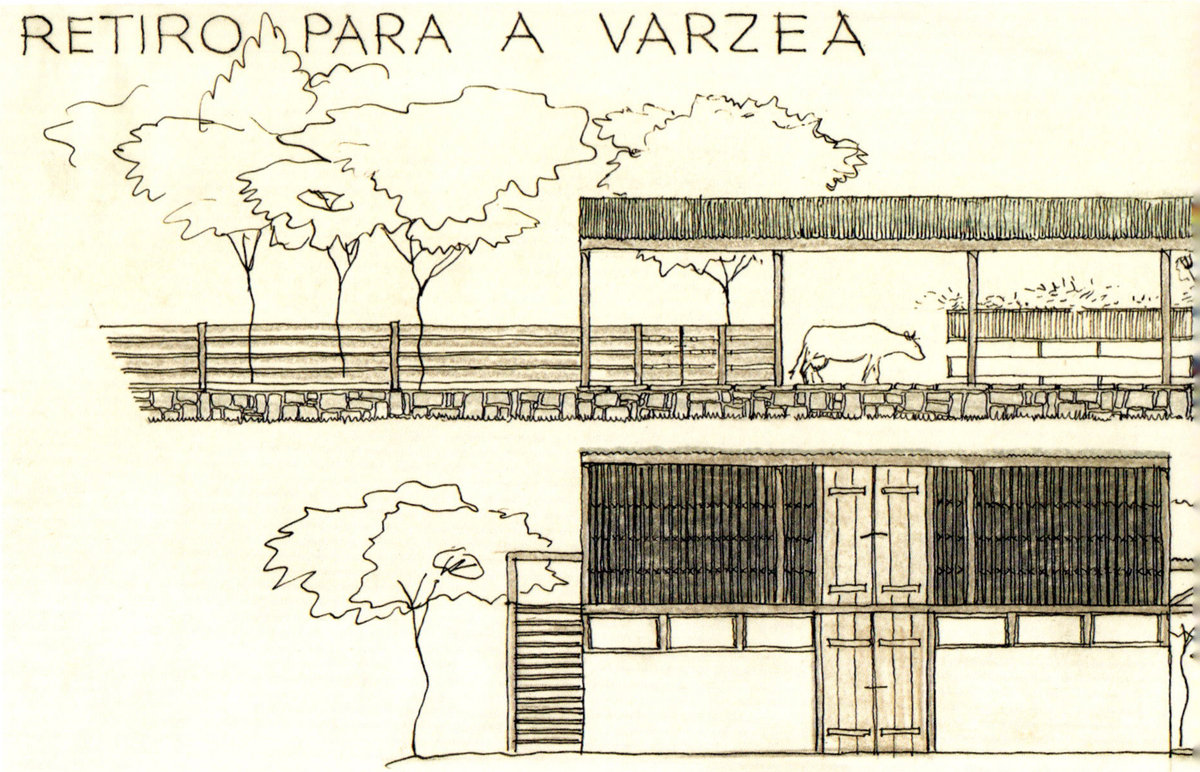

35 Situação, planta baixa e fachadas do curral

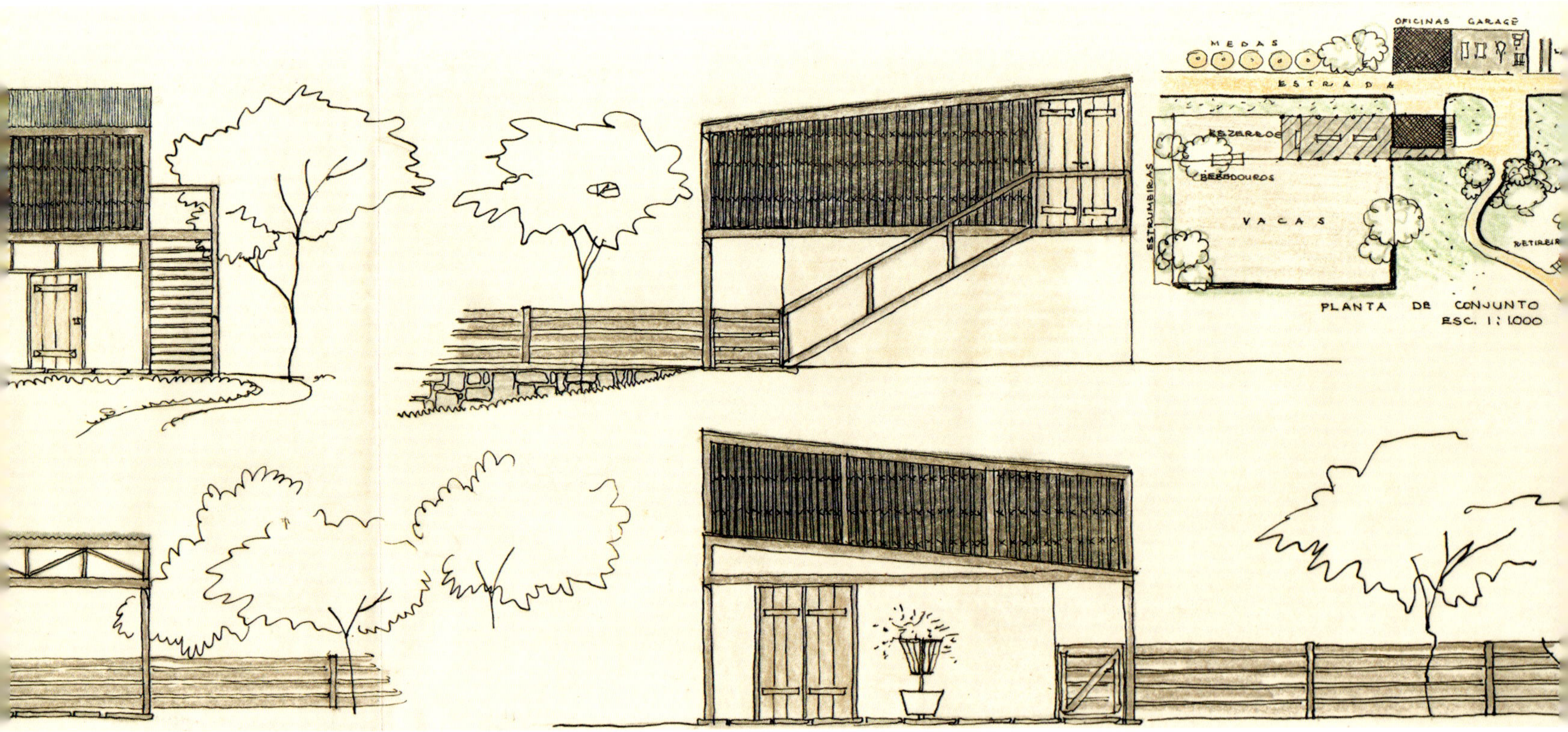

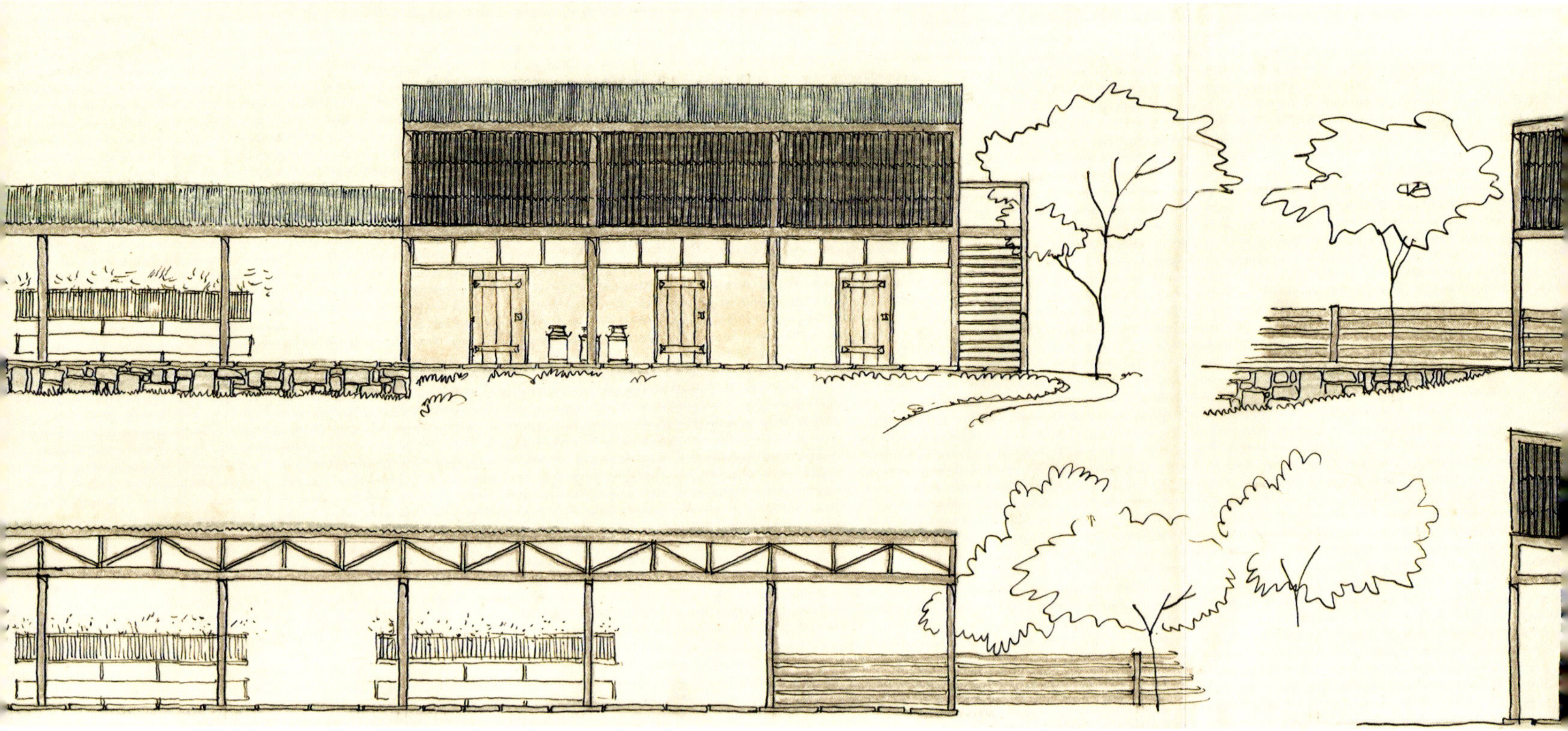

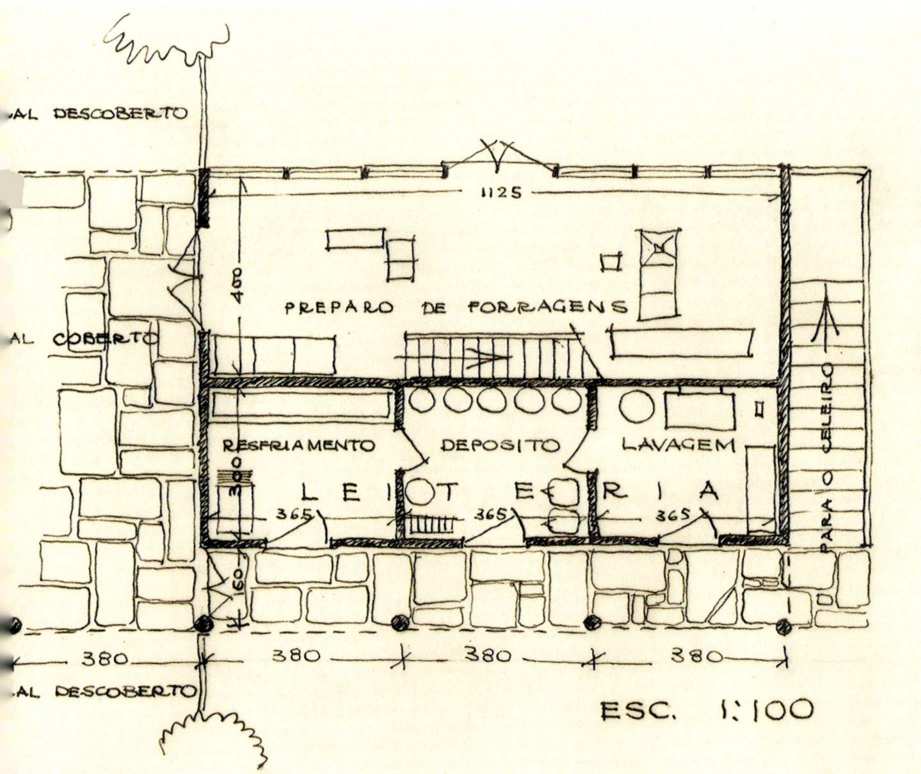

35

Exibindo o cuidado do arquiteto para além da casa e dos jardins, o projeto do curral sugere que, na aposentadoria, ele passou a conciliar a elaboração de projetos arquitetônicos, o desenho artístico e a criação de gado para produção de leite na fazenda Vargas.

RESIDÊNCIA CÂNDIDO GUINLE DE PAULA MACHADO

Cabo Frio (RJ), 1958
projeto não executado

Projeto para Cândido Guinle de Paula Machado, médico, banqueiro e administrador de empresas. Atendendo a um programa sofisticado para uma casa de fim de semana, Carlos Leão produz um de seus projetos mais requintados em termos de articulação espacial e referência a elementos da arquitetura brasileira tradicional.
No terreno situado em esquina delineada por uma grande curva, ele criou um extenso jardim fronteiro ao colar a casa ao canto do lote. Articulados em torno de três pátios e conectados por varandas, os setores se distribuem em zonas bem marcadas nos dois pavimentos: em baixo, os cômodos de serviço, próximos da maior divisa lateral, e os sociais (incluindo quartos e banheiro para hóspedes), nas fachadas; em cima, a área íntima.
Como em outros de seus projetos, destacam-se as justaposições de espaços fechados e abertos, cobertos e descobertos, e as soluções intermediárias, como a sala de jantar avarandada situada entre dois pátios; o espaço pergolado, entre um pátio e o terraço aberto para a rua, no primeiro pavimento; o terraço coberto no segundo pavimento – os dois últimos com vista para o mar.
O uso não totalmente rigoroso da modulação, a predominância dos cheios sobre os vazios, e o desenho de planos e volumes retilíneos, conjugando regularidade e exceção, simetria e desequilíbrio, somados ao contraponto de elementos arquitetônicos e decorativos contemporâneos e antigos, contribuem para o requinte e a elegância desta casa de veraneio, que os belos desenhos tão bem expressam.

1

2

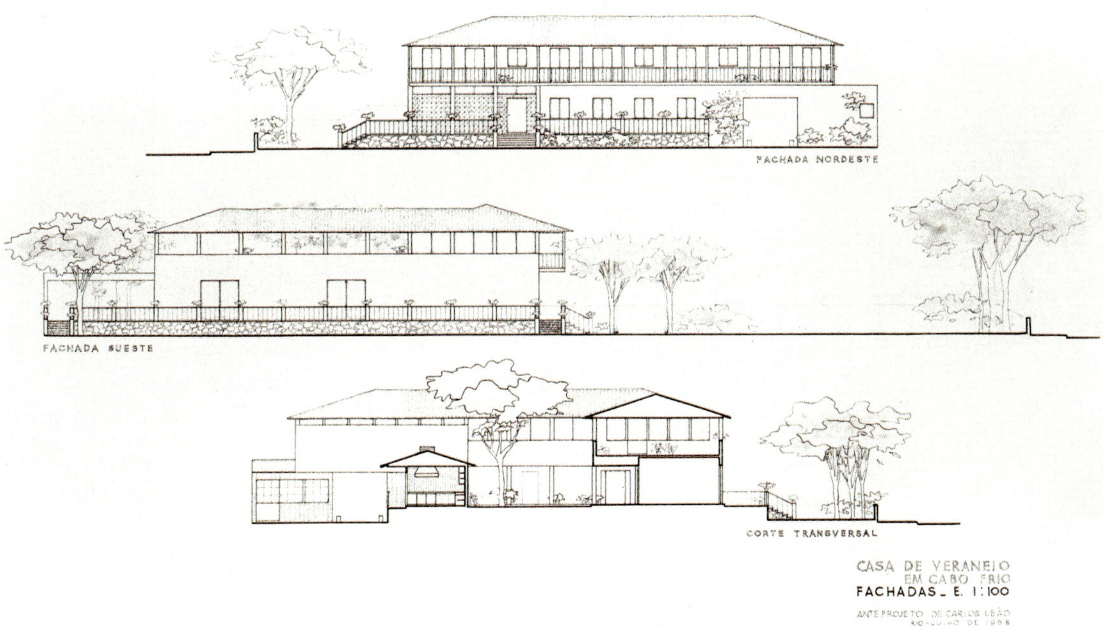

3

1 Perspectiva do pátio interno a partir da sala de jantar
2 Perspectiva da fachada nordeste
3 Fachadas e corte

Carlos Leão

4

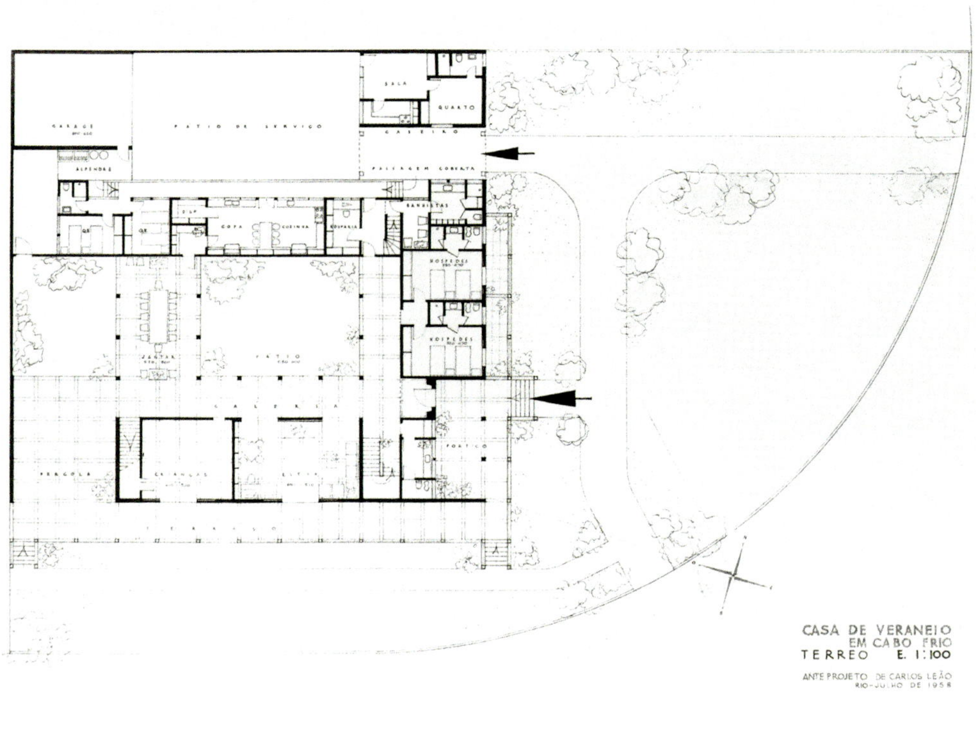
CASA DE VERANEIO
EM CABO FRIO
TERREO E. 1:100
ANTE PROJETO DE CARLOS LEÃO
RIO-JULHO DE 1958

5

6

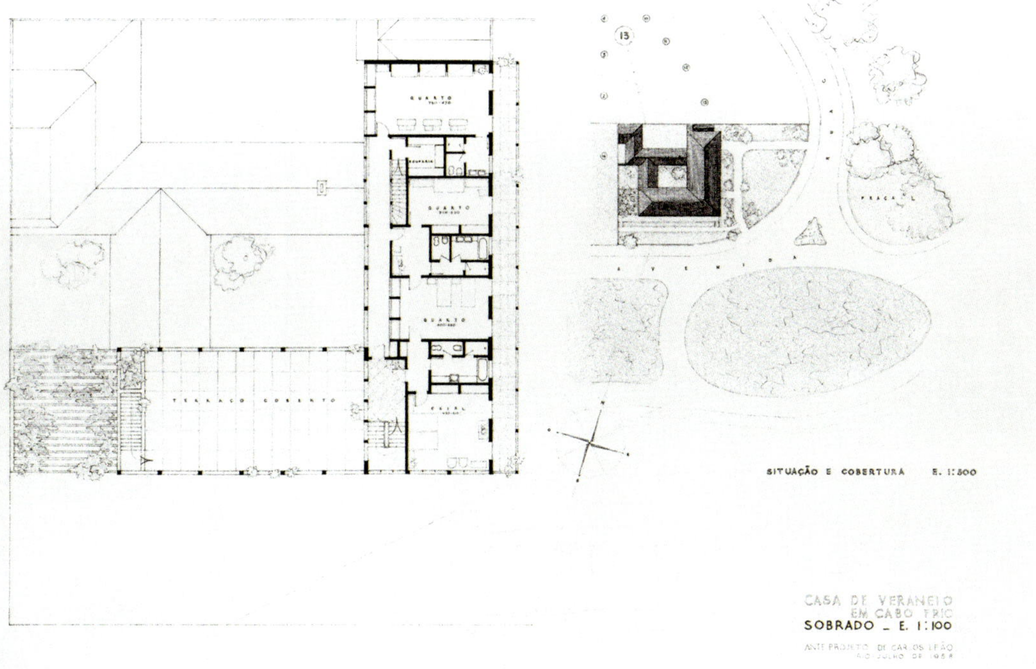

7

4 Perspectiva do pátio posterior em direção à rua e ao mar
5 Planta baixa do pavimento térreo
6 Perspectiva da sala de estar
7 Planta baixa do pavimento superior e planta baixa de situação

RESIDÊNCIA HOMERO SOUZA E SILVA

Cabo Frio (RJ), 1960
projeto executado

Na segunda residência projetada por Carlos Leão para o banqueiro Homero Souza e Silva, uma "casa de veraneio" em Cabo Frio, o arquiteto situou a casa propriamente dita à beira do canal, com os jardins e as quadras de esporte na parte intermediária, deixando as construções (garagem e casa dos caseiros) e os espaços subsidiários (pátio de acesso, horta e pátio de serviço) junto da rua e em uma área lateral do lote. Na versão inicial do projeto, mais uma vez se destaca a articulação que ele faz de arquitetura e paisagismo, explorando múltiplas possibilidades ao concatenar espaços fechados, semiabertos e abertos, cobertos, semicobertos e descobertos, para estruturar setores funcionais independentes e potencializar o usufruto do ambiente. Quanto à casa principal, a versão construída é muito similar ao primeiro projeto, com os setores social e de serviço no térreo, quartos e banheiros no pavimento superior. Se antes a planta baixa do térreo tinha formato de "T" ortogonal, com a varanda sob o pavimento superior conectada de modo perpendicular ao bloco que conteria as salas e os cômodos de serviço, depois a sala de estar alinhou-se à varanda e o bloco com cômodos de serviço foi disposto inclinadamente, em diálogo com o morro contíguo. Elementos arquitetônicos ortogonais, dispostos com regular simplicidade, compõem fachadas sóbrias, enriquecidas pelo uso de muros de pedra, paredes revestidas com tijolos ou massa corrida, pilares e esquadrias de madeira, planos de vidro e telhas cerâmicas, que conferem o caráter rústico da construção. A arquitetura clara e ordenada, equilibradamente suspensa entre o geral e o particular, entre a abstração do sistema e a carga referencial dos elementos individuais, indica a síntese final alcançada pelo arquiteto na derradeira fase de sua obra.

1

2

1 Casa vista do canal
2 Casa vista do jardim
3 Fachada vista do jardim [detalhe]

3

4

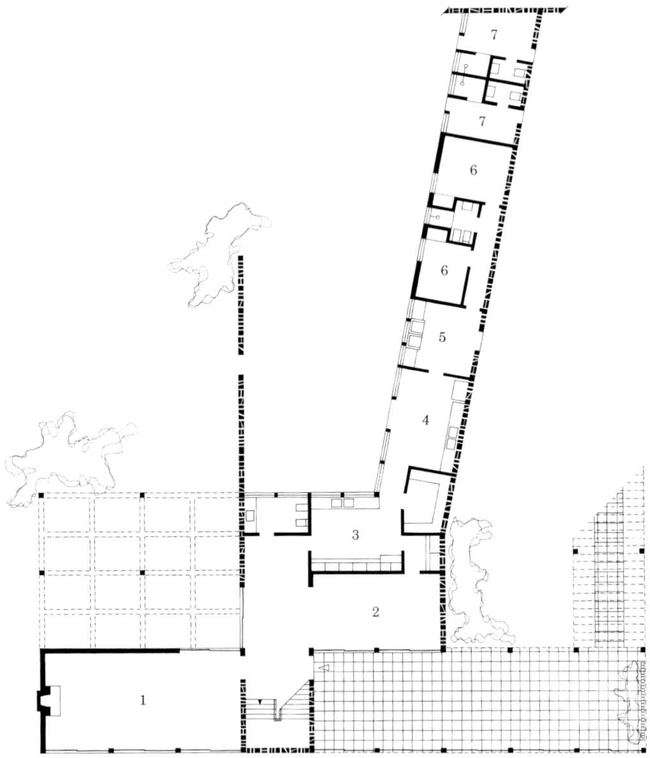

5

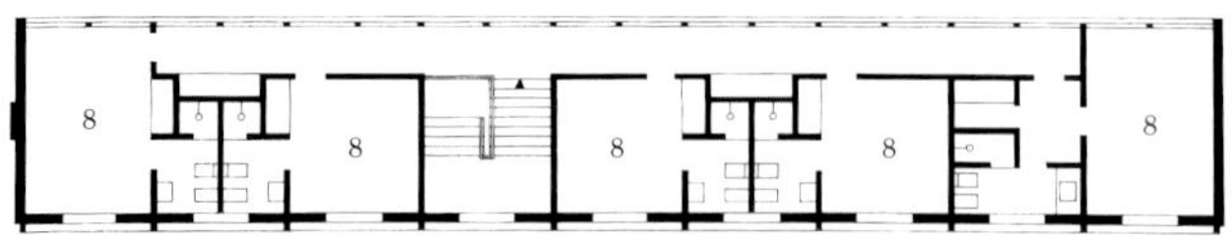

6

4 Sala de jantar
5 Planta baixa do pavimento térreo: (1) sala de estar, (2) sala de jantar, (3) copa, (4) cozinha, (5) área de serviço, (6) quarto de empregada, (7) quarto de serviço
6 Planta baixa do pavimento superior: (8) quarto
7 Hall de entrada
8 Varanda

7

8

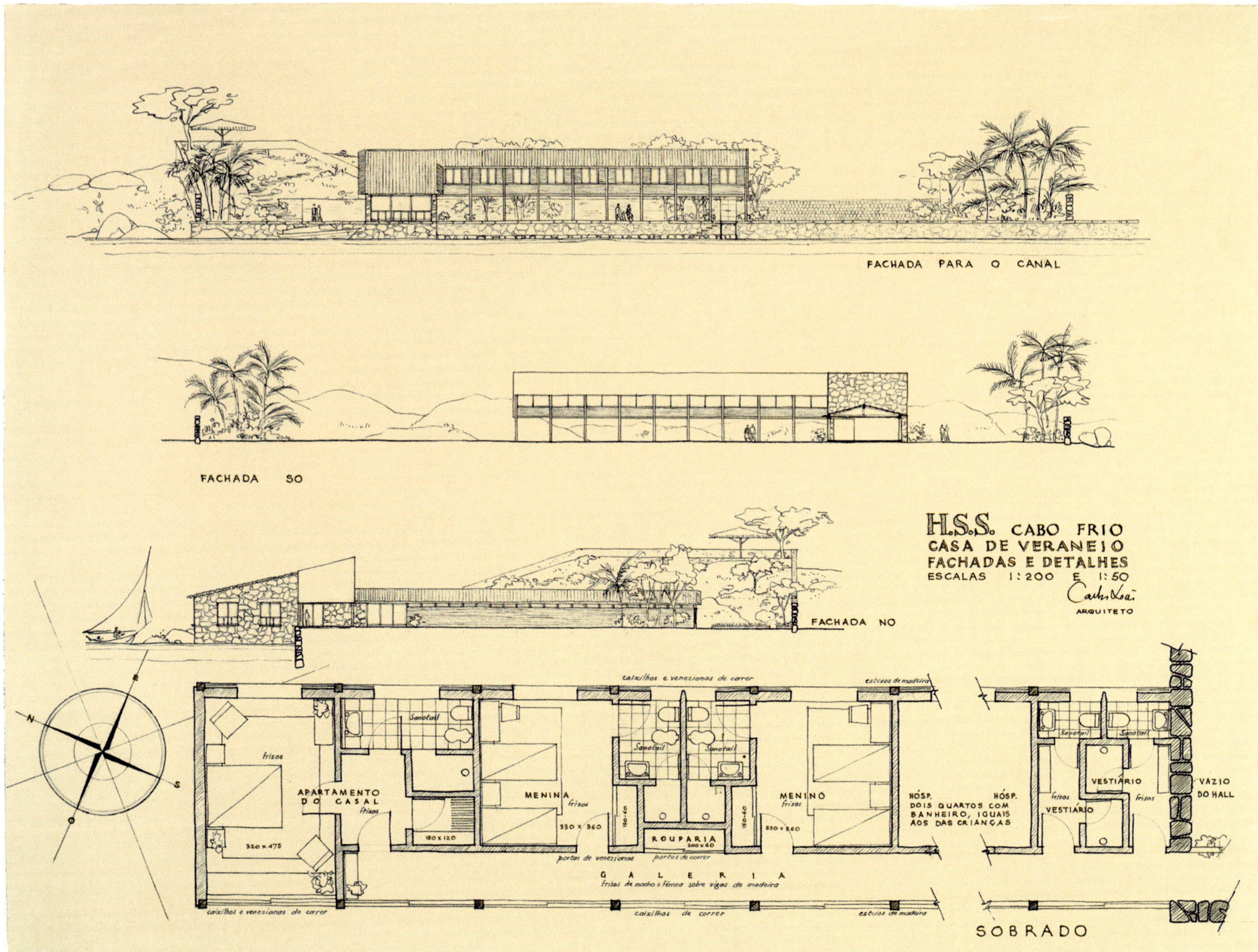

9

9 Fachadas e planta baixa do pavimento superior [primeira versão]
10 Planta baixa, cortes e fachadas da área de acesso [primeira versão]
11 Planta baixa do pavimento térreo [primeira versão]
12 Planta baixa do pavimento superior [primeira versão]

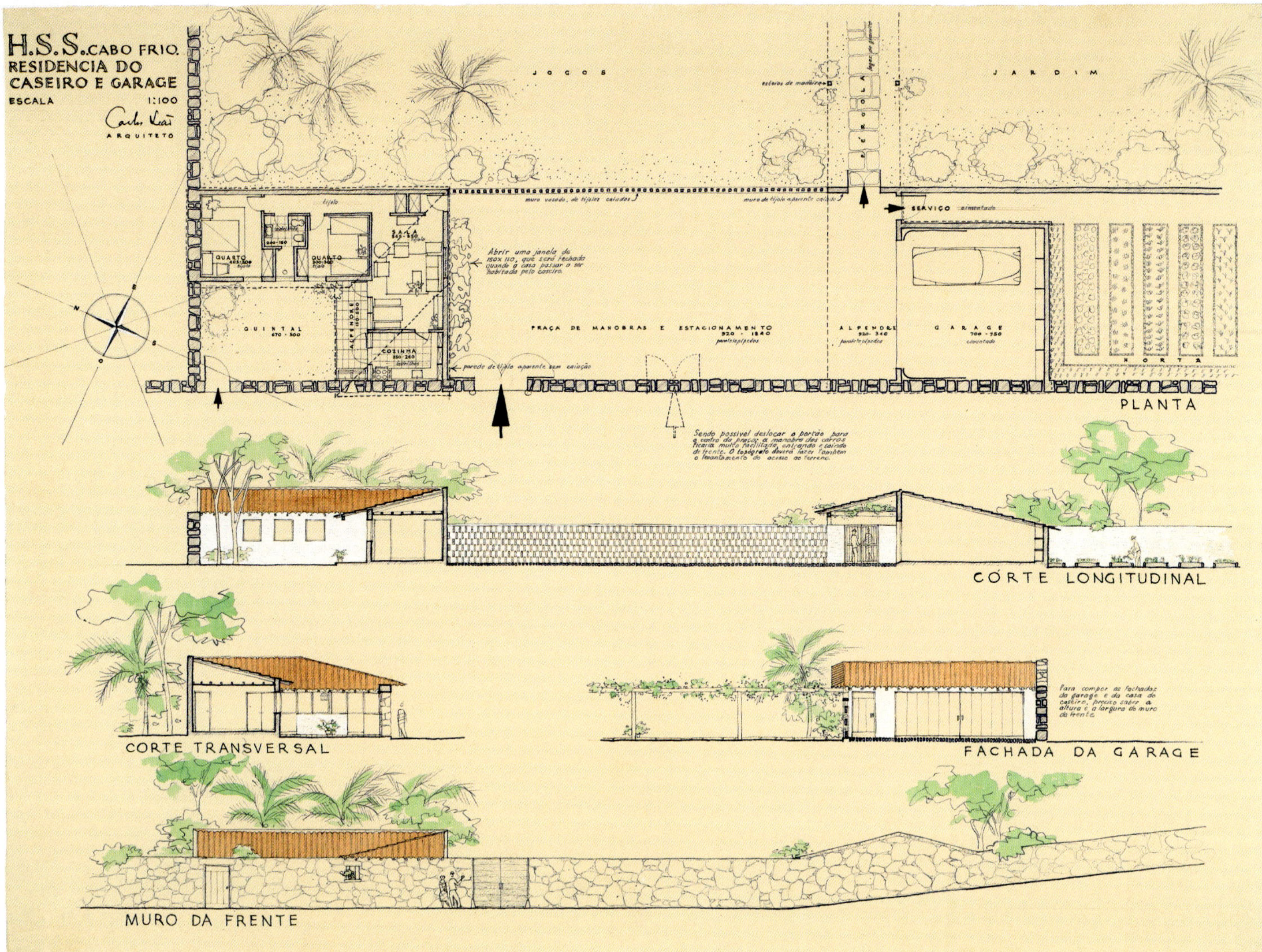
H.S.S. CABO FRIO
RESIDENCIA DO CASEIRO E GARAGE
ESCALA 1:100
ARQUITETO
JOGOS
JARDIM
PÉRGOLA
SERVIÇO
QUINTAL
COZINHA
SALA
QUARTO
ALPENDRE
PRAÇA DE MANOBRAS E ESTACIONAMENTO
GARAGE
HORTA
PLANTA
CORTE LONGITUDINAL
CORTE TRANSVERSAL
FACHADA DA GARAGE
MURO DA FRENTE

10

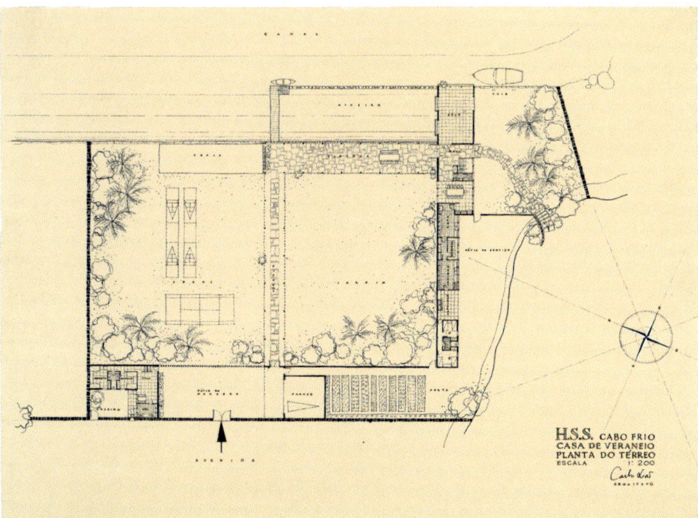
H.S.S. CABO FRIO
CASA DE VERANEIO
PLANTA DO TERREO
ESCALA 1: 200
ARQUITETO

11

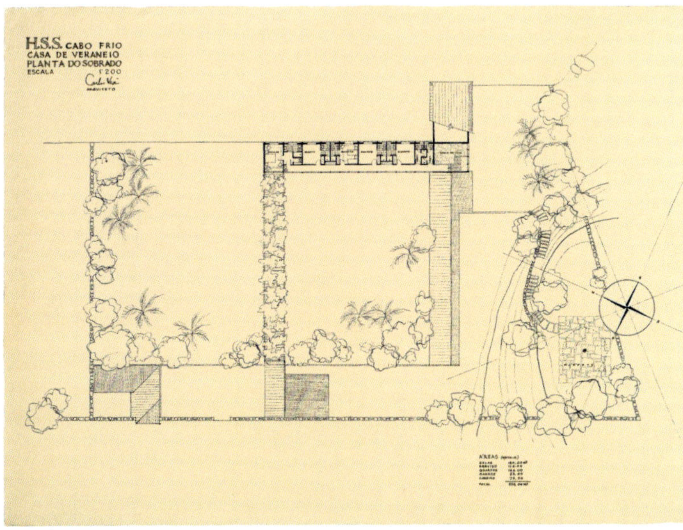
H.S.S. CABO FRIO
CASA DE VERANEIO
PLANTA DO SOBRADO
ESCALA 1:200
ARQUITETO

12

RESIDÊNCIA SEBASTIÃO PAES ALMEIDA

Brasília (DF), 1961
projeto executado [alterado posteriormente]

No projeto para Sebastião Paes Almeida, advogado, empresário, banqueiro e político, o retorno ao contemporâneo se consolida pela valorização dos aspectos referentes à lógica construtiva e à expressão dos materiais. A sutil rusticidade das "casas brasileiras" ganha outra ênfase nesta e em outras obras do mesmo período, com a representação um tanto abstrata da tectônica, devido à justaposição de paredes e muros revestidos com pedra ou tijolos cerâmicos a elementos arquitetônicos diagramados de modo planar, conformando uma volumetria purista. Embora tenha programa e dimensões bem maiores do que os daquelas casas, é semelhante a outros projetos residenciais do arquiteto ao situar-se em dois níveis do terreno em declive e se estruturar em torno de pátios maiores e menores de acordo com uma estrita setorização funcional. Também é reincidente a varanda-galeria entre dois espaços descobertos – as alas que circundam o pátio contíguo à sala de estar, mediando a sua relação com a paisagem do Cerrado, na lateral e ao fundo.

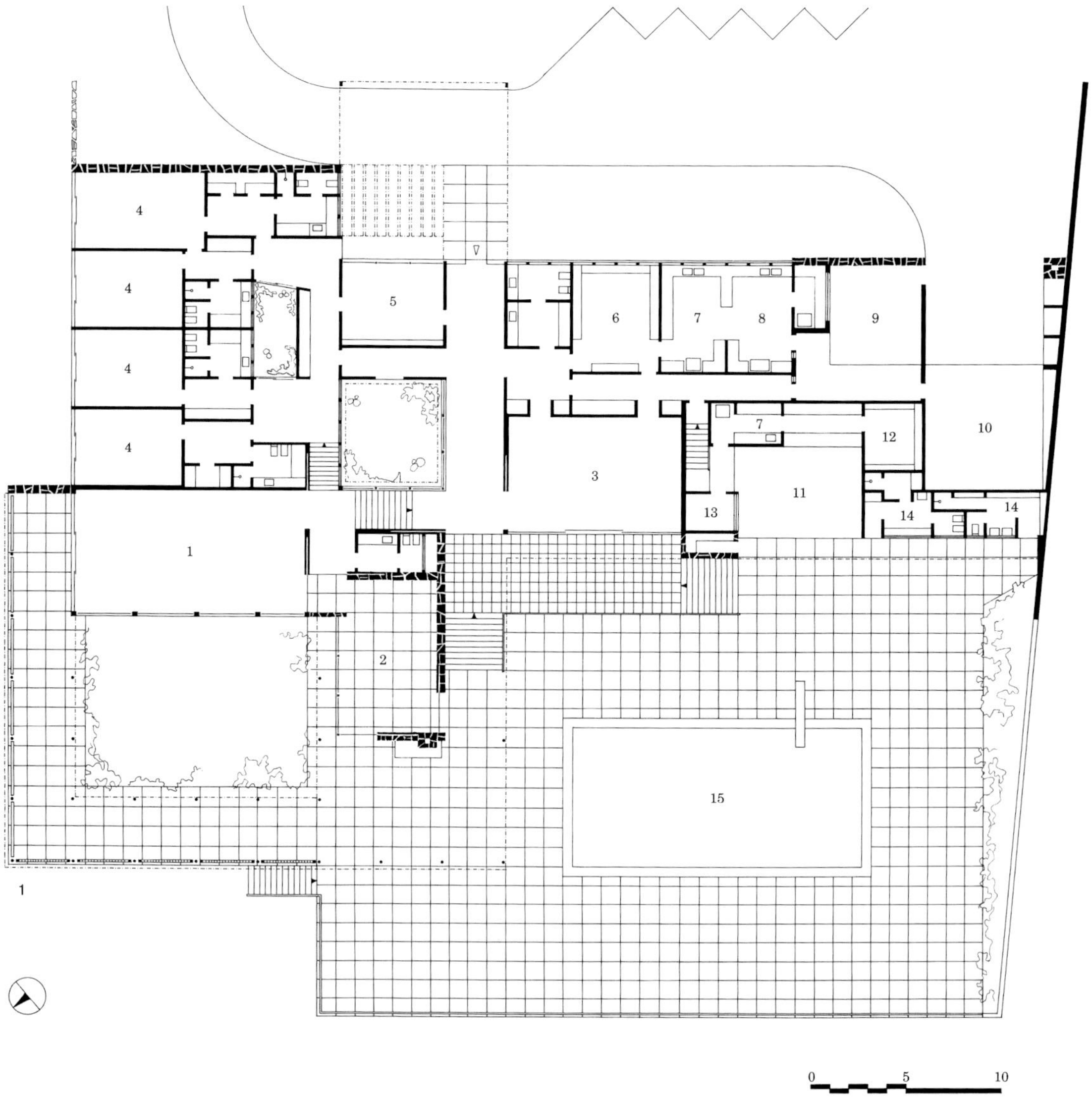

2

1 Planta baixa: (1) sala de estar, (2) jardim de inverno, (3) sala de jantar, (4) quarto, (5) escritório, (6) sala de almoço, (7) copa, (8) cozinha, (9) pátio de serviço, (10) garagem, (11) saleta, (12) adega, (13) sala de jogos, (14) vestiário, (15) piscina
2 Fachada nordeste

3-5 Fachada sudeste
6 Fachadas nordeste e noroeste
7 Piscina
8 Fachada noroeste

3

4

5

6

7

8

RESIDÊNCIA JOSÉ FERREIRA DE CASTRO CHAVES

Brasília (DF), 1961
projeto não executado

A ênfase dada à cobertura, aos elementos de sustentação e aos muros divisórios nas exuberantes perspectivas da residência do engenheiro e empresário José Ferreira de Castro Chaves, conhecido como Juca Chaves, indica os principais e mais expressivos componentes da edificação e oferece uma síntese contemporânea da casa, quiçá da arquitetura, como abrigo autoportante construído para o viver humano. Com efeito, a partir da entrada, ela é percebida como espaço delimitado, reservado e protegido das intempéries por um extenso e algo esconso telhado e muros ortogonais, ambos revestidos com peças cerâmicas. Contudo, não se confirma internamente a dinâmica espacial sugerida pelas justaposições destes planos e volumes, pois o projeto é marcado por conexões estanques de recintos e setores, como o hall, que se situa entre dois jardins – o menor para fruição apenas visual e o maior com a piscina – e conecta as zonas social, íntima e de serviço, de modo a garantir usos independentes e de privacidade. Exceção é a continuidade da sala de estar do térreo em outra no pavimento superior, por meio de uma escada, que gera uma fluidez espacial manifesta no grande plano inclinado do telhado.

1 Perspectiva a partir do jardim
2 Perspectiva a partir da entrada
3 Perspectiva aérea

1

2

3

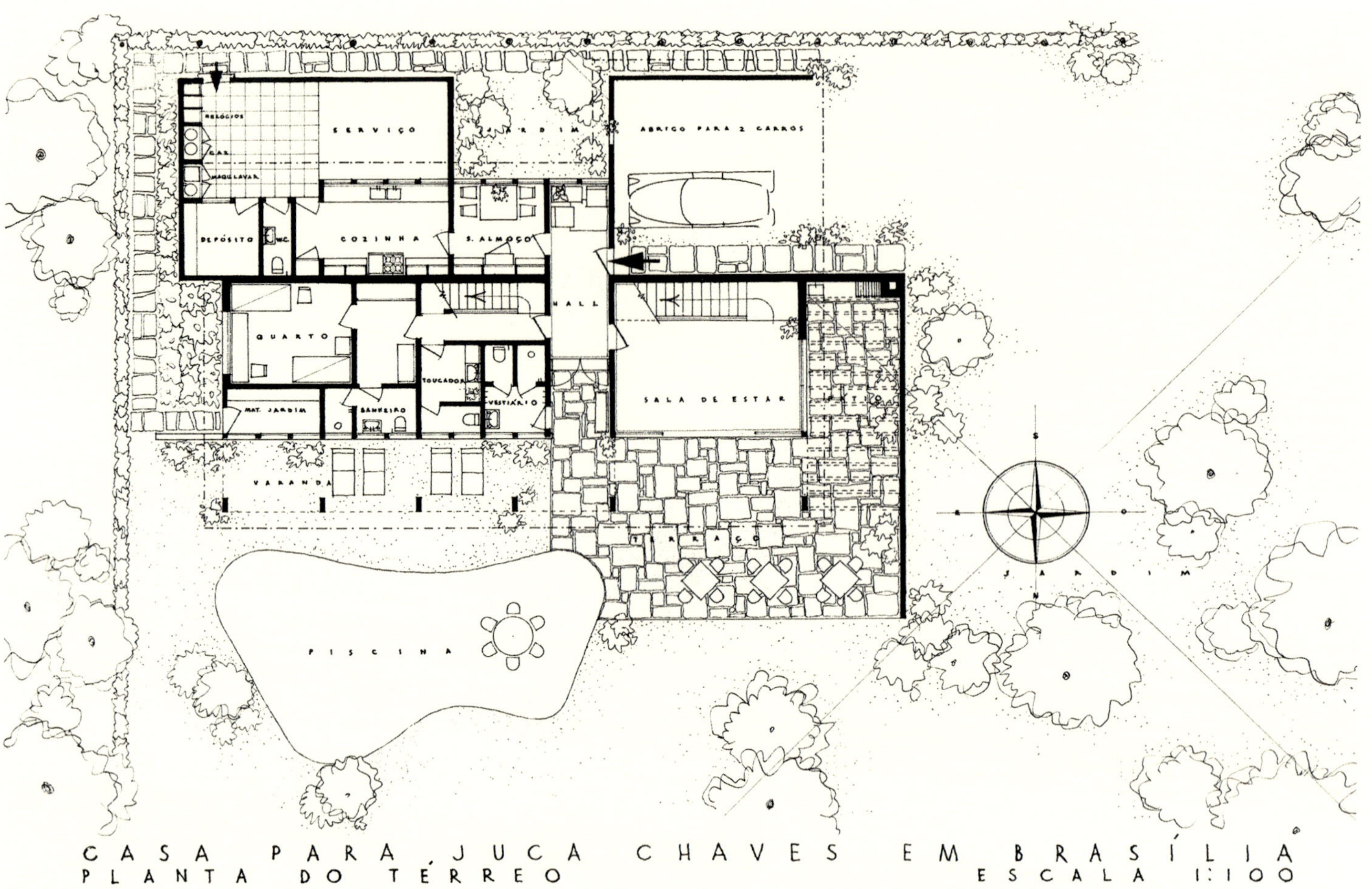

4

4 Planta baixa do pavimento térreo
5 Plantas baixas do pavimento superior e do telhado e cortes
6 Fachadas

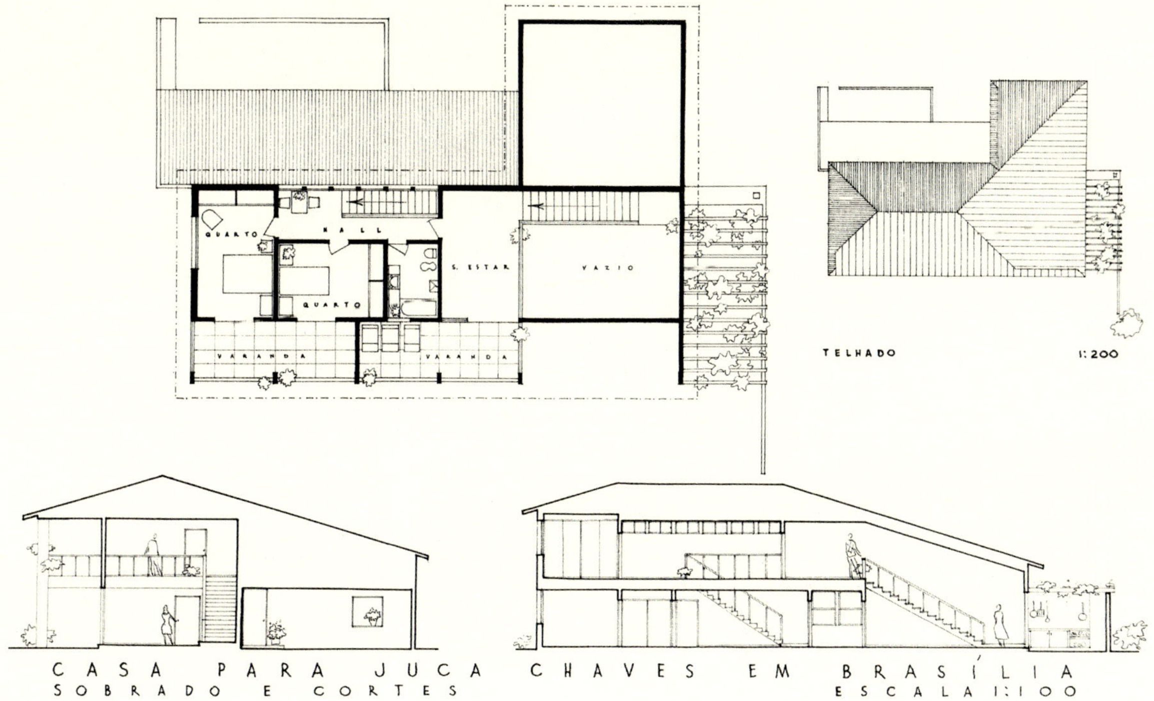
QUARTO
HALL
QUARTO
S. ESTAR
VAZIO
VARANDA
VARANDA
TELHADO 1:200
CASA PARA JUCA CHAVES EM BRASÍLIA
SOBRADO E CORTES
ESCALA 1:100

5

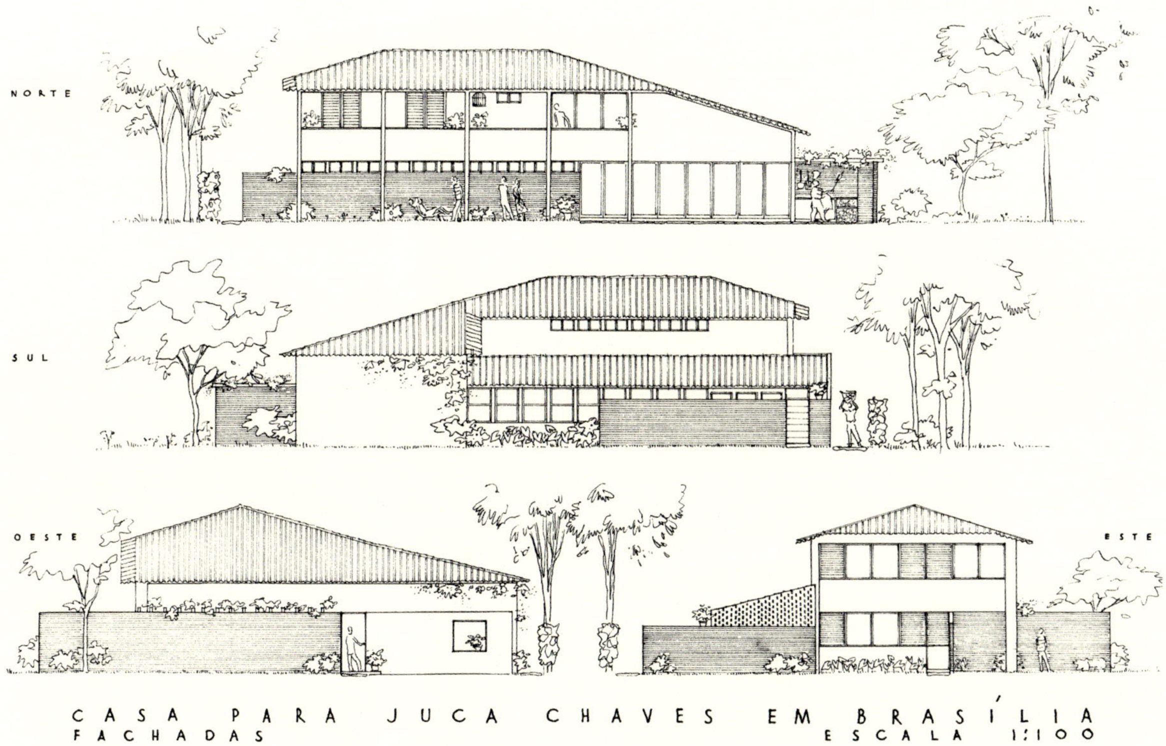
NORTE
SUL
OESTE
ESTE
CASA PARA JUCA CHAVES EM BRASÍLIA
FACHADAS
ESCALA 1:100

6

RESIDÊNCIA ANTÔNIO MARTINS BASTOS

Uruguaiana (RS), 1961
projeto executado

Uma sucessão em profundidade e altura de três planos dominantemente horizontais – um muro de pedra e duas paredes de alvenaria revestidas com massa corrida lisa e tijolos cerâmicos – constitui a imagem pública frontal desta casa, situada em um lote urbano que parece justo para um programa extenso, composto por recintos com funções específicas e exclusivas, dos quais boa parte tem dimensões amplas. Tanto aqueles planos, mais fechados do que abertos, quanto os volumes ortogonais e puros por eles conformados, que parecem ser monólitos superpostos, expressam a espacialidade interna, autocentrada e segmentada setorialmente. Os cômodos de uso social estão protegidos pelo referido muro e pelo pátio interno, que se abre apenas para o jardim nos fundos do terreno, sendo ladeado pelos setores de serviços, à esquerda, e íntimo, à direita, cada qual voltado para a lateral contígua. No pavimento superior, a zona de serviço continua sobre a mesma ala, enquanto o quarto principal, com sala íntima e terraço privativo, localiza-se ao centro, tem visão da rua, mas preservam o resguardo.

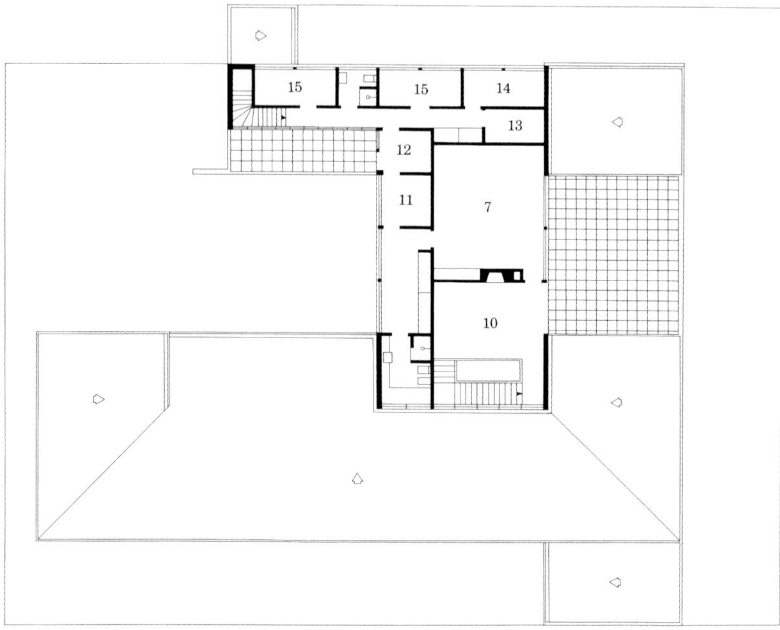

2

1

1 Planta baixa do pavimento térreo: (1) sala de estar, (2) sala de recepção, (3) sala de jantar, (4) sala de almoço, (5) copa, (6) cozinha, (7) quarto, (8) quarto de costura, (9) garagem
2 Planta baixa do pavimento superior: (7) quarto, (10) sala íntima, (11) rouparia, (12) lavanderia, (13) depósito, (14) ar-condicionado, (15) quarto de empregados
3 Fachada frontal
4 Fachadas frontal e lateral

3

4

RESIDÊNCIA E CONSULTÓRIO ARMANDO QUEIMA

Valença (RJ), 1963
projeto executado

Em terreno proporcionalmente longilíneo e estreito, a construção atualiza uma tipologia comum antes no Brasil ao abrigar uma residência e um consultório doméstico com entradas independentes e comunicação interna. Uma escada colada à divisa esquerda do lote dá acesso ao pequeno consultório, composto por sala de espera, banheiro e o consultório propriamente dito, que se conecta ao corredor no setor íntimo da casa. Na outra divisa, quase a meio caminho entre a rua e a garagem (situada no quintal no fundo do lote), uma laje parcialmente pergolada funciona como *porte cochère* que marca e protege o acesso à residência, que é feito em um hall a partir do qual se chega aos setores íntimo e social. Em direção à rua, sala e varanda compõem o setor de convívio mais público. Na outra direção, um *living* foi pensado para a convivência cotidiana familiar, com móveis para refeições e estar. Aberto para um pátio, esse *living* se conecta ao quarto principal, com banheiro exclusivo e um cômodo para guardar material de caça e pesca, e ao setor de serviços, composto por copa, cozinha, alpendre e pátio de serviço. Como em outras obras de Carlos Leão, este projeto se caracteriza por uma setorização simples que garante independência nas circulações, e uma articulação espacial intricada, que otimiza a composição dos espaços internos. Jogo complementar que se expressa externamente, na soma de telhados cerâmicos aparentes a volumes que enfatizam a planura e a ortogonalidade, em fachadas menos ou mais assimétricas, no contraponto de janelas e portas envidraçadas a superfícies revestidas com pintura, pedras e tijolos.

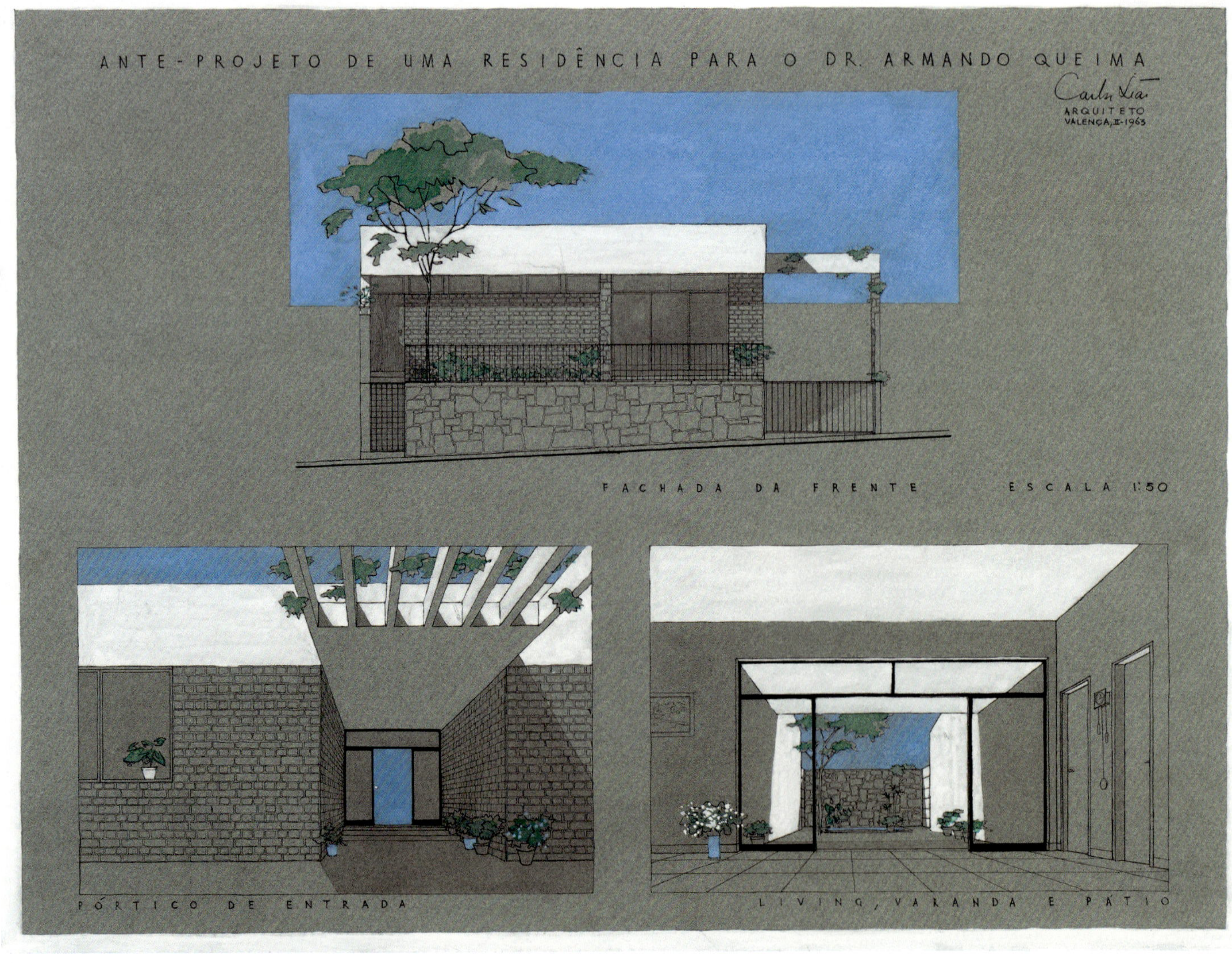

1

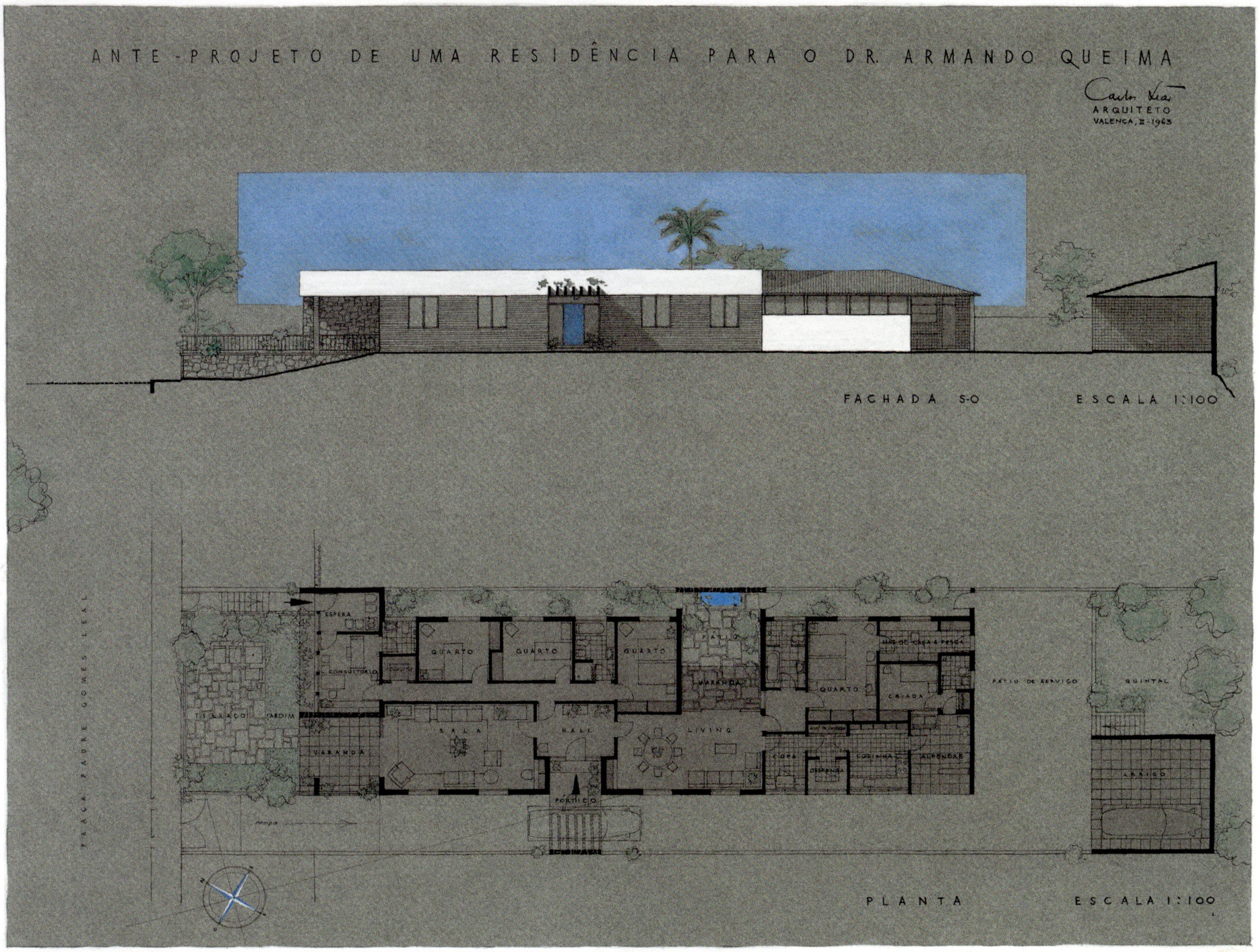

2

1 Fachada frontal e perspectivas
da entrada e da sala de estar
2 Fachada sudoeste e planta baixa

RESIDÊNCIA AMÉRICO LUTZ FAZENDA SANTO ANTÔNIO DO PARAÍSO

Itiquira (MT), 1967
projeto não executado

Na residência projetada para seus cunhados Américo Lutz, engenheiro ferroviário e militar, e Vilô (Edelvira de Melo Lutz), irmã de Ruth, sua esposa, Carlos Leão reinterpretou as tipologias de casas de fazenda no Brasil. Em terreno quase plano, a construção foi distribuída em dois níveis com pequena diferença de altura entre si, de modo a reforçar a setorização funcional adotada. Ligeiramente acima do solo estão os setores social e íntimo, distribuídos em torno de um grande pátio. O setor de serviço tem a cozinha no mesmo nível e o restante dos recintos ladeando um pátio menor, situado ao rés do chão, nos fundos da lateral esquerda. Como em outros de seus projetos, destacam-se os espaços de transição, que são usados para criar diferentes gradações de passagem entre a arquitetura e o entorno; nesse caso, além dos pátios, a varanda frontal, aberta para o exterior, e as galerias em torno do pátio maior, sendo uma delas, na face posterior, uma fronteira protegida entre o interior descoberto e o exterior, como na residência Anete Oliveira Sampaio. A composição dos cômodos e das fachadas jogam com regularidade e exceção, simetria e desequilíbrio, para dar tom pitoresco ao edifício.

1 Planta baixa: (1) sala de estar, (2) escritório, (3) quarto, (4) quarto de hóspedes, (5) cozinha, (6) área de serviço, (7) quarto dos empregados, (8) piscina
2 Fachadas

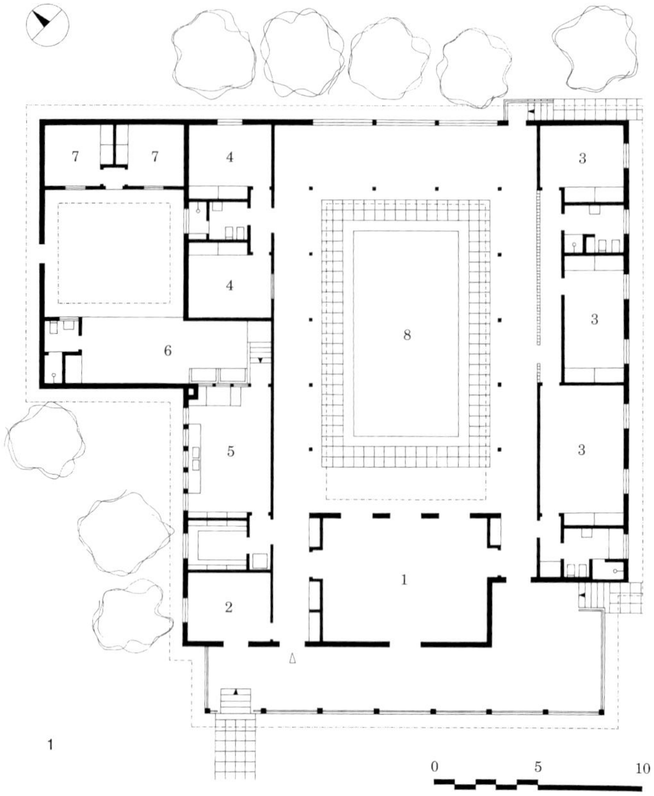

1

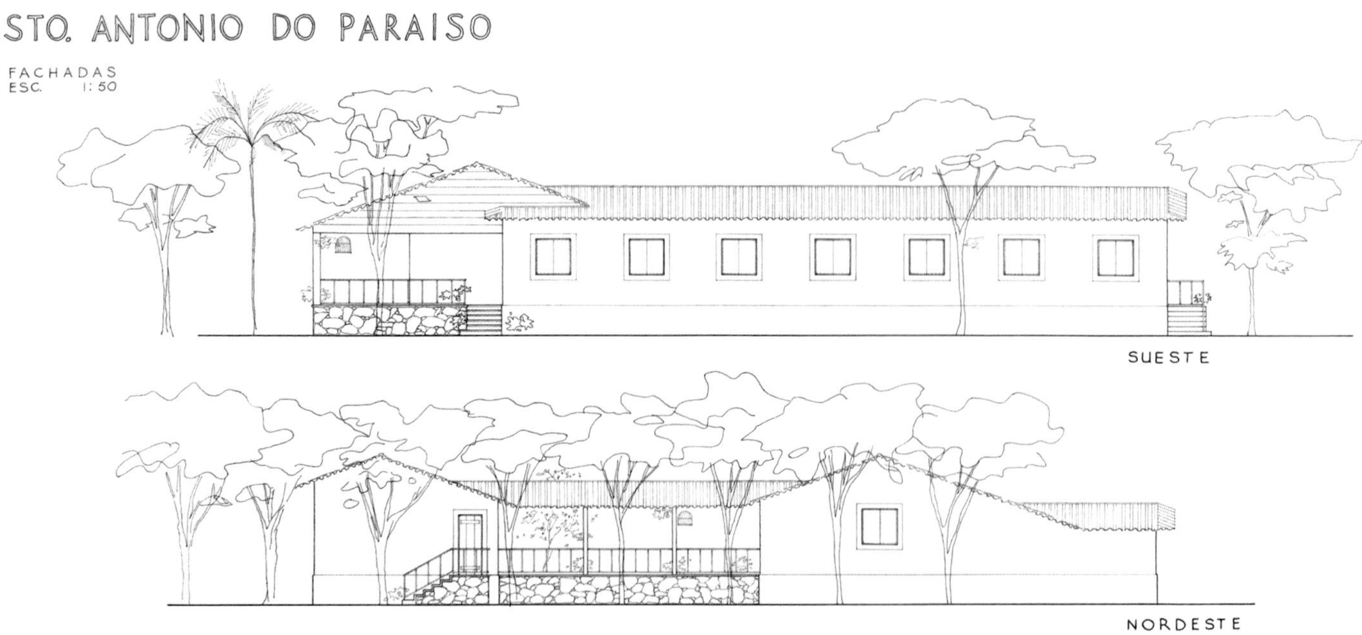

2

RESIDÊNCIA ELIZABETH RAJA GABAGLIA LEÃO

Búzios (RJ), 1968
projeto executado

Para Elizabeth Raja Gabaglia Leão, esposa de Aristides Pacheco Leão, neurofisiologista, irmão do arquiteto, ele concebeu uma casa de veraneio ao mesmo tempo contida e espraiada, protegida e porosa. Um muro e um caminho pavimentado penetram e atravessam a casa, dividindo-a em duas áreas, cada qual articulada em torno de um pátio: de um lado, os cômodos de serviço, e do outro, quartos e banheiros, com a varanda conectando esses setores ao ligar as salas de jantar e estar. Implantada ligeiramente acima do solo, ela tem volumetria cúbica multifacetada, cuja planura deriva da diagramação assimétrica das fachadas e do modo como elas se articulam, evitando volumetrias compactas e massivas. É um exemplo inconteste da adesão de Carlos Leão à forma moderna, mas também de seu compromisso com o despojamento e a simplicidade, com a arquitetura boa para viver.

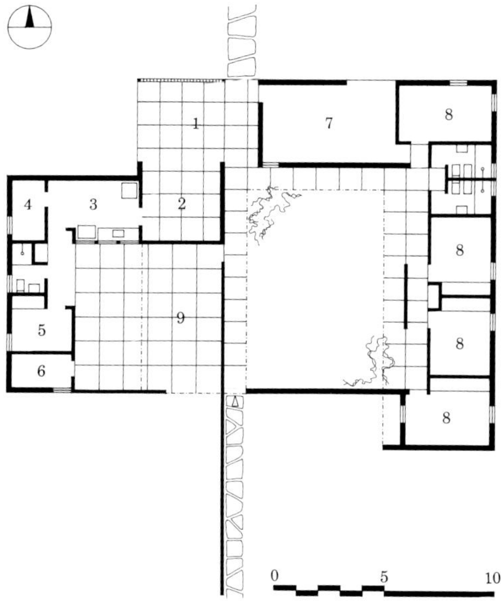

1

1 Planta baixa: (1) varanda, (2) sala de jantar, (3) cozinha, (4) despensa, (5) quarto de empregada, (6) depósito, (7) sala de estar, (8) quarto, (9) pátio de serviço
2 Fachada

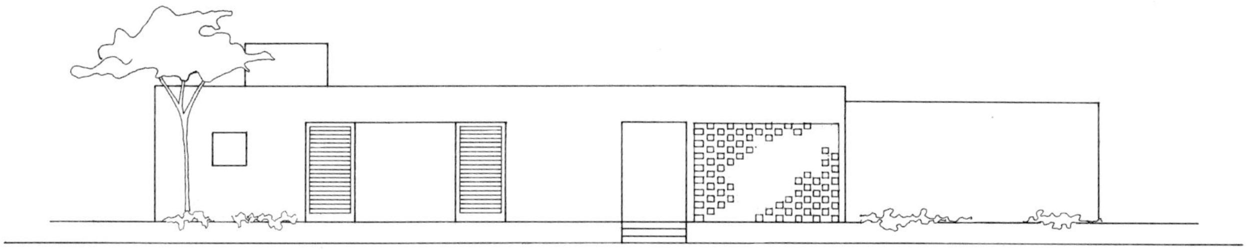

2

RESIDÊNCIA MOACYR DE CARVALHO DIAS

Poços de Caldas (MG), 1968
projeto executado

Na casa de Moacyr de Carvalho Dias, industrial do setor de laticínios, estudioso e protetor de aves ameaçadas de extinção, o arquiteto estruturou o programa extenso conciliando a setorização com a topografia em declive. O primeiro pavimento ocupa a região mais baixa, na lateral sul e em parte dos fundos, com cômodos de serviço – a lavanderia, um recinto para fabrico de doces, pátios de manobras e de serviço – e lazer, mais o hall e a escada pela qual se chega ao pavimento superior. A partir do hall, com altura dupla, esse piso se distribui em todas as direções tendo: ao centro, no lado norte, as salas íntima, de estar e de jantar, e, na direção oposta, um ateliê de cerâmica e um depósito; na parte posterior, os espaços de serviço; à frente, a ala com quartos e banheiros, na qual outra escada dá acesso ao terceiro piso, com mais quartos e banheiros. Curiosamente, o bloco íntimo, um prisma ortogonal puro com aberturas dispostas com regularidade idêntica, tem presença pública maior do que o setor social, aberto para o terraço com caramanchão, contíguo à piscina, ao lago e ao jardim, situados na parte mais alta do terreno, de tom mais intimista.

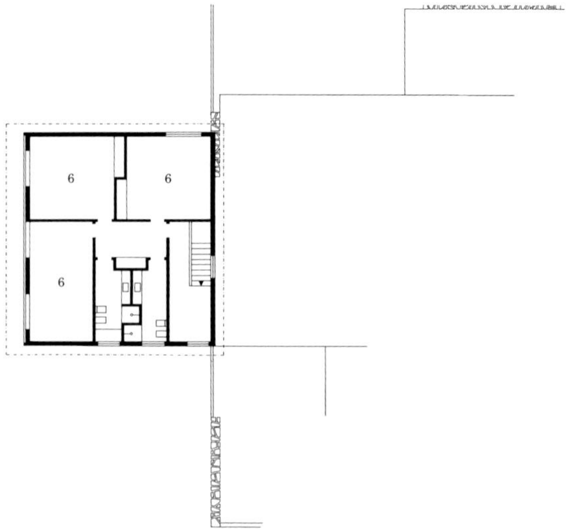

4

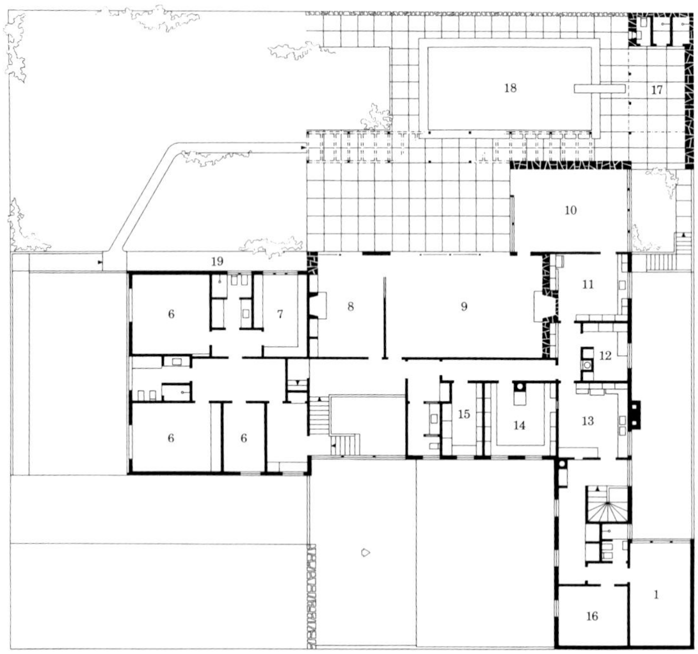

3

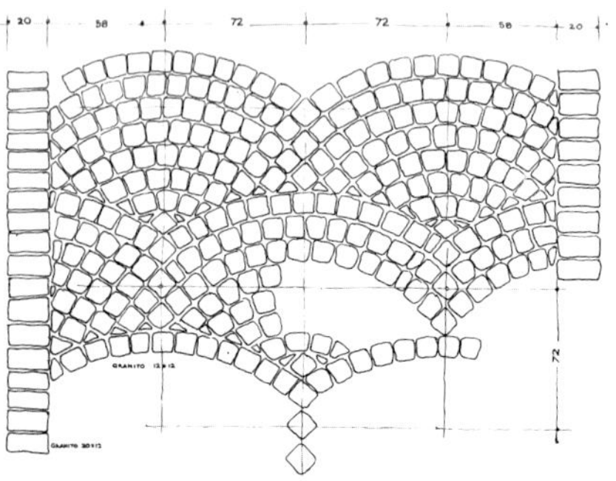

1

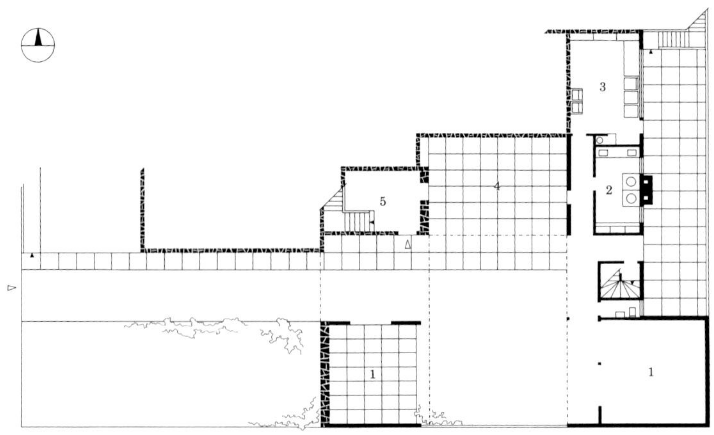

2

1 Detalhamento do piso de granito no pátio de manobras
2 Planta baixa do pavimento inferior: (1) garagem, (2) doceria, (3) lavanderia, (4) sala de jogos, (5) hall
3 Planta baixa do pavimento intermediário: (6) quarto, (7) *closet*, (8) sala íntima, (9) sala de estar, (10) sala de jantar, (11) copa, (12) despensa, (13) cozinha, (14) ateliê de cerâmica, (15) depósito, (16) quarto dos empregados, (17) pavilhão da piscina, (18) piscina, (19) lago
4 Planta baixa do pavimento superior: (6) quarto
5 Varanda contígua às salas
6 Fachada frontal
7 Fachadas

5

6

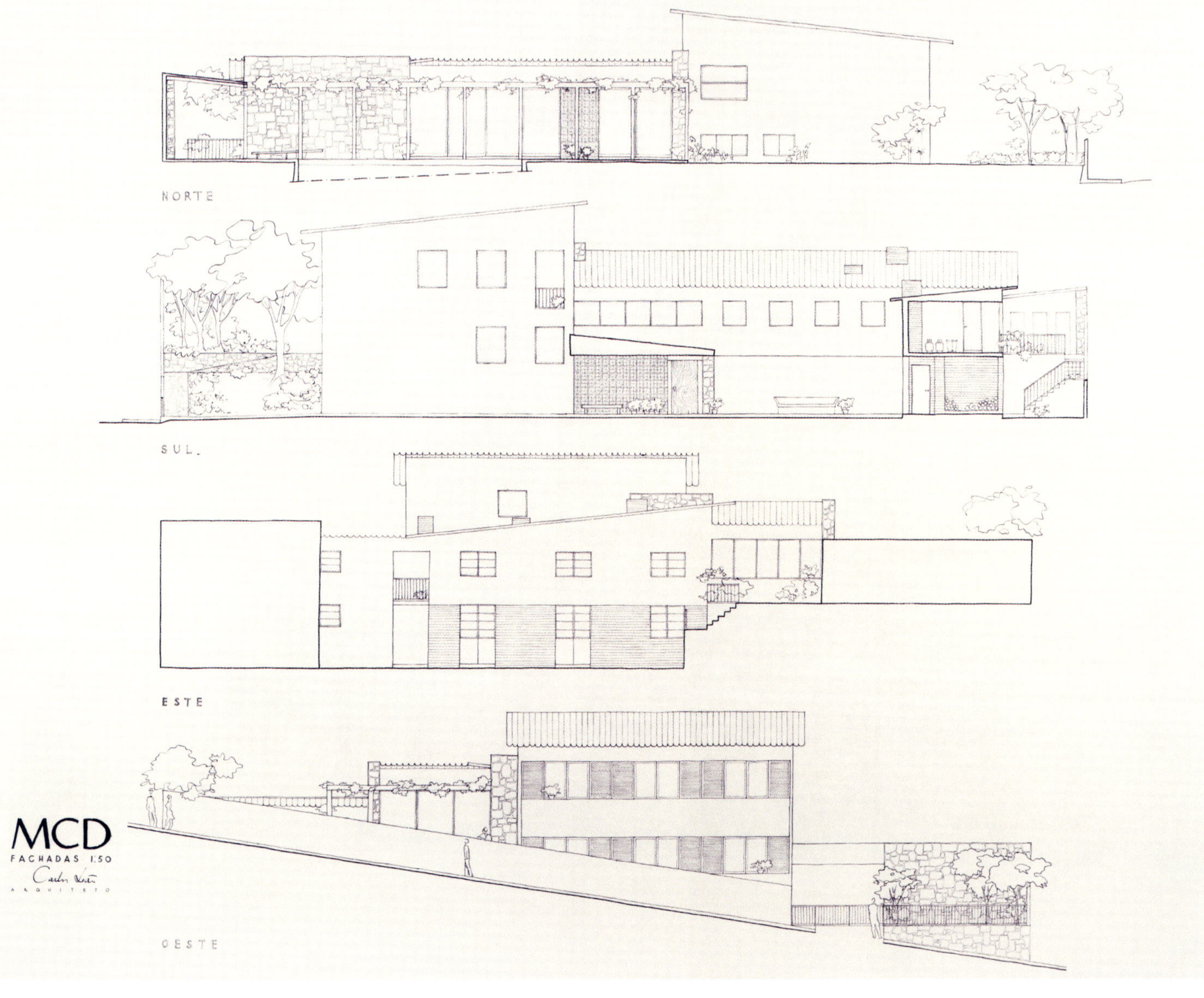

7

RESIDÊNCIA GEORGE HARPER JOHNSTON

Jardim Marajoara, São Paulo (SP), 1968
projeto não executado

Há constantes nas duas versões deste projeto. Na topografia em declive a partir do canto norte, junto da rua, em direção ao fundo, o arquiteto determinou uma situação central para a casa e a subdividiu em três alas conectadas a partir do hall de acesso, cada qual configurando um bloco autônomo externamente, com a zona de serviços voltada para trás e os setores social e íntimo alternando a posição sobre a garagem, localizada em cota mais baixa. Na primeira versão, as salas estão sobrepostas, enquanto os quartos ficam no nível do terreno, com o acesso sendo feito a partir da varanda na parte posterior. Na segunda versão, as posições se invertem: os quartos ganham maior privacidade sobre a garagem e as salas interagem mais com o jardim, ao qual se tem acesso pela sala de jantar. As plantas baixas permitem perceber como Carlos Leão solucionava o projeto dos espaços *pari passu* com o detalhamento do mobiliário e das instalações fixas, sem descuidar de necessidades, demandas e idiossincrasias dos proprietários, como a área para barbecue, o recanto e o bar de Johnston, na primeira versão. Externamente, os dois projetos se assemelham devido aos volumes compactos determinados pelas plantas, cujas fachadas, com predominância dos cheios sobre os vazios e diagramadas com discretas assimetrias, somadas à cobertura com telhas cerâmicas com águas caindo em todas as direções, determinam um caráter tradicionalista sem referências a tempos e lugares específicos.

1 Plantas baixas [primeira versão]
2 Fachadas [primeira versão]
3 Cortes e planta baixa de situação e cobertura [primeira versão]

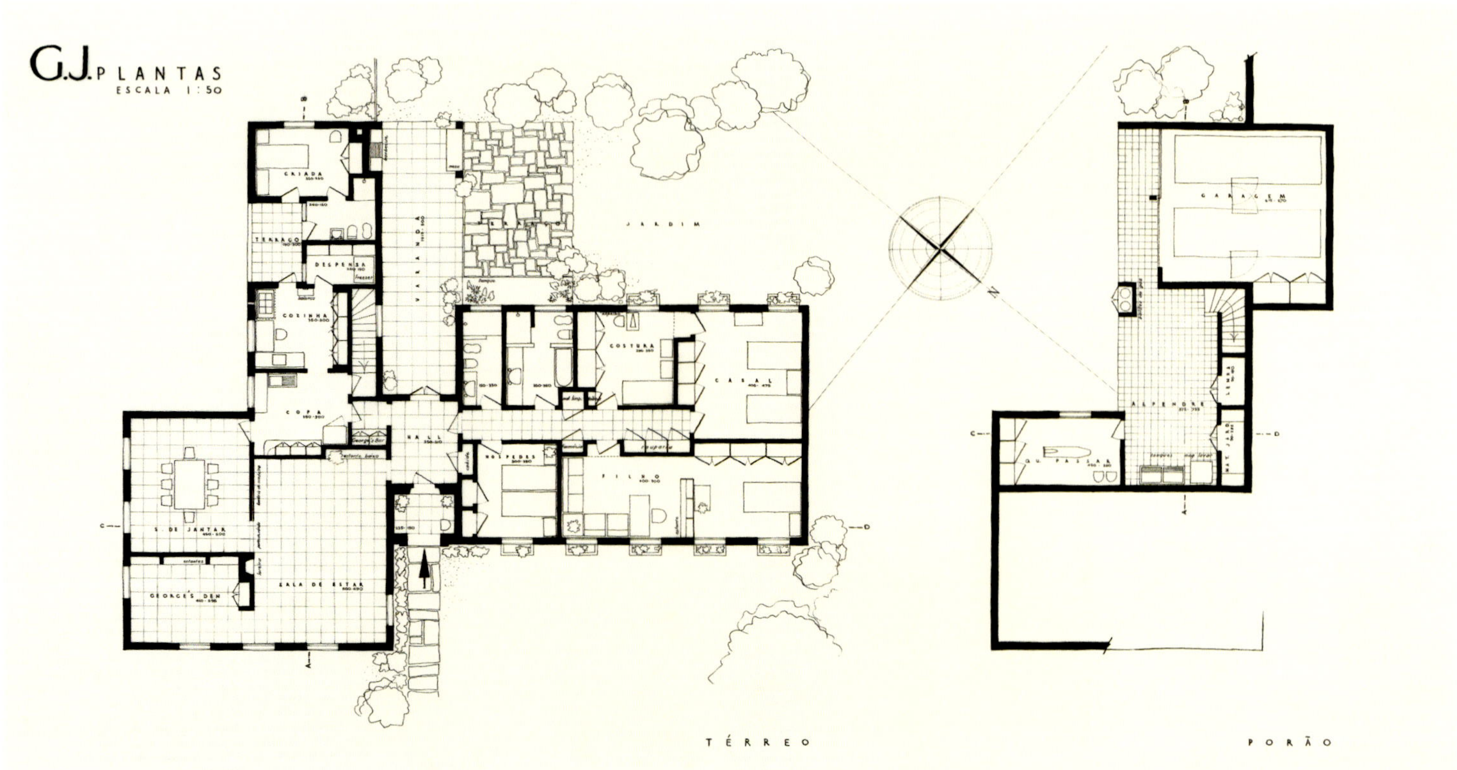

1

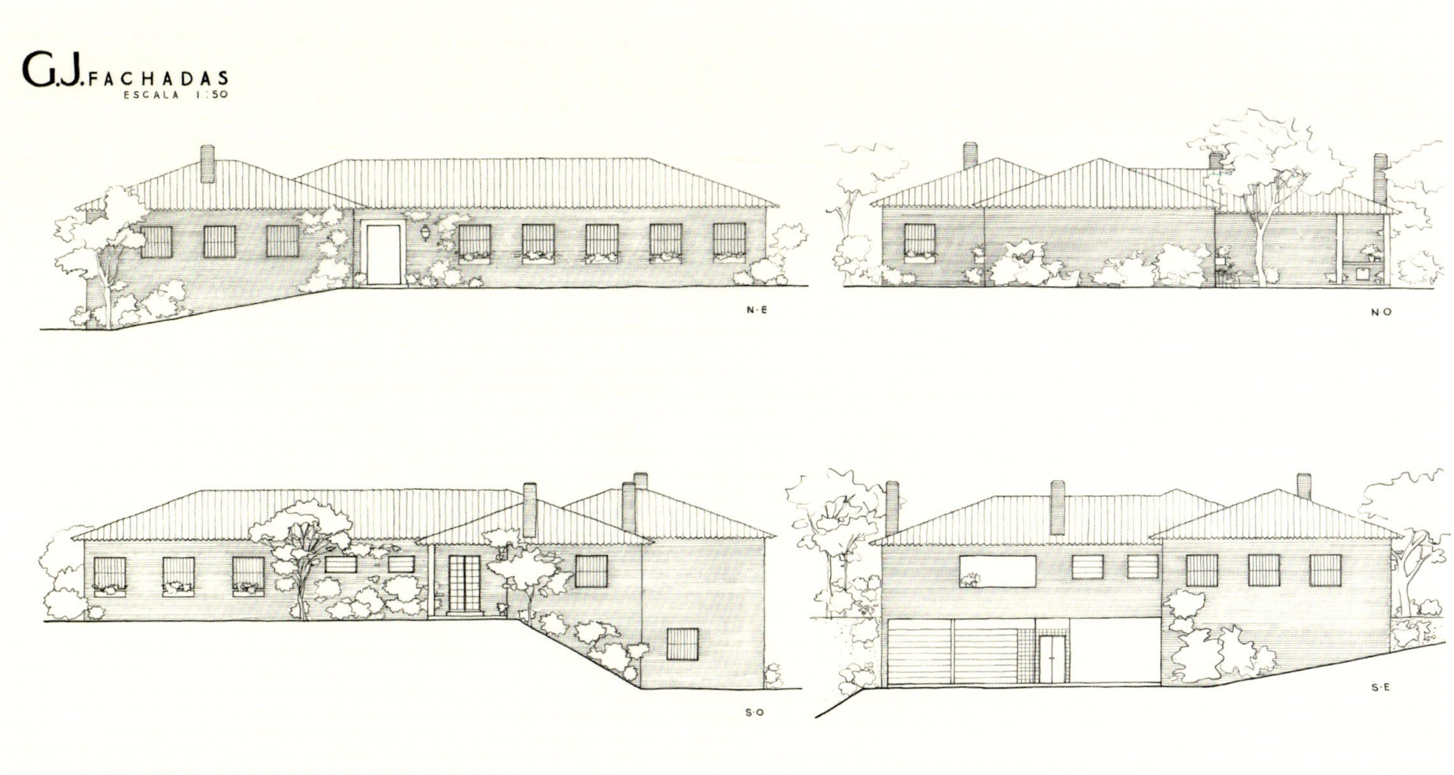
G.J. FACHADAS
ESCALA 1:50
N-E
NO
SO
S-E

2

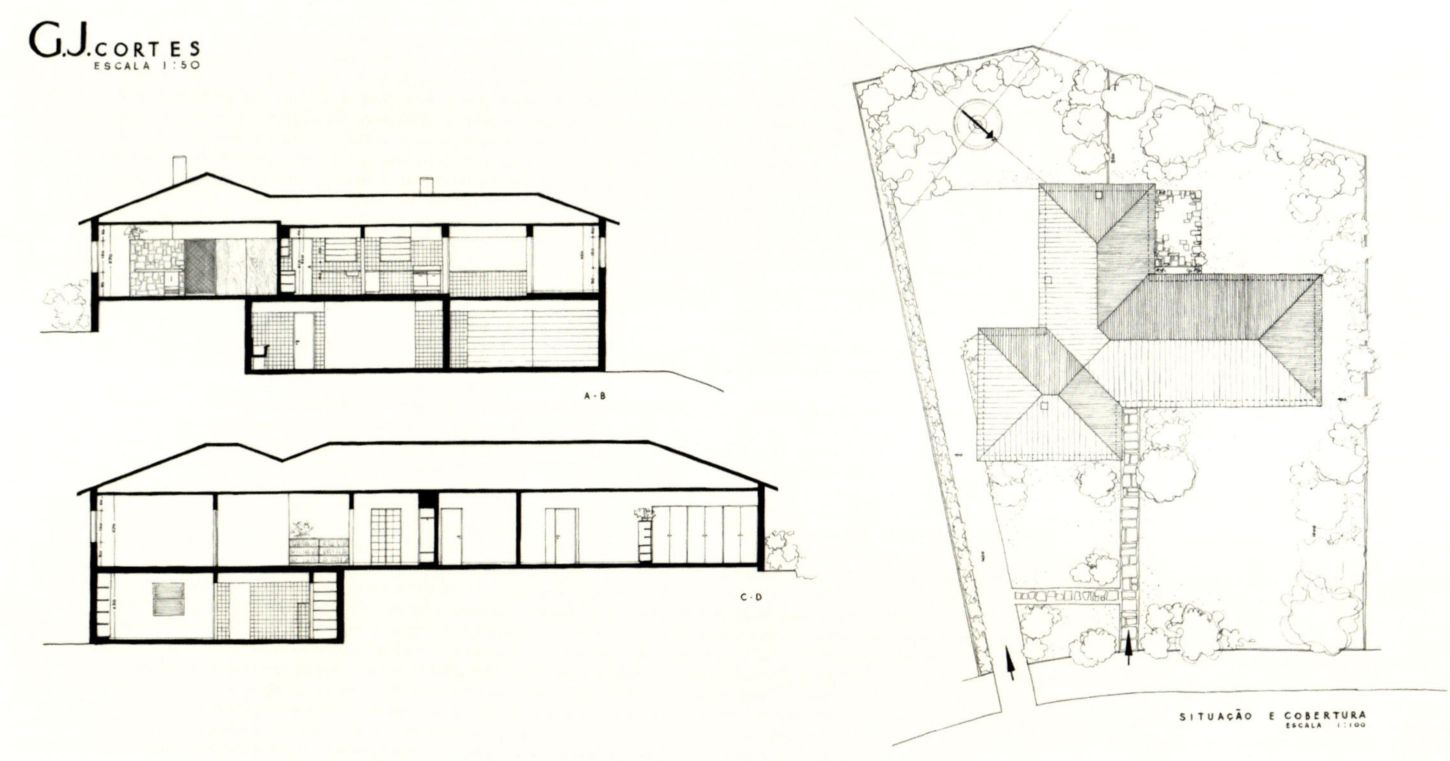
G.J. CORTES
ESCALA 1:50
A-B
C-D
SITUAÇÃO E COBERTURA
ESCALA 1:100

3

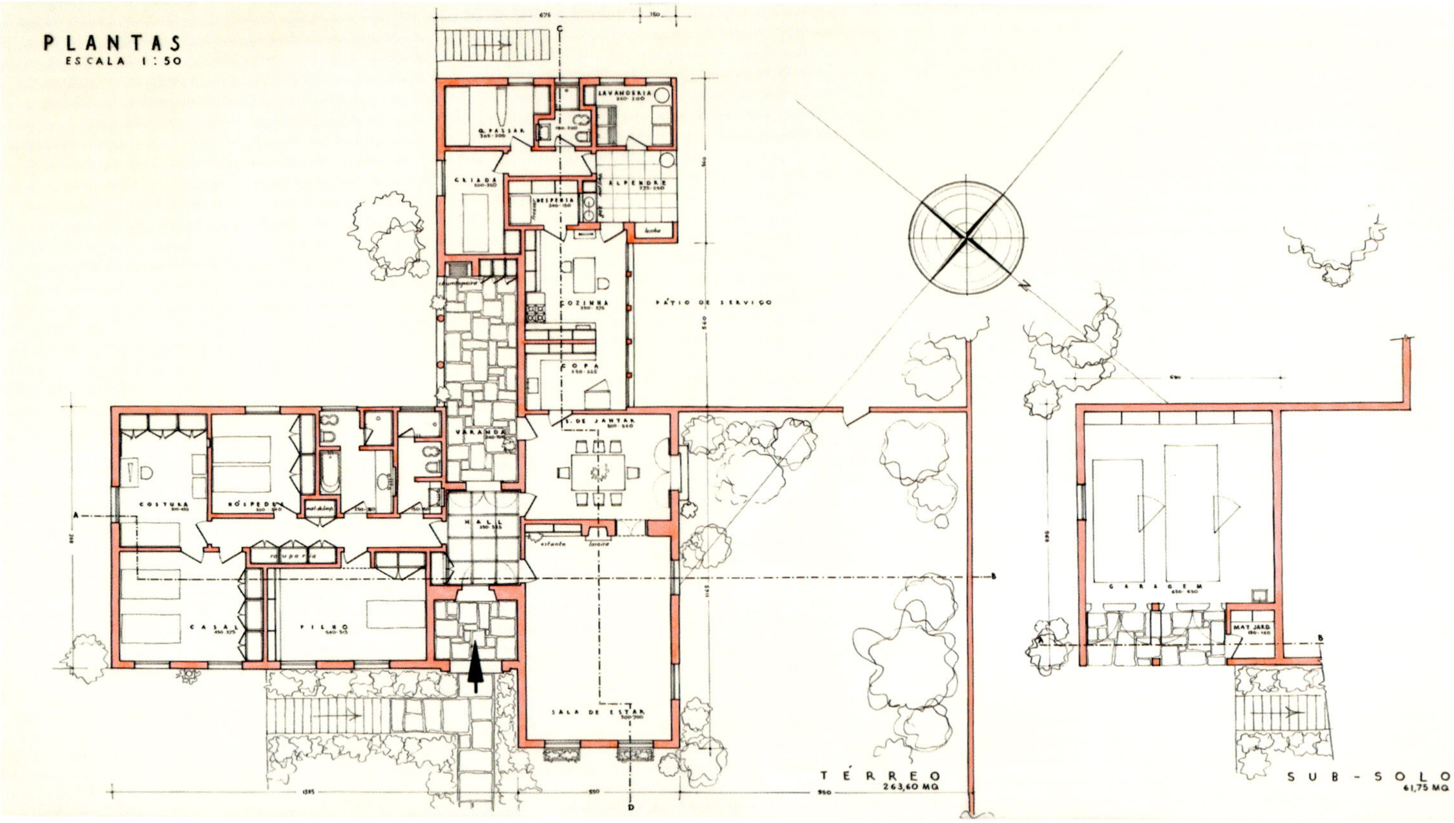
PLANTAS
ESCALA 1:50
LAVANDERIA
ALPENDRE
CRIADA
COZINHA
PÁTIO DE SERVIÇO
COPA
VARANDA
S. DE JANTAR
COSTURA
HÓSPEDE
HALL
CASAL
FILHO
SALA DE ESTAR
GARAGEM
MAT. JARD.
TÉRREO
263,60 MQ
SUB-SOLO
61,75 MQ

4

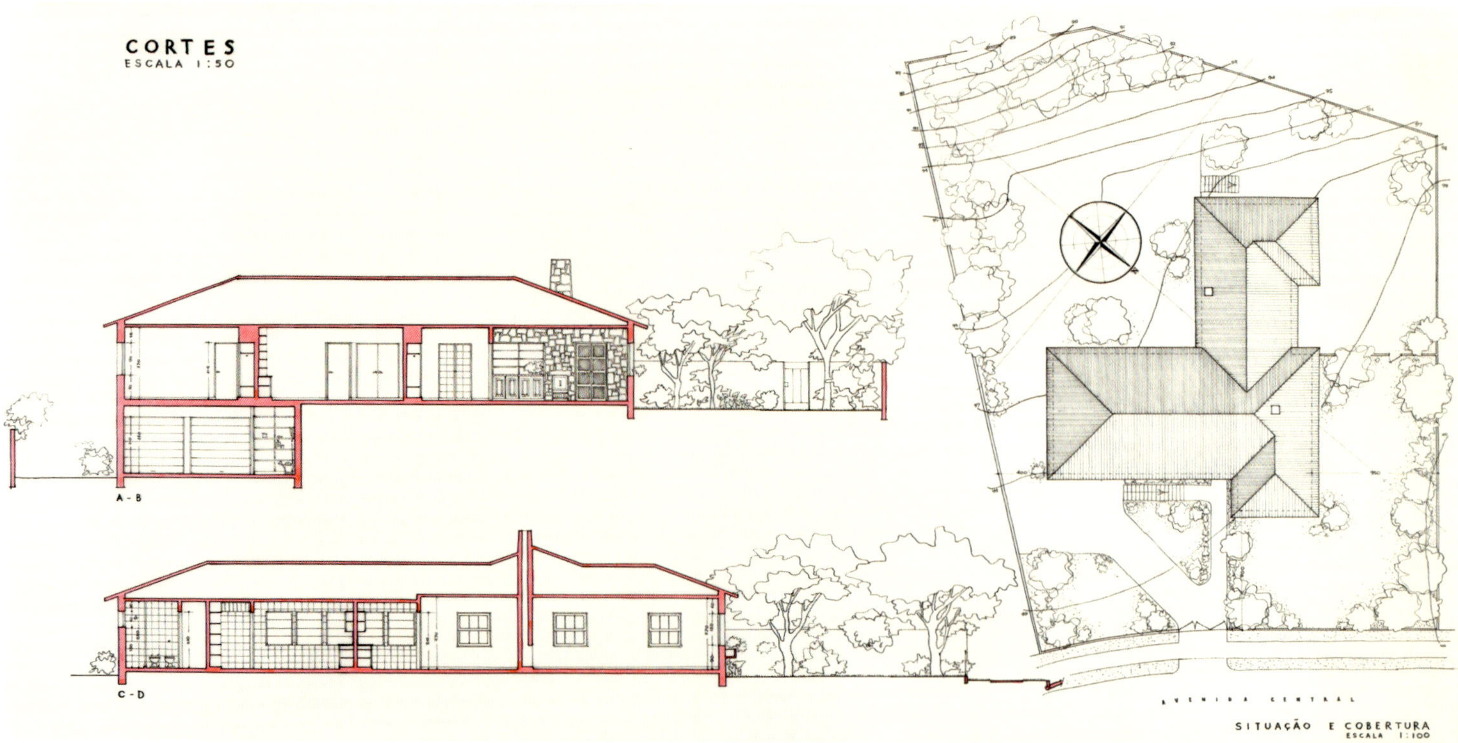
CORTES
ESCALA 1:50
A-B
C-D
AVENIDA CENTRAL
SITUAÇÃO E COBERTURA
ESCALA 1:100

5

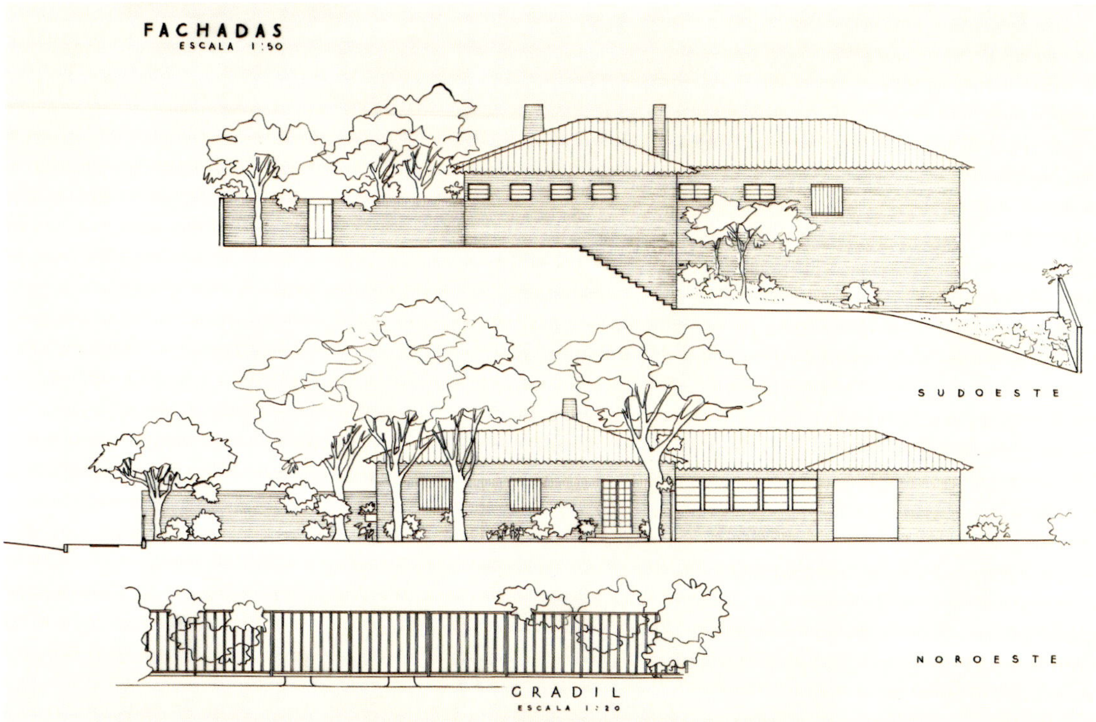

6

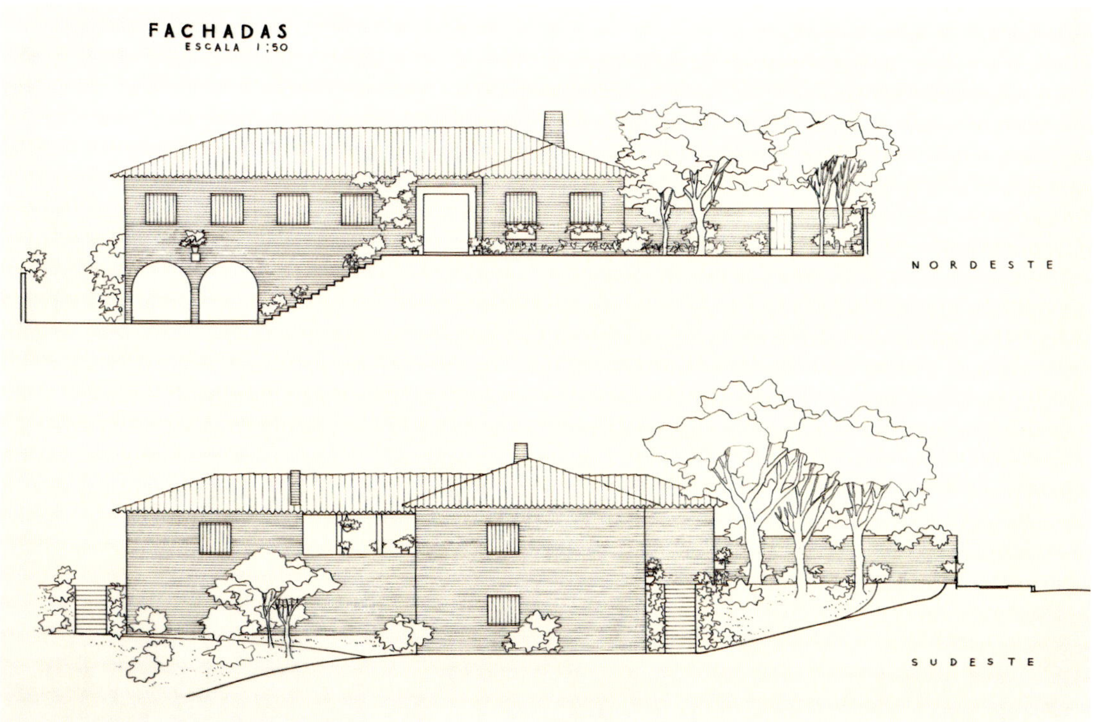

7

4 Plantas baixas [segunda versão]
5 Cortes e planta baixa de situação e cobertura [segunda versão]
6 Fachadas sudoeste e noroeste [segunda versão]
7 Fachadas nordeste e sudeste [segunda versão]

RESIDÊNCIA HOMERO SOUZA E SILVA
FAZENDA SERTÃOZINHO

Poços de Caldas (MG), 1975
projeto executado

Terceira residência projetada para o banqueiro Homero Souza e Silva, a casa da Fazenda Sertãozinho acompanha o declive do terreno, distribuindo-se em quatro níveis, cada qual comportando funcionalidades bem demarcadas. No nível mais alto do terreno, situam-se os cômodos de serviço em torno de um pátio, a *porte cochère*, a varanda-galeria e o hall de entrada social, as salas de almoço e de jantar, o jardim de inverno e outra varanda, a cavaleiro da paisagem. A partir do hall, escadas dão acesso aos demais níveis: subindo, encontra-se uma saleta com balcão, três quartos, um banheiro e uma rouparia; descendo, no nível intermediário, três suítes e uma rouparia, e, no nível mais baixo, novamente em contato com o terreno, a sala de estar e o terraço. O perfil da casa, recortado em perímetro e altura, determinado pelo modo como a construção se espraia pelo terreno conforme a necessidade e as opções projetuais, é contradito pela regularidade das plantas do setor íntimo e a composição de alguns cômodos – contraponto de variedade e repetição que é expresso de modo invertido pelas sutis assimetrias das fachadas, nas quais o arquiteto procurou antecipar o caráter pitoresco alcançado por muitas casas de fazenda ao longo do tempo.

1 Planta baixa dos pavimentos superiores
2 Ala dos quartos
3 Planta baixa dos pavimentos inferiores

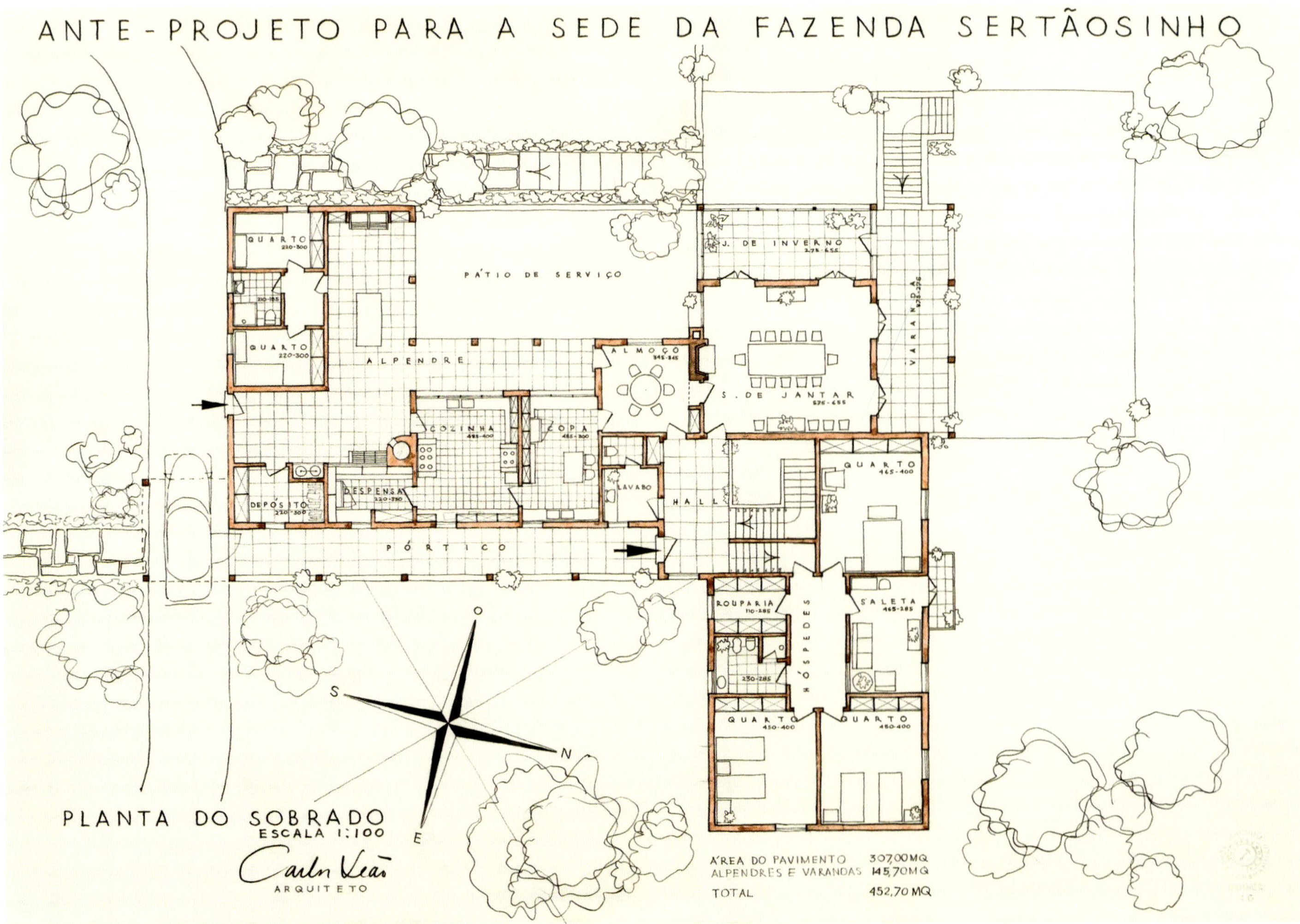

1

2

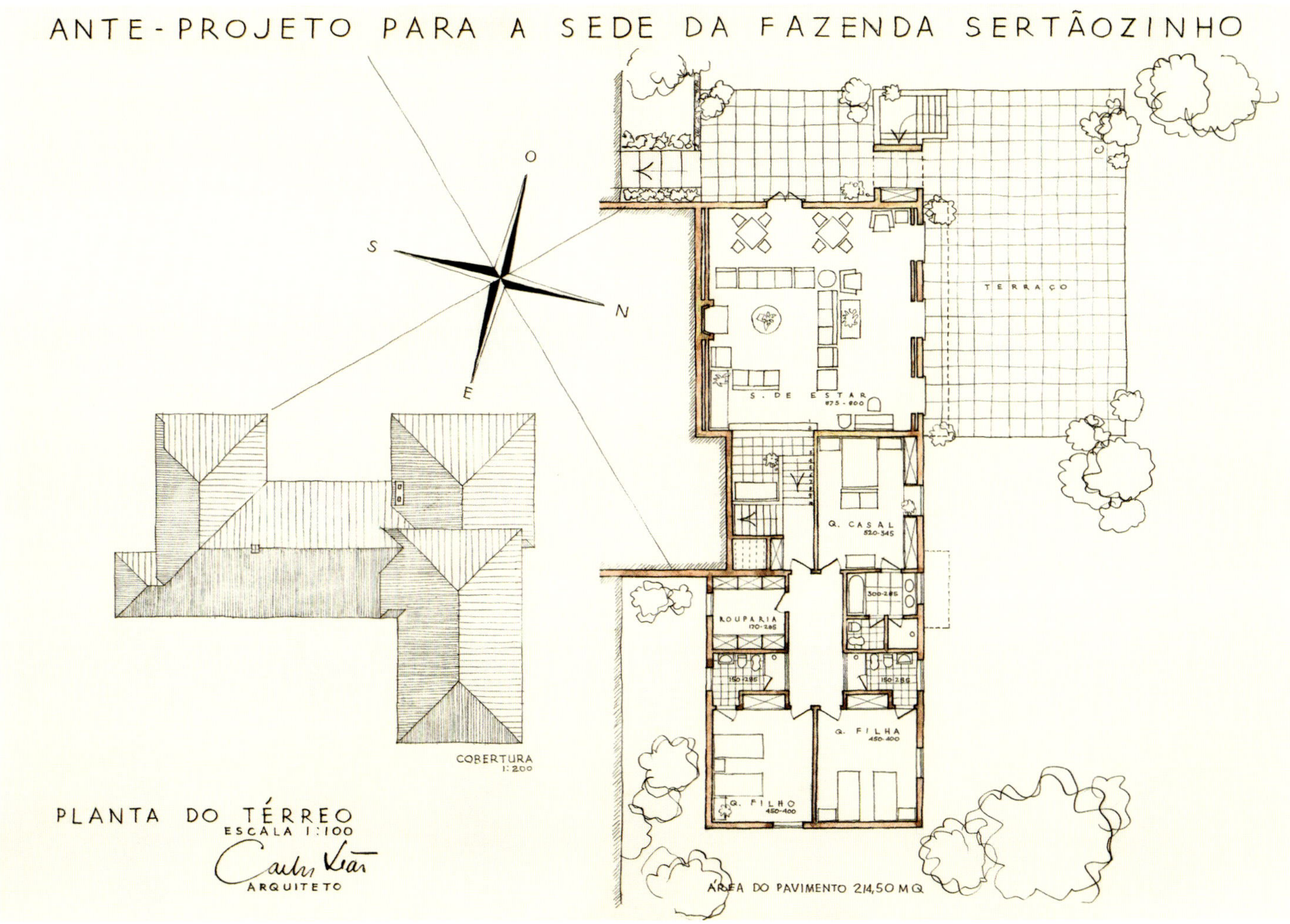
ANTE-PROJETO PARA A SEDE DA FAZENDA SERTÃOZINHO
O
S
N
E
TERRAÇO
S. DE ESTAR
Q. CASAL
ROUPARIA
Q. FILHA
Q. FILHO
COBERTURA
1:200
PLANTA DO TÉRREO
ESCALA 1:100
ARQUITETO
ÁREA DO PAVIMENTO 214,50 MQ

3

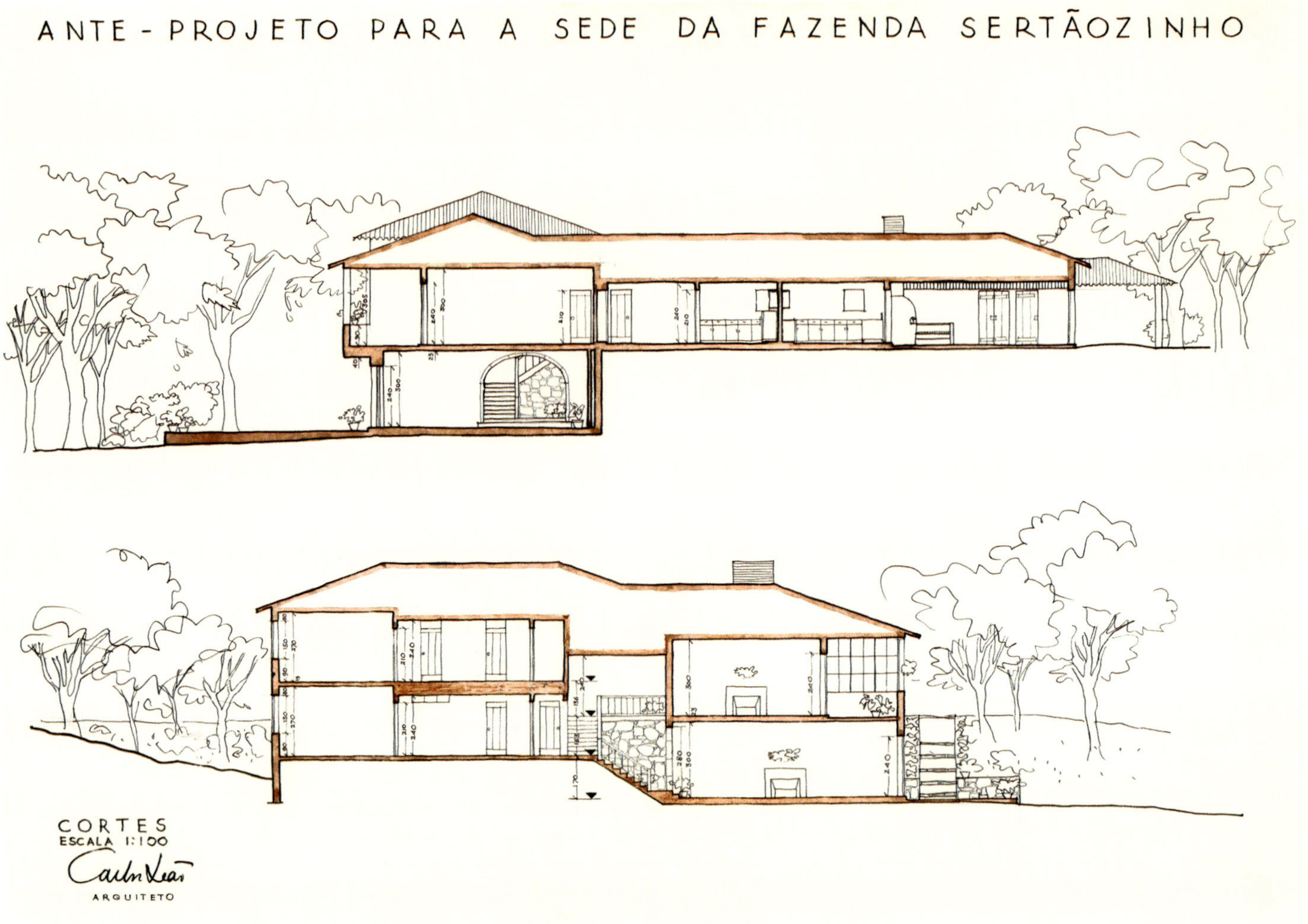
ANTE-PROJETO PARA A SEDE DA FAZENDA SERTÃOZINHO
CORTES
ESCALA 1:100
ARQUITETO

4

5

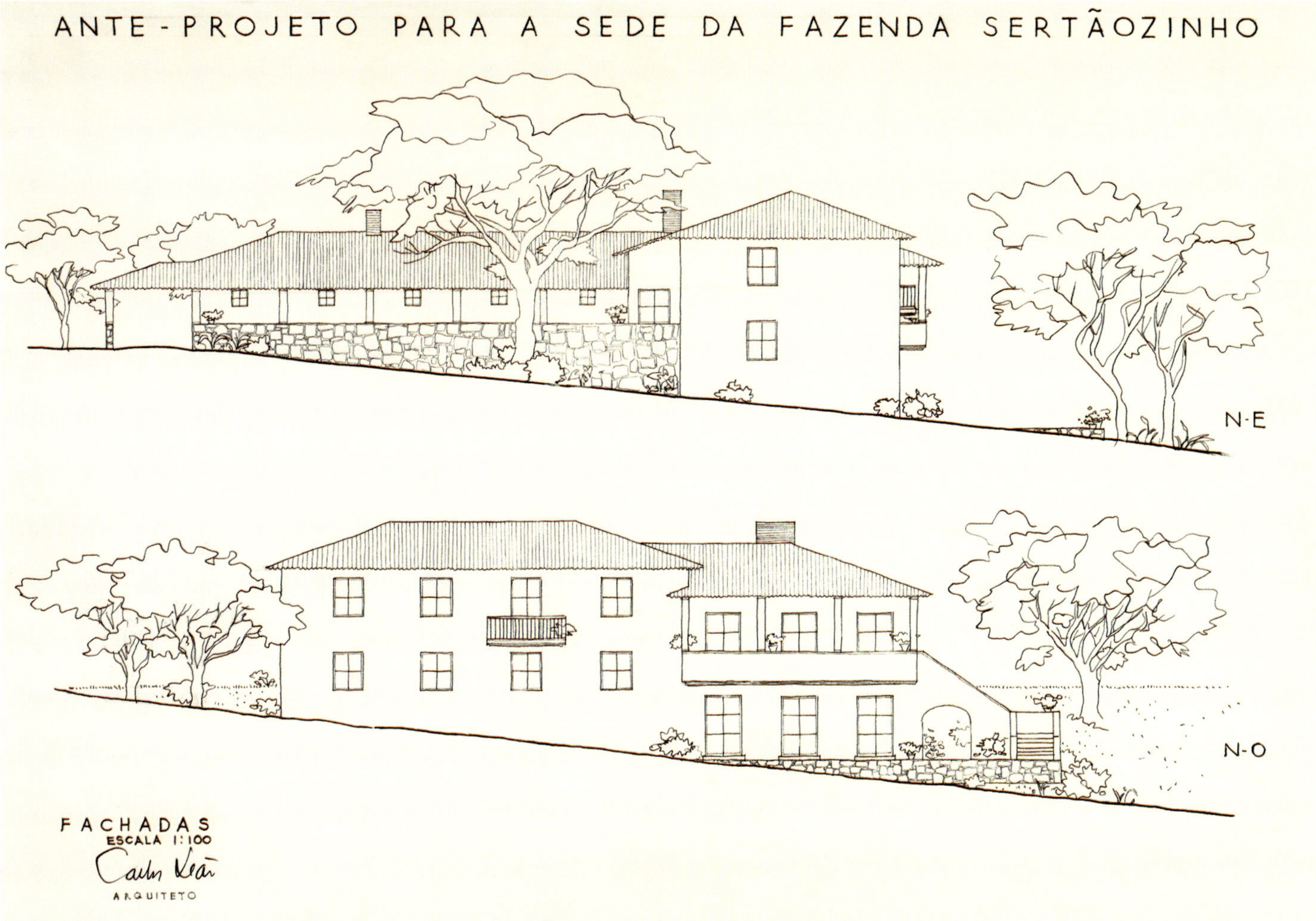

6

7

4 Cortes
5 Vista geral
6 Fachadas
7 Pórtico com ala dos quartos ao fundo

REFORMA DA RESIDÊNCIA DE MÁRIO E ZIZITA

Sem local e sem data

Há um tanto de modéstia e um quê de brincadeira em nomear como palpites o projeto de reforma da casa de Mário e Zizita. Também é aparente a informalidade de sua representação gráfica, como se o arquiteto tivesse sacado uma folha de papel e começado a rabiscar quando os amigos disseram que queriam reformar a casa, preenchendo os vazios à medida que as ideias surgiam para atender demandas, necessidades e desejos. Estruturado com rigor e obviamente resultante de levantamentos, pesquisas, cálculos e esboços, o desenho tem zonas específicas para plantas baixas, cortes, perspectivas e notas, detalhando com minúcia rara, plena de bossas, as mudanças propostas para o térreo (sala de jantar, pátio, sala de almoço, copa, cozinha, área de serviço, banheiro e quarto de serviço), o primeiro pavimento (quarto) e a mansarda (um escritório para os "garotos" e outro para Mário). Ao mesmo tempo intrincada e harmônica, como os espaços nela representados, esta prancha evidencia a amplitude do talento artístico de Carlos Leão e seu entendimento do desenho como mediador entre as pessoas envolvidas no projeto, expressão gráfica das ideias arquitetônicas que viabiliza sua construção e figura antecipadamente os ambientes concebidos para bem viver.

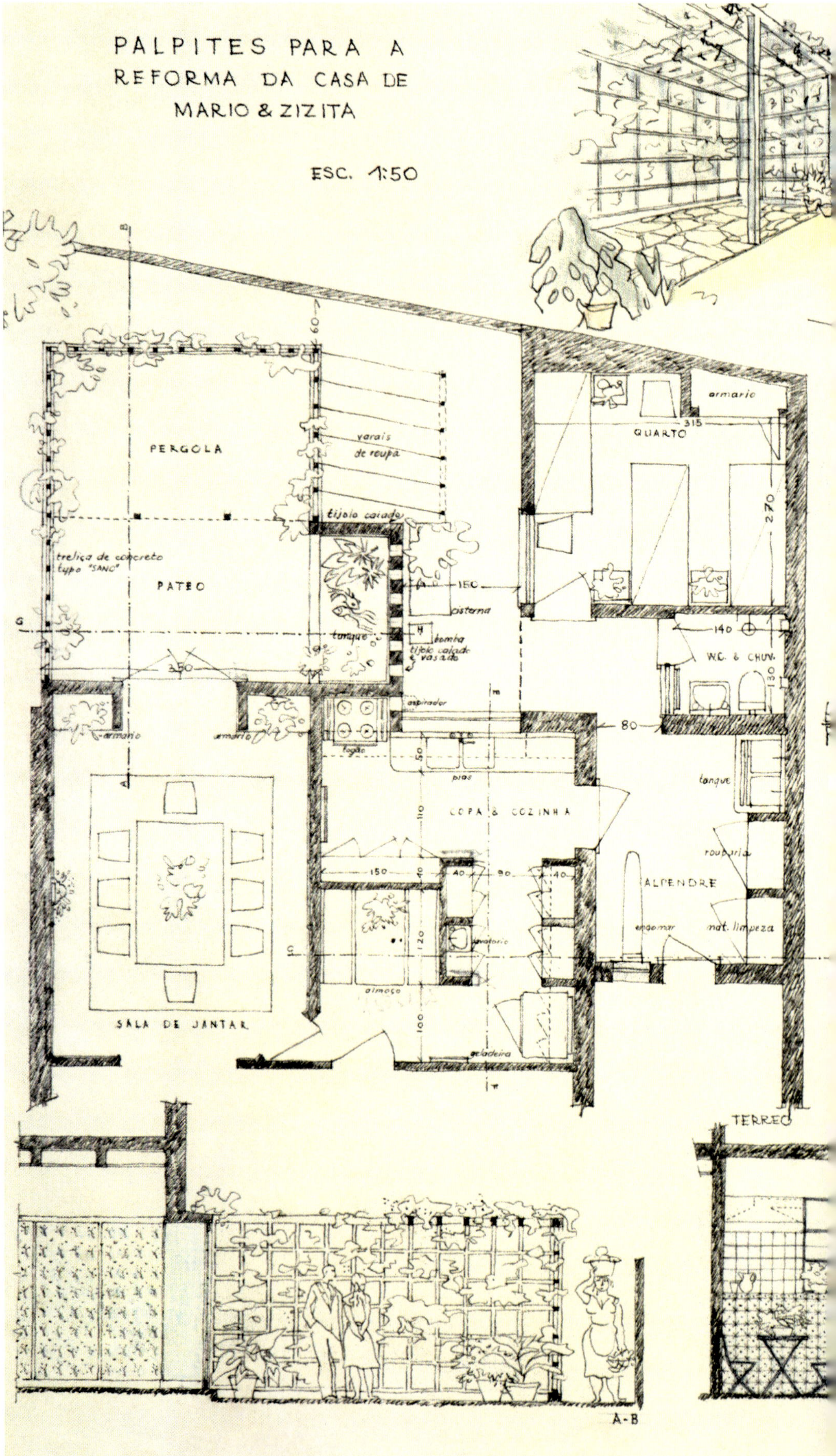

1

1 Plantas baixas, cortes, perspectivas e notas

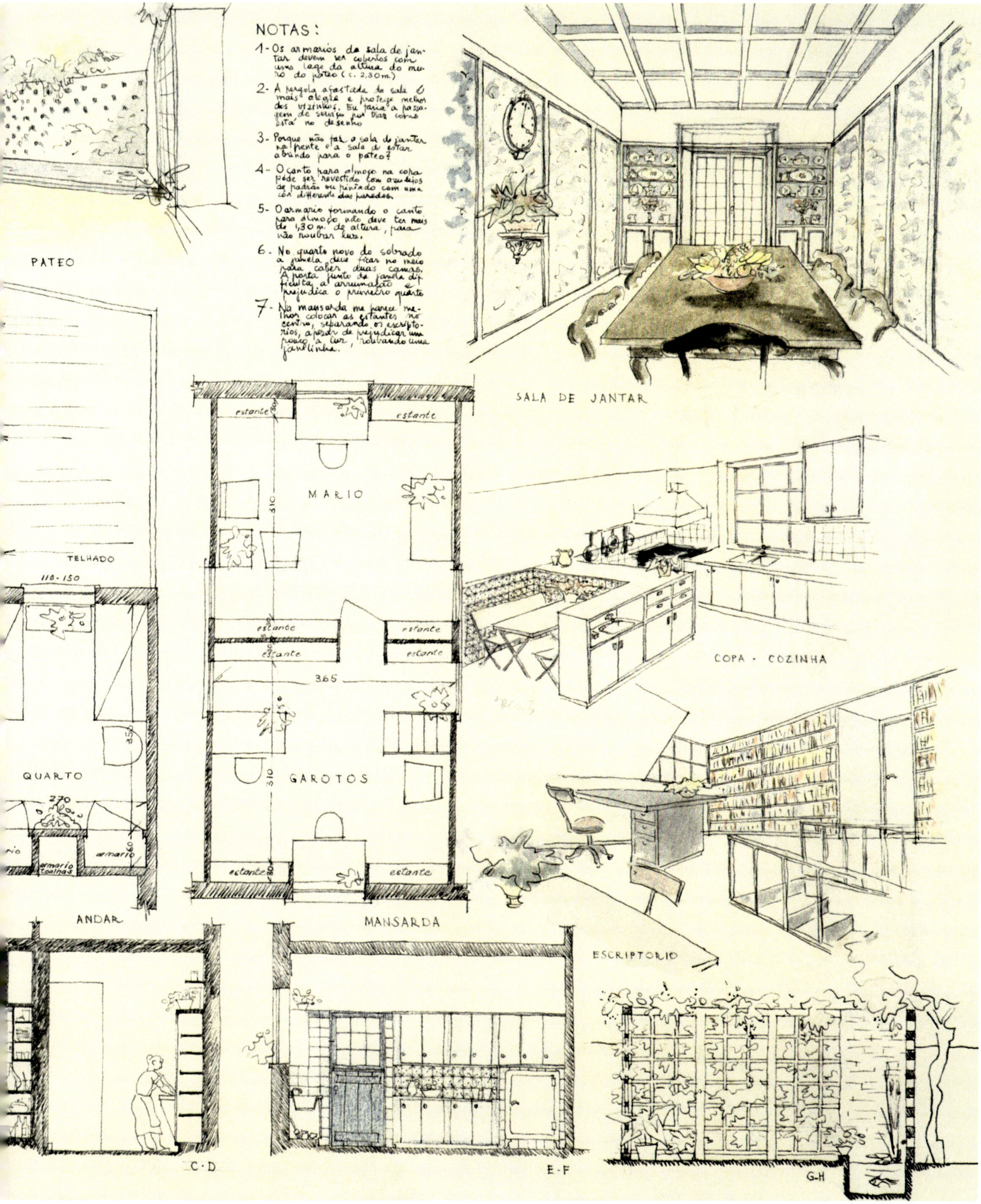

NOTAS:
1- Os armarios da sala de jantar devem ser cobertos com uma lage da altura do muro do pateo (c. 2,30m.)
2- A pergola afastada da sala é mais alegre e protege melhor dos vizinhos. Eu faria a passagem de serviço por traz como está no desenho
3- Porque não faz a sala de jantar na frente e a sala de estar abrindo para o pateo?
4- O canto para almoço na copa pode ser revestido com azulejos de padrão ou pintado com uma côr differente das paredes.
5- O armario formando o canto para almoço não deve ter mais de 1,30m. de altura, para não roubar luz.
6- No quarto novo do sobrado a janela deve ficar no meio para caber duas camas. A porta junto da janela difficulta a arrumação e prejudica o primeiro quarto
7- Na mansarda me parece melhor colocar as estantes no centro, separando os escriptorios, apesar de prejudicar um pouco a luz, roubando uma janelinha.
PATEO
SALA DE JANTAR
TELHADO
110-150
QUARTO
270
armario
armario toalhas
ANDAR
estante
MARIO
310
365
GAROTOS
MANSARDA
COPA - COZINHA
ESCRIPTORIO
C-D
E-F
G-H

CRONOLOGIA

Projeto do Sanatório B para o Serviço Nacional contra a Tuberculose (SNT), Rio de Janeiro, 1937; com Jorge Machado Moreira [fachadas sudoeste e nordeste]

1

CARLOS DE AZEVEDO LEÃO [1906 – 1983]

Carlos de Azevedo Leão nasceu no Rio de Janeiro. Casou-se com Ruth Azevedo de Mello, com quem viveu até falecer. Formado na Escola Nacional de Belas-Artes, em 1931, atuou como arquiteto e artista plástico. Na arquitetura, participou da equipe que projetou o edifício-sede do Ministério da Educação e Saúde, no Rio de Janeiro, trabalhou no Serviço do Patrimônio Histórico e Artístico Nacional (Sphan, atualmente Iphan) e no Instituto de Aposentadoria e Pensões dos Bancários (IAPB). Como desenhista, notabilizou-se com representações do nu feminino a bico de pena e aquarela, tendo ilustrado muitas capas dos livros de Vinicius de Moraes e algumas obras de Carlos Drummond de Andrade.

2

1 Carlos Leão, c. 1930
2 Carteira de identificação no Serviço de Patrimônio Histórico e Artístico Nacional, 1937

1931
Forma-se arquiteto pela Escola Nacional de Belas-Artes, Rio de Janeiro

1932
Trabalha no escritório de Lucio Costa e Gregori Warchavchik (até 1934)

1933
Escola Naval, Ilha de Villegaignon, Rio de Janeiro (com o Escritório Técnico Raja Gabaglia)

1934
Residência Francisca Azevedo Leão, Laranjeiras, Rio de Janeiro

1935
Projeto para o concurso do Viaduto do Chá, São Paulo (com os engenheiros Paulo Fragoso e Bjarne Ness – 2º lugar)
Projeto para o concurso do Viaduto do Brás, São Paulo (com Raphael Borges Dutra)
Projeto para o edifício da Diretoria do Serviço Técnico do Café, São Paulo
Projeto para o concurso do Ministério da Educação e Saúde Pública, Castelo, Rio de Janeiro (com Lucio Costa)
Residência Oswaldo Cruz Filho, Botafogo, Rio de Janeiro
Residência Frederico Sève, Humaitá, Rio de Janeiro
Residência Paulo de Oliveira Sampaio, Ipanema, Rio de Janeiro (demolida)
Projeto da Residência Joaquim Nicolau Filho, Gávea, Rio de Janeiro

1936
Projeto para o concurso do Clube de Engenharia, Centro, Rio de Janeiro (com Lucio Costa)
Projeto do Ministério de Educação e Saúde Pública, Centro, Rio de Janeiro (com Lucio Costa, Affonso Eduardo Reidy, Ernani Vasconcellos, Jorge Machado Moreira e Oscar Niemeyer)
Projeto da Cidade Universitária do Brasil, Quinta da Boa Vista, Rio de Janeiro (com Le Corbusier, Lucio Costa, Affonso Eduardo Reidy, Ernani Vasconcellos, Jorge Machado Moreira e Oscar Niemeyer)
Projeto do Ministério de Educação e Saúde, Centro, Rio de Janeiro (com Le Corbusier, Lucio Costa, Affonso Eduardo Reidy, Ernani Vasconcellos, Jorge Machado Moreira e Oscar Niemeyer)

1937
Participa da comissão organizadora da edição especial de Cobra Norato, de Raul Bopp com gravuras de Oswaldo Goeldi (com Luiz Vergara, José de Queiroz Lima, Annibal Monteiro Machado e Carlos Echenique Jr.)
Projeto do Colégio Pedro II, Praia Vermelha, Rio de Janeiro (com Ernani Vasconcellos)
Edifício do Ministério de Educação e Saúde, Centro, Rio de Janeiro (com Lucio Costa, Affonso Eduardo Reidy, Ernani Vasconcellos, Jorge Machado Moreira e Oscar Niemeyer)
Restauração do antigo Senado Federal para o Serviço de Patrimônio Histórico e Artístico Nacional (Sphan), Rio de Janeiro

1938
Eleito membro do Conselho Diretor do Instituto de Arquitetos do Brasil
Hospital de Tuberculosos, Campo Grande, Rio de Janeiro (com Jorge Machado Moreira)
Estudo de hotel para o Sphan, Ouro Preto, MG
Projeto de estação ferroviária, Ponta Porã, MS

3 Projeto de hotel, Ouro Preto (MG), 1938 [fotomontagem]
4 Projeto de estação ferroviária, Ponta Porã, 1938 [perspectiva]
5 Projeto de sanatório para o Instituto de Previdência e Assistência dos Servidores do Estado (Ipase), Rio de Janeiro, 1945; com Jorge Machado Moreira [perspectivas de estudo da rampa de acesso e da fachada]

3

4

1939
Chefia o Serviço de Arquitetura da Comissão do Plano da Universidade do Brasil (composto também por Hélio Uchoa, Jorge Machado Moreira, Oscar Niemeyer e, a partir de 1940, Attílio Correa Lima e Aldary Toledo)
Reforma da residência Carlos Leão, Morro do Cavalão, Niterói, RJ

1940
Ingressa no Instituto de Aposentadorias e Pensões dos Bancários (IAPB) chefiando a Carteira Imobiliária
Edifício residencial para Gilda Carneiro de Mendonça, Ipanema, Rio de Janeiro (demolido)

1941
Eleito conselheiro diretor do Instituto de Arquitetos do Brasil para o Biênio 1941-42
Residência Roberto Vitor De Lamare, Fonte da Saudade, Rio de Janeiro

1942
Restauração da Igreja de Nossa Senhora da Boa Viagem para o Sphan, Ilha da Boa Viagem, Niterói, RJ
Residência Virgílio Mello Franco, Jardim Botânico, Rio de Janeiro (alterada)
Residência João José Barbosa Quental, Jardim Botânico, Rio de Janeiro (com Ernani Vasconcellos; alterada)
Residência Anete Oliveira Sampaio, Leblon, Rio de Janeiro (com Wladimir Alves de Souza; demolida)
Residência Lota de Macedo Soares, Samambaia, Petrópolis, RJ (alterada)
Ateliê Lota de Macedo Soares, Samambaia, Petrópolis, RJ (alterado)

1943
Residência Gustavo Corção, Samambaia, Petrópolis, RJ (alterada)
Residência José Cláudio Costa Ribeiro, Cabo Frio, RJ (demolida)
Projeto da Residência Astreia Behring de Oliveira Mattos, Miguel Pereira, RJ

1944
Exposição "Arquitetura brasileira antiga e moderna – Brazil builds", São Paulo
Projeto do Santório de Tuberculose Bela Vista para o Instituto de Previdência e Assistência Social do Estado (Ipase), Correias, Petrópolis, RJ (com Jorge Machado Moreira)
Residência Abel Ribeiro, Araras, Petrópolis, RJ (alterada)

1945
Projeto do Cineteatro Cataguases, Cataguases, MG (com Aldary Toledo)
Projeto de Sanatório para o Ipase, Jacarepaguá, Rio de Janeiro (com Jorge Machado Moreira)

5

1946
Residência Zete van Erven Lage, Itaipava, Petrópolis, RJ (alterada)
Projeto do Edifício A para a Construtora Itatiaia, Jardim Redentor, Rio de Janeiro (com Jorge Machado Moreira)
Projeto do Loteamento Samambaia, Petrópolis, RJ (não executado segundo os planos originais)
Projeto do edifício Ratoeira para Aguinaldo de Freitas, Carlos Lacerda, Francisco de Assis Barbosa, Luiz Carlos de Oliveira, Maurício de Lacerda Filho e Odylo Costa, filho, Jardim Botânico, Rio de Janeiro
Reforma da Residência Mário Silva Pinto, Ipanema, Rio de Janeiro

1947
Residência José Barretto Filho, Samambaia, Petrópolis, RJ (alterada)
Residência Gilberto de Lyra Lemos, Ipanema, Rio de Janeiro
Projeto do Sanatório A para o Serviço Nacional contra a Tuberculose (SNT) (com Jorge Machado Moreira)
Projeto do Sanatório B para o SNT (com Jorge Machado Moreira)

1948
Reforma da Residência Irene de Veiga Carvalho, Botafogo, Rio de Janeiro
Reforma do edifício-sede do Banco Português do Brasil, Rio de Janeiro (com Raphael Borges Dutra; não executado segundo os planos originais)

1950
Projeto da Igreja Matriz, Araruama, RJ
Projeto da Residência Carlos Lacerda, Praia do Vidigal, Rio de Janeiro

1951
Residência Hélio Fraga, Gávea, Rio de Janeiro
Residência Jesse Teixeira, Gávea, Rio de Janeiro (alterada)

1952
Projeto de edifício residencial para Napoleão de Alencastro Guimarães, Leblon, Rio de Janeiro

1953
Casa da Bancária (para o Instituto de Aposentadoria e Pensões dos Bancários – IAPB), Jardim Botânico, Rio de Janeiro
Residência Paulo Lynch, Gávea, Rio de Janeiro (alterada durante a construção)
Residência Francisco Clementino de San Tiago Dantas, Botafogo, Rio de Janeiro (alterada)

1954
Exposição "Brasilen Baut", Kunstgewerbe Museum, Zurique

1955
Projeto da Residência José Vasconcellos Carvalho, Laranjeiras, Rio de Janeiro

6

1956
Residência Regina e Carlos Soares Brandão, Gávea, Rio de Janeiro
Residência Homero Souza e Silva, Jardim Botânico, Rio de Janeiro

1957
Aposenta-se do IAPB e passa a se dedicar ao desenho e à Fazenda Vargas
Reforma da Residência Carlos Leão, Fazenda Vargas, Valença, RJ
Residência João Proença, Gávea, Rio de Janeiro (alterada)
Residência Augusto Besouchet, São Francisco, Niterói, RJ
Projeto da Residência Jesse Teixeira, Praia da Costa, Vitória
Reforma do apartamento de Lindolpho de Carvalho Dias, Ipanema, Rio de Janeiro

1958
Projeto da Residência Cândido Guinle de Paula Machado, Cabo Frio, RJ

1960
Residência Homero Souza e Silva, Cabo Frio, RJ

1961
Residência Sebastião Paes Almeida, Brasília
Projeto da Residência José Ferreira de Castro Chaves, Brasília
Residência Ernesto de Carvalho Dias, Fazenda Chiqueirão, Poços de Caldas, MG (alterada)
Residência Antônio Martins Bastos, Uruguaiana, RS
Residência na Estância Francisco Martins Bastos, Uruguaiana, RS

1962
Reforma da Residência Humberto Moraes Franceschi, Botafogo, Rio de Janeiro

1963
Intervenção na construção da Residência Lindolpho de Carvalho Dias, Jardim Botânico, Rio de Janeiro
Projeto da Residência Armando Queima, Valença, RJ

6 Projeto de reforma da residência Lindolpho de Carvalho Dias, Rio de Janeiro, 1963 [fachada lateral]
7-8 Projeto da residência Noêmia Padilha, Rio de Janeiro, 1968 [perspectivas]

7

8

1964

Projeto de uma exposição sobre o Aleijadinho a ser realizada no exterior pelo Itamarati

1966

Exposição individual, Galeria Relevo, Rio de Janeiro
Exposição individual, Museu de Arte, Belo Horizonte
Residência Lígia Cordovil, Quitandinha, Petrópolis, RJ (alterada)
Reforma da residência Claudine de Castro, Botafogo, Rio de Janeiro

1967

Exposição individual, Galeria Atrium, São Paulo
Exposição individual, Hotel Nacional, Brasília
Exposição individual, Galeria Barcinski, Rio de Janeiro
Exposição individual, Galeria Santa Rosa, Rio de Janeiro
Projeto da Residência Antar Padilha, Jardim Botânico, Rio de Janeiro
Projeto da Residência Américo Lutz, Fazenda Santo Antônio do Paraíso, Itiquira, MT

1968

Residência Elizabeth Raja Gabaglia Leão, Búzios, RJ (demolida)
Residência Moacyr de Carvalho Dias, Poços de Caldas, MG
Projeto da Residência George Harper Johnston, Jardim Marajoara, São Paulo
Projeto da Residência Noêmia Padilha, Jardim Botânico, Rio de Janeiro
Reforma e restauração da Residência Lívia Alvim Menge, Glória, Rio de Janeiro

1970

Exposição individual, Galeria Decor, Rio de Janeiro
Exposição individual, Galeria Irlandini, Rio de Janeiro

1971

Exposição individual, Panorama de Arte Atual Brasileira, São Paulo

1972

Exposição "50 anos de arquitetura moderna", Museu de Arte Moderna, Rio de Janeiro
Exposição individual, Galeria Astreia, São Paulo
Exposição individual, Galeria Chica da Silva, Rio de Janeiro

1973

Exposição individual, XII Bienal Internacional de São Paulo, São Paulo
Exposição individual, Galeria Marte 21, Rio de Janeiro

1974

Exposição individual, Galeria Marte 21, Rio de Janeiro
Exposição individual, Galeria Intercontinental, Rio de Janeiro

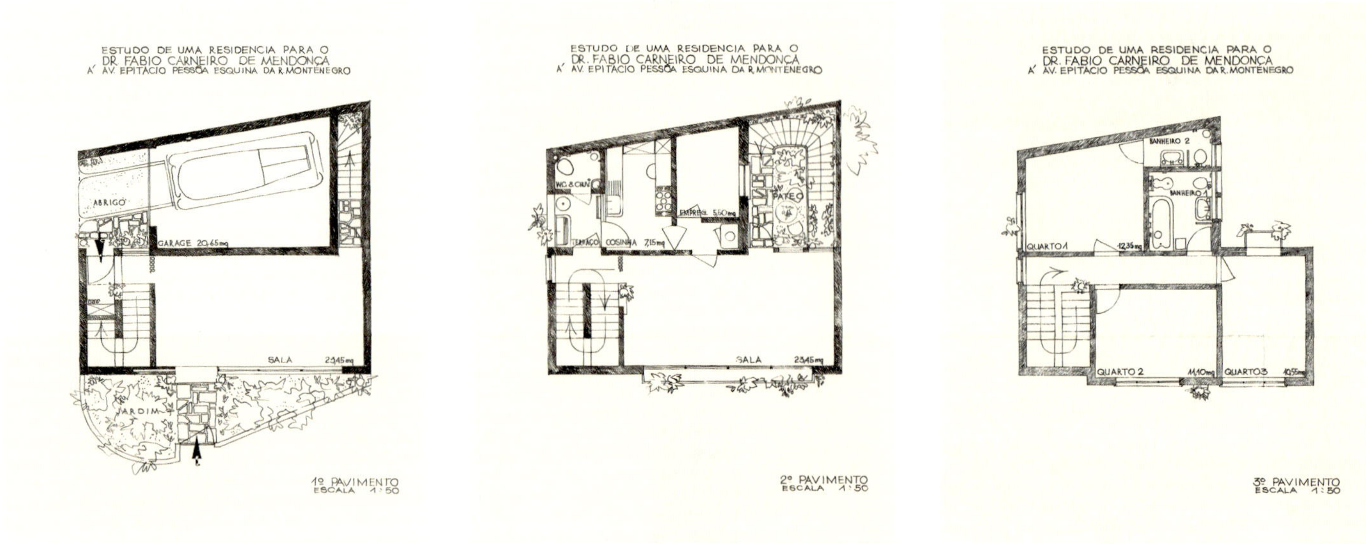

9

1975

Exposição individual, Galeria Marte 21, Rio de Janeiro
Exposição individual, Galeria Gauguin, Fortaleza
Residência Homero Souza e Silva, Fazenda Sertãozinho, Poços de Caldas, MG

1976

Exposição individual, Galeria Debret, Paris
Exposição individual, Museu Nacional de Belas-Artes, Rio de Janeiro
Exposição individual, Galeria Cesar Ache, Rio de Janeiro

1977

Exposição individual, Sala de Exposiciones, Madri

1979

Exposição individual, Galeria d'Arte "Casa do Brasil", Roma
Exposição individual, Galeria Eagle, Curitiba

1980

Exposição individual, Galeria Rastro, São Paulo

Sem data confirmada

Projeto de edifício residencial para Fábio Prado, São Paulo
Projeto da Residência Rui Coutinho, Jardim Botânico, Rio de Janeiro
Projeto de edifício residencial, Ipanema, Rio de Janeiro
Projeto de residência, Sítio de Marimbondo
Projeto da Residência Olga e Teófilo Leão, São Paulo
Projeto da Residência Fábio Carneiro de Mendonça, Ipanema, Rio de Janeiro
Projeto do Mirante e Aquário "Miramar", Praia Vermelha, Rio de Janeiro
Projeto do Hotel Savoy Plaza, Poços de Caldas, MG
Projeto da Residência J. M., Bagé, RS
Projeto de residência no campo
Estudo de um prédio para renda
Estudo de residência à beira-mar

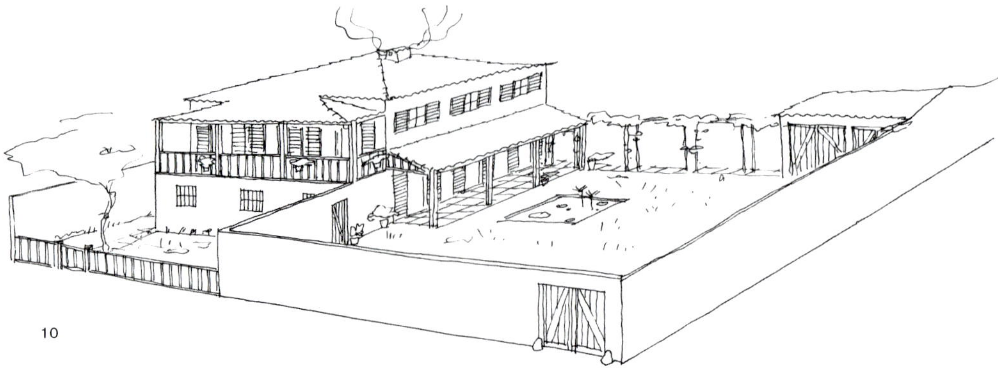

10

9 Projeto de residência para Fábio Carneiro de Mendonça, Rio de Janeiro, s/d [plantas baixas]

10 Projeto de residência para J. M., Bagé, s/d [perspectiva]

11 Projeto de residência para J. M., Bagé, s/d [fachadas e perspectiva]

11

12

12 Cartaz da exposição "Carlos Leão – arquitetura", realizada na Galeria Rodrigo Mello Franco de Andrade, Funarte, Rio de Janeiro, 1985

13 Boneca do anteprojeto do livro *Carlos Leão – arquitetura*, 1985

Exposições póstumas

1984
"Carlos Leão: desenhos e aquarelas", Museu de Arte Moderna, São Paulo

1985
"Carlos Leão – arquitetura", Galeria Rodrigo Mello Franco de Andrade, Funarte/Inap, Rio de Janeiro
Retrospectiva, Pontifícia Universidade Católica, Rio de Janeiro (individual)

1988
"Carlos Leão – arquitetura", FAU/UFRJ, Rio de Janeiro
"Hedonismo: Coleção Gilberto Chateaubriand", Galeria Edifício Gilberto Chateaubriand, Rio de Janeiro

1993
"Arte erótica", Museu de Arte Moderna do Rio de Janeiro

1995
"Carlos Leão – arquitetura", FAU/UFRJ, Rio de Janeiro

1998
"O colecionador", Museu de Arte Moderna de São Paulo
"Impressões: a arte da gravura brasileira", Espaço Cultural Banespa-Paulista, São Paulo

1999
"Cotidiano/Arte. O consumo", Itaú Cultural, São Paulo

2001
"Aquarela brasileira", Centro Cultural Light, Rio de Janeiro

2003
"Natureza-morta", Espaço Cultural BM&F, São Paulo

2009
"Carlos Leão, desenhos", Caixa Cultural, São Paulo (individual)

13

Projeto de residência no Sítio de Marimbondo, s/l, s/d [perspectiva]

BIBLIOGRAFIA

Residência Lígia Cordovil, Petrópolis (RJ), 1966 [fachada]

ACAYABA, Marlene Milan et alii. *Arquitetura moderna brasileira.* São Paulo: Projeto, 1982.

AMARAL, Aracy. *Arte para quê? A preocupação social na arte brasileira.* São Paulo: Nobel, 1987.

__. *Blaise Cendras no Brasil e os modernistas.* São Paulo: 34, 1997.

ANDRADE, Carlos Drummond de. *Obra completa.* Rio de Janeiro: Nova Aguilar, 1979.

__. Artista (Mirante). *Jornal do Brasil.* Rio de Janeiro, 5/fev/1983.

__. *Corpo.* Rio de Janeiro: Record, 1984.

ANDREOLI, Elisabetta; FORTY, Adrian (orgs.). *Brazil's Modern Architecture.* London: Phaidon, 2004.

AQUINO, Flávio de. Vai a arte acabar? (entrevista com Cândido Portinari, Alfredo Ceschiatti e Carlos Leão). *Módulo.* Rio de Janeiro, ano 1, n. 2, ago/1955.

L'Architecture d'Aujourd'Hui. Boulogne-sur-Seine, n. 42-43, ago/1952.

Architectural Forum. New York, nov/1947.

Architectural Record, Concord, v. 95, mar/1944.

Architectural Review. London, v. 114, jul/1953.

ARQUITETO desenha nus e expõe em São Paulo. *Folha de S. Paulo.* São Paulo, 19/mar/1967.

ARTE no Brasil. São Paulo: Abril Cultural, 1979.

ARTE que o Rio mostra ao carioca e ao forasteiro. Carlos Leão, o grande desenhista. *Correio da Manhã.* Rio de Janeiro, 21/jun/1970.

A ARTE do Nu. *Jornal do Brasil.* Rio de Janeiro, 28/maio/1982.

ARTE Brasileira perde o desenho de Carlos Leão. *O Estado de S. Paulo.* São Paulo, 2/fev/1983.

AUTRAN, Margarida. Um arquiteto da forma feminina. *Jornal do Brasil.* Rio de Janeiro, 30/maio/1972.

AYALA, Walmir. Arte do nu. (Artes). *Jornal do Brasil.* Rio de Janeiro, 17/mar/1974.

BARATA, Mário. Réflexions sur l'architecture moderne au Brésil. *Revue d'Esthétique.* Paris, n. 15, jul-dez/1962, p. 320-325.

BARDI, Pietro Maria. *Profile of the New Brazilian Art.* São Paulo: Kosmos, 1970.

__. *História da arte brasileira.* São Paulo: Melhoramentos, 1975.

__. *Lembranças de Le Corbusier:* Atenas, Itália, Brasil. São Paulo: Nobel, 1984.

BAYON, Damión & GASPARINI, Paolo. *Panorâmica de la arquitetura latinoamericana.* [S.l.]: Unesco; Blume, 1977.

BENEVOLO, Leonardo. *História da arquitetura moderna.* São Paulo: Perspectiva, 1976.

BENEZIT, E. *Dictionaire des Peintres, Sculpteurs, Dessinateurs et Graveurs.* Paris: Grund, 1966.

BENTO, Antônio. Nus. *Última Hora.* Rio de Janeiro, 22/jun/1970.

BEUTENMÜLLER, Alberto. Uma comparação. *Visão.* São Paulo, 27/out/1970.

BONDUKY, Nabil; KOURY, Ana Paula (orgs.). *Os pioneiros da habitação social. Vol. 3 – Onze propostas de morar para o Brasil moderno.* São Paulo: Unesp; Sesc, 2014.

BRASILIEN Baut. Zürich: Kunstgewerbemuseum, 1954.

BRITTO, Alfredo. *RIO – Guia para uma História Urbana.* Rio de Janeiro: Fundação Rio/Instituto de Arquitetos do Brasil, 1981.

BRUAND, Yves. *Arquitetura contemporânea no Brasil.* São Paulo: Perspectiva, 1981, p. 82-93.

BYDEN, Alf. Report on Brazil. *Architectural Review.* London, v. 108, out/1950.

CAMPOFIORITO, Ítalo. Desenho de Carlos Leão. *O Jornal.* Rio de Janeiro, 30/abr/1970.

__. Muda o mundo do patrimônio. Notas para um balanço crítico. *Revista do Brasil.* Rio de Janeiro, ano I, n. 4, 1984, p. 32-43.

CAPANEMA, Gustavo. Depoimento sobre o edifício do Ministério de Educação. *Módulo.* Rio de Janeiro, n. 85, maio/1985, p. 28-32.

CARLOS Leão responde a Max Bill: a arquitetura pode ser "hobby" apenas para os diletantes. *Flan.* Rio de Janeiro, n. 13, 03-11/06/1955, p. 7.

CARLOS Leão na Relevo. *O Globo.* Rio de Janeiro, 9/ago/1966.

CARLOS Leão faz mostra na Relevo. *Tribuna da Imprensa.* Rio de Janeiro, 11/ago/1966.

CARLOS Leão na Decor. *O Globo.* Rio de Janeiro, 13/jun/1970.

CARLOS Leão, de arquiteto famoso a pintor bem sucedido. *O Globo.* Rio de Janeiro, 5/fev/1971.

CARLOS Leão expõe em Paris. *Folha da Tarde.* São Paulo, 15/out/1976.

CARLOS Leão, a arte com a eterna surpresa da mulher. *Folha de S. Paulo.* São Paulo, 6/out/1980.

CARLOS Leão, a beleza está num corpo de mulher. *O Globo.* Rio de Janeiro, 28/nov/1981.

CARLOS Leão expõe seus quadros eróticos. *Folha de S. Paulo.* São Paulo, 10/maio/1982.

CARLOS Leão, o arquiteto. *Tribuna da Imprensa.* Rio de Janeiro, 17/out/1985.

CAVALCANTI, Lauro. *As preocupações do belo.* Rio de Janeiro: Taurus, 1995.

__. *Quando o Brasil era moderno:* Guia de arquitetura 1928-1960. Rio de Janeiro: Aeroplano, 2001.

__. *Moderno e brasileiro:* a história de uma nova linguagem na arquitetura (1930-60). Rio de Janeiro: Zahar, 2006.

__. *Dezoito graus. Rio moderno, uma história do Palácio Gustavo Capanema.* Rio de Janeiro: Língua Geral, 2015.

CHAZAN, Daniel et alii. *Arquitetura contemporânea brasileira. Criatividade e inventividade.* São Paulo: Instituto Roberto Simonsen, 1977.

CIDADE Universitária do Rio de Janeiro. *Revista da Directoria de Engenharia* (pdf). Rio de Janeiro, Prefeitura do Districto Federal, v. IV, n. IV, jul/1937, p. 184-186.

COLLEGIO Pedro II. *Revista da Directoria de Engenharia* (pdf). Rio de Janeiro, Prefeitura do Districto Federal, v. IV, n. IV, jul/1937, p. 201-209.

COLQUHOUN, Alan. *Modern Architecture.* Oxford: Oxford University Press, 2002.

CONCURSO de anteprojectos para o Ministério de Educação e Saúde de Pública. *Revista da Directoria de Engenharia* (pdf). Rio de Janeiro, Prefeitura do Districto Federal, n. 18, set/1935, p. 510-519.

CONCURSO do anteprojecto do novo edifício do Clube de Engenharia. *Revista do Clube de Engenharia.* Rio de Janeiro, Clube de Engenharia, n. 20, maio/1936, p. 1098-1101.

CONDURU, Roberto; KAMITA, João Masao; LEONIDIO, Otávio; NOBRE, Ana Luiza (orgs.). *Um modo de ser moderno:* Lucio Costa e a crítica contemporânea. São Paulo: Cosac Naify, 2004.

COSTA, Lucio. Depoimento de um arquiteto carioca. *Correio da Manhã*. Rio de Janeiro, 15/06/1951.

___. *Arquitetura brasileira*. Rio de Janeiro: Ministério da Educação e Saúde, 1952.

___. Autobiografia. In XAVIER, Alberto (org.). *Arquitetura moderna brasileira. Depoimento de uma geração*. São Paulo: Pini/ Associação Brasileira de Ensino de Arquitetura/Fundação Vilanova Artigas, 1987, p. 331-333.

___. Lúcio Costa: revelações de 90 anos. Entrevista a Alfredo Britto e Ítalo Campofiorito. *Piracema*. Rio de Janeiro, Funarte/ Ibac, n. 1, ano 1, 1993, p. 69-81.

___. *Registro de uma vivência*. São Paulo: Empresa das Artes, 1995.

CZAJKOWSKI, Jorge. Breve notícia sobre pesquisa. O nativismo carioca: uma arquitetura entre a tradição e a modernidade. *Gávea*. Rio de Janeiro, PUC-Rio, dez. 1988, p. 140-143.

___. Carlos Leão – mestre da justa medida. *AU Arquitetura e Urbanismo*. São Paulo, PINI, n. 48, jun-jul/1993, p. 69-80.

___ (org.). *Guia de Arquitetura Moderna no Rio de Janeiro*. Rio de Janeiro: Casa da Palavra; Prefeitura da Cidade do Rio de Janeiro, 2000.

___ (org.). *Carlos Leão, desenhos*. São Paulo: Caixa Cultural, 2009.

DIAS, Cícero. *Eu vi o mundo*. São Paulo: Cosac Naify, 2014.

DICIONÁRIO Histórico Biográfico Brasileiro pós 1930. Rio de Janeiro: FGV, 2001.

DIRECTORIA do Serviço Technico do Café. São Paulo. Architecto Carlos Leão. *Revista da Directoria de Engenharia* (pdf). Rio de Janeiro, Prefeitura do Districto Federal, ano III, n. 18, set/1935, p. 520-527.

DESENHO de Leão. *Última Hora*. Rio de Janeiro, 5/jun/1970.

DORFLES, Gillo. *A arquitectura moderna*. Lisboa: Martins Fontes, 1986.

DUPONT, Wladir. Singela nudez. *Veja*. São Paulo, 15/out/1980.

ESCOLA Naval. *Suplemento Técnico de Engenharia e Arquitetura 1945*. Rio de Janeiro: O Construtor, 1945, VII-18.

EXPOSIÇÃO. *Jornal do Comércio*. Rio de janeiro, 6/maio/1975.

FERRAZ, Geraldo. *Warchavchik e a introdução da nova arquitetura no Brasil*. São Paulo: Museu de Arte Moderna, 1965.

FOLHA de S. Paulo. São Paulo, 17/maio/1972.

FONSECA, Maurício A. Le Corbusier e a conquista da América. *Resenhas On Line*. São Paulo, jan. 2002. Disponível em http://www.vitruvius.com.br/revistas/read/resenhasonline/ 01.001/3271

FRANCHETTI, Paulo E. A.; PÉCORA, Antônio Alcir B. (orgs.). *Rubem Braga, literatura comentada*. São Paulo: Abril, 1980.

GIEDON, S; FRANCK, Klaus. *Affonso Eduardo Reidy. Bauten und Projekte*. Stuttgart: Verlag Gerd Hatje, 1960.

GUIMARÃES, Eduardo. Forma e racionalismo na arquitetura contemporânea brasileira. *Arquitetura e Engenharia*. Belo Horizonte, n. 52, jan-fev/1959, p. 2-3.

GUIMARAENS, Cêça de. *Lucio Costa:* um certo arquiteto em incerto e secular roteiro. Rio de Janeiro: Relume-Dumará; Prefeitura da Cidade do Rio de Janeiro, 1996.

HARRIS, Elizabeth. *Le Corbusier:* riscos brasileiros. São Paulo: Studio Nobel, 1987.

HECK, Márcia. As casas cariocas e a arquitetura moderna. Panorama da arquitetura de residências unifamiliares no Rio de Janeiro: 1945-1975. *Anais do 5º Seminário Docomomo Brasil*. São Paulo: Docomomo Brasil; USP, 2003. Disponível em: http://www.docomomo.org.br/seminario%205%20pdfs/ 097R.pdf

HESS, Alan. *Casa Modernista:* A History of the Brazil Modern House. New York: Rizzoli, 2010.

HIME, Lolly. Esta casa é uma prova. Arquitetura é feito música. *Casa Vogue Brasil*. São Paulo, Carta, n. 40-A, out/1978, p. 54-61.

HITCHCOCK, Henry Russel. *Latin American Architecture since 1945*. New York: Museum of Modern Art, 1955.

INSTITUTO de Arquitetos do Brasil. *Arquitetura e Urbanismo*. Rio de Janeiro, Instituto de Arquitetos do Brasil, ano III, n. 4, jul--ago/1938, p. 168, 221.

INTERINO (pseud.). O arquiteto Carlos Leão (Artes na Semana). *Jornal do Brasil*. Rio de Janeiro, 7/jun/1970.

JORNAL (O). Rio de Janeiro, 25/nov/1970.

JORNAL do Brasil. Rio de Janeiro, 4/set/1972.

KATINSKY, Júlio Roberto. Prefácio. In XAVIER, Alberto (org.). *Arquitetura moderna brasileira. Depoimento de uma geração*. São Paulo: Pini/Associação Brasileira de Ensino de Arquitetura/Fundação Vilanova Artigas, 1987, p. XV-XIX.

KELLY, Celso. *Tendências do gosto brasileiro*. Rio de Janeiro: Agir, 1979.

KLINTOWITZ, Jacob. Notícias de arte. *Tribuna da Imprensa*. Rio de Janeiro, 20/nov/1970.

LEÃO entende de mulher diz Vinícius. *Jornal do Brasil*. Rio de Janeiro, 18/out/1967.

LEMOS, Carlos. *Arquitetura brasileira*. São Paulo: Melhoramentos; Universidade de São Paulo, 1979.

LIRA, José. *Warchavchik:* fraturas da vanguarda. São Paulo: Cosac Naify, 2011.

LISSOVSKY, Maurício e SÁ, Paulo Sérgio Moraes de. O novo em construção: o edifício-sede do Ministério de Educação e Saúde e a disputa do espaço arquiteturável nos anos 30. *Revista do Rio de Janeiro*, Niterói, v. 1, n. 3, maio-ago/1986, p. 17-29.

___. *Coluna da educação. A Construção do Ministério de Educação e Saúde*. Rio de Janeiro: Iphan/MINC, 1996.

LOTEAMENTO da Fazenda Samambaia em Petrópolis. *Suplemento Técnico de Engenharia e Arquitetura 1945*. Rio de Janeiro: O Construtor, 1945, p. V-45.

MARTINS, Elisabete Rodrigues de Campos. O ex-aluno Carlos Leão. *Academia*. FAU/UFRJ, n. 4, 2000. Disponível em: http:// www.academia.fau.ufrj.br/revi.asp

MAM/SP. *Carlos Leão: desenhos e aquarelas*. São Paulo: Museu de Arte Moderna, 1984.

MELLO JR., Donato. Um *campus* universitário para a cidade do Rio de Janeiro. *Arquitetura Revista*. Rio de Janeiro, FAU/ UFRJ, v. 2, 1º sem/1985, p. 64.

___. *Rio de Janeiro*. Planos, plantas e aparências. Rio de Janeiro: João Fortes Engenharia, 1988.

MENDONÇA, Casimiro de. Novos desenhos de Carlos Leão. *Folha da Tarde*. São Paulo, 12/maio/1972.

MINDLIN, Henrique E. *L'architecture moderne au Brésil*. Rio de Janeiro; Amsterdam: Colibri, 1956, p. 5, 196-199, 249.

___. *Brazilian Architecture*. London: Royal College of Art, 1961.

MINISTÈRE de L'Éducation et de la Santé Publique a Rio de Janeiro. *L'Homme et L'Architecture*. Paris, n. 3-4, set.-out/ 1945, p. 13-18.

MINISTÉRE de L'Education Nationale et de la Santé Publique. *L'Architecture d'Aujourd'Hui*. Boulogne-sur-Seine, n. 13-14, set/1947, p. 13-19.

MINISTÉRIO de Educação. *Arquitetura e Urbanismo*. Rio de Janeiro, Instituto de Arquitetos do Brasil, Ano IV, n. 4, jul-ago/ 1939, p. 543-551.

MORAES, Vinicius de. *Poemas, sonetos e baladas*. São Paulo: Gavetas, 1946.

MORAIS, Frederico. Carlos Leão: contra a chatura dos projetos a alegria dos desenhos de bar. *O Globo*. Rio de Janeiro, 4/ fev/1983.

__. O desenhista, crítico e erótico, foi também arquiteto: Carlos Leão. *O Globo*. Rio de janeiro, 20/out/1985.

1ª MOSTRA de Carlos Leão. *O Estado de S. Paulo*. São Paulo, 17/ mar/1967.

MULHERES desenhadas. *O Estado de S. Paulo*. São Paulo, 21/ maio/1972.

NOVA diretoria do Instituto de Arquitetos do Brasil para o Ano Social de 1941-1942. *Arquitetura e Urbanismo*. Rio de Janeiro, Instituto de Arquitetos do Brasil, ano VI, n. 1-6, jan-dez/ 1941, p. 60.

NOVA Escola Naval na Ilha de Villegaignon. A. *Revista de Arquitetura*. Rio de Janeiro, Diretório da E. N. B. A., n. 4, ago/1934, p. 20-25.

NUS de Carlos Leão, Os. *Diário de Notícias*. Rio de Janeiro, 27/ mar/1974.

NUS de Carlos Leão, Os (exposição). *Diário de S. Paulo*. São Paulo, 15/out/1976.

NUS de Carlos Leão expostos em Paris. *Folha de S. Paulo*. São Paulo, 18/out/1976.

OFFICE Building for Ministry of Education and Health, Rio de Janeiro, Brazil. *Architectural Forum*. Chicago, 78 (2):37-44, fev/1943.

PEDROSA, Mário. *Dos murais de Portinari aos espaços de Brasília*. São Paulo: Perspectiva, 1981.

POLEGAR para cima. *Tribuna da Imprensa*. Rio de Janeiro, 6/ maio/1975.

PONTIFÍCIA Universidade Católica do Rio de Janeiro. Solar Grandjean de Montigny. *Affonso Eduardo Reidy*. Rio de Janeiro: O Solar; Index, 1985.

PONTUAL, Roberto. *Dicionário das Artes Plásticas no Brasil*. Rio de Janeiro: Civilização Brasileira, 1969.

PORTILLO, Ruy. Esta casa tem salas, quartos, jardins, mar... *O Estado de S. Paulo*. São Paulo, 14/06/1972.

PROCHNIK, Rachel E. A escala humana faz de uma casa, um lar. *Casa e Jardim*. São Paulo; Rio de Janeiro: Monumento, n. 43, jun/1958, p. 30-34.

PROJETO do Ministério de Educação e Saúde. *Revista da Diretoria de Engenharia*_(pdf). Rio de Janeiro, Prefeitura do Distrito Federal, v. IV, n. IV, jul/1937, p. 182-183.

QUEM é quem nas artes e nas letras do Brasil. Rio de Janeiro: Ministério das Relações Exteriores, 1966.

REDESCOBERTA de um mestre. *Isto* É. São Paulo, 6/11/1985.

REIS FILHO, Nestor Goulart dos. *Quadro da arquitetura no Brasil*. São Paulo: Perspectiva, 1970.

REPORT on Brazil. *Architectural Review*. London, v. 116, n. 694, out/1954, p. 235-240.

SANCHES, Ligia. O prazer do nu em Carlos Leão. *Folha de S. Paulo*. São Paulo, 10/maio/1982.

SANTOS, Cecília Rodrigues dos et alii. *Le Corbusier e o Brasil*. São Paulo: Tessela; Projeto, 1987.

SANTOS, Paulo. *Quatro séculos de cultura*. Rio de Janeiro: UFRJ, 1966.

SCHWARTZMANN, Simon et alii. *Tempos de Capanema*. Rio de Janeiro: Paz e Terra; São Paulo: Edusp, 1984.

SEGRE, Roberto (org.). *America Latina en su arquitectura*. México: Siglo XXI; Unesco, 1975.

__. *América Latina, fim de milênio*: raízes e perspectivas de sua arquitetura. São Paulo: Nobel, 1991.

__. *Ministério da Educação e Saúde*: ícone urbano da modernidade brasileira, 1935-1945. São Paulo: Romano Guerra, 2013.

SILVA, Quirino da. Artistas (Artes Plásticas). *Diário de S. Paulo*. São Paulo, 2/abr/1967.

__. Carlos Leão (Notas de Arte). *Diário da Noite*. São Paulo, 23/ maio/1972.

SOUZA, Abelardo de. *Arquitetura no Brasil*. São Paulo: Diadorim; Edusp, 1978.

SOUZA, Eleonora F. de. Carlos Leão: sonho e poesia. *Renovando*. Rio de janeiro, dez/1985.

TEIXEIRA LEITE, José Roberto. Desenhos de Carlos Leão. *O Globo*. Rio de Janeiro, 31/maio/1972.

__. Carlos Leão na Marte 21. *O Globo*. Rio de Janeiro, 18/ mar/1974.

VALLADARES, Clarival do Prado. O *art nouveau* de Carlos Leão. *Jornal do Comércio*. Rio de janeiro, 15/nov/1970.

VIADUTO do Chá. *Revista do Club de Engenharia*. Rio de Janeiro, Club de Engenharia, ano II, n. 14, nov/1935, p. 676-681.

VIEIRA, José Geraldo. Carlos Leão. *Folha de S. Paulo*. São Paulo, 23/mar/1967.

VIEIRA, Lucia Gouvêa. *Salão de 31*. Rio de Janeiro: Inap/ Funarte, 1984.

VON SCHIMDT, Carlos. Giorgione e os nus de Carlos Leão. *Folha de S. Paulo*. São Paulo, 13/maio/1982.

WISNIK, Guilherme. *Lucio Costa*. São Paulo: Cosac Naify, 2001.

__. (org.). *O risco*: Lucio Costa e a utopia moderna. Rio de Janeiro: Sesc/RJ; CEF, 2011.

XAVIER, Alberto (org.). *Lucio Costa*: sobre arquitetura. Porto Alegre: Centro de Estudantes Universitários de Arquitetura, 1962.

XAVIER, Alberto et alii. *Arquitetura moderna no Rio de Janeiro*. São Paulo: Pini/Fundação Vilanova Artigas; Rio de Janeiro: Rioarte, 1991.

ZANINI, Walter (org.). *História geral da arte no Brasil*. São Paulo: Instituto Walther Moreira Salles; Fundação Djalma Guimarães, 1983.

__. *Arte no Brasil nas décadas de 1930-40: o Grupo Santa Helena*. São Paulo: Nobel; Edusp, 1991.

ZEVI, Bruno. *História da arquitectura moderna*. Lisboa: Arcadia, 1970.

ZODIAC. Milano, n. 6, maio/1960, p. 63.

RECORTES

Carlos Leão na residência da Fazenda Vargas, 1975

A ARQUITETURA PODE SER *HOBBY* APENAS PARA OS DILETANTES

“Max Bill está errado. Não tem razão quando faz restrições um tanto enigmáticas ao edifício do Ministério da Educação e muito menos ainda afirmar que Oscar Niemeyer não levou em conta a função social do que classificou de maneira deficiente, como conjunto arquitetônico da Pampulha”. Essa a opinião do arquiteto Carlos Leão ao referir-se às declarações que Max Bill fez a um repórter que, sendo também arquiteto, evidentemente, não podia deixar de interpretá-las fielmente.

Flan: *O Jornal da Semana*, n. 13, p. 7, 3-11/06/1953

Carlos Leão

[*O Jornal da Semana*, 3-11/06/1953]

O edifício do Ministério da Educação

Carlos Leão é incisivo:

Não compreendo, por exemplo, a crítica de Max Bill à falta de escala humana no edifício do Ministério da Educação. No meu entender a escala humana num prédio daquelas proporções só pode ser dada por determinados elementos de detalhe, tais como soleiras, degraus, altura das portas, peitoris, etc. Se Max Bill acha que o pedestre fica esmagado com a "massa imensa" do Ministério da Educação, a que ficará reduzido o mesmo pedestre ante o "Empire Building" ou o edifício da ONU? Provavelmente sentir-se-á pulverizado.

É igualmente sem sentido a afirmação que faz a respeito da ventilação que, segundo ele, seria beneficiada com o emprego de um pátio interno. Mas acontece que, no caso, este pátio teria de ser um verdadeiro poço, de pequenas dimensões, algo como uma chaminé, para que produzisse as correntes ascendentes de ar quente.

No edifício do Ministério da Educação foram os mesmos empregados exclusivamente para a ventilação das instalações sanitárias.

De fato – salienta o Sr. Carlos Leão, um dos arquitetos do Ministério da Educação – os pátios internos só encontram aplicação correta em prédios de um pavimento, ou dois no máximo, pois se tratando de muitos andares, suas proporções se dilatariam às de uma verdadeira praça. Não sendo assim, seria malogrado o ambiente refrescante a que se refere Max Bill.

– Mas – prossegue – não pararam aí suas críticas. Estendeu-se até o ponto de vista funcional do edifício. No entanto, confessa só conhecê-lo em seu aspecto exterior. Apesar disso, prefere a solução acadêmica do pátio interno, com salas orientadas nos quatro sentidos. Deixou assim de considerar a ventilação e insolação das peças que, pelo menos no nosso clima, é problema da maior importância, exatamente do ponto de vista funcional.

Crítica à estética

Interrogado sobre a opinião do senhor suíço, a respeito da inutilidade dos azulejos, o Dr. Carlos Leão observou:

– Max Bill esquece que se os azulejos do Ministério da Educação não passam de uma inutilidade, o mesmo acontece com toda a sua escultura, premiada, aliás com justiça, na primeira Bienal de São Paulo. Mas ele está enganado. Não são inúteis. Além de serem tradicionais, na arquitetura brasileira, os azulejos funcionam como um revestimento forte e impermeável das paredes, emprestando leveza aos elementos construtivos do pavimento térreo e valorizando a massa do edifício.

No terraço, por exemplo, procurou-se a mesma leveza, pelo emprego do revestimento de pastilhas azuis.

– A sua opinião sobre pintura mural – pondera nosso entrevistado – é uma coisa já tão superada, que tive a impressão de estar ouvindo novamente um certo professor de História da Arte, que tive nos tempos de estudante. A verdade é que o proprietário pode querer se utilizar da pintura mural para fins ilustrativos, mas o artista se vale dela com outro objetivo. Em todas as épocas, representou, para os arquitetos, um elemento de composição. Recorrem a ela, cada vez que querem evitar que uma parede conte no conjunto, do mesmo modo que o português do café recorre às "paisagens imaginárias", ou ao emprego de espelhos. Na feliz expressão de Le Corbusier, o mural faz "explodir" a parede. Max Bill prefere o emprego de quadros de cavalete. Mas isto, não é função de arquiteto e sim de decorador. Quadro de cavalete é peça do mobiliário e não da arquitetura.

Pampulha e outras coisas

– Não compreendo, tampouco, como Max Bill chegou à conclusão de que em Pampulha Oscar Niemeyer não levou em conta a função social do conjunto. O que me consta é que o cassino foi feito, realmente, para o jogo; o salão de baile, para bailar; a igreja, para rezar e assim por diante. Além do mais, falhou em sua interpretação, ao considerar Pampulha como um conjunto.

Trata-se, para ser exato, de prédios isolados em lotes afastados, construção que obedeceu aos planos da Prefeitura, que quis valorizar os lotes para facilitar-lhe a venda. Não podem, de boa fé, ser considerados como um conjunto arquitetônico, como são a ONU, de Nova York, e a Acrópole, de Atenas. Em Pampulha, haverá, futuramente, de acordo com os planos da Prefeitura, centenas de outras construções de autoria de outros arquitetos por entre os que já estão construídos.

– Nas declarações que fez Max Bill, agrada-me o elogio feito a Reidy por ser justo – diz ainda Sr. Carlos Leão – pelo seu belo conjunto de Pedregulho. No entanto, é injusta a crítica feita a Lucio Costa, quanto ao prédio do Parque Guinle, pelo fato de se destinar a proprietários abastados. Lucio Costa, como arquiteto, nunca se restringiu a servir aos mais afortunados. Sabe disso muito bem quem o conhece ou as suas tendências. Foi, sem dúvida, um tanto apressada a opinião emitida pelo escultor.

– De maneira bastante estranha, Max Bill primeiro declara que considera Gropius – pai da Bauhaus –, como o arquiteto moderno, mais importante, para depois dizer que a arquitetura deve ser praticada como "hobby". Contudo, a Bauhaus de Gropius preparava técnicos de arquitetura, autênticos "mestres de obras", na verdadeira expressão da palavra.

A arte pode ser "hobby" para alguns diletantes, mas nunca para os verdadeiros artistas. Estes são profissionais, o que não os impede de fazer a arte com amor e entusiasmo. Assim são Matisse, Picasso e Braque, por exemplo, verdadeiros profissionais do pincel. "Hobby" é a arte de Hitler e Churchill.

Influência benéfica de Le Corbusier

E para finalizar a entrevista, o arquiteto Carlos Leão faz sua última contestação a Max Bill:

– Realmente Le Corbusier teve grande influência na moderna arquitetura brasileira. Coisa, aliás, que considero benéfica.

Mas se a princípio nossos arquitetos seguiram, talvez um pouco exageradamente, as pegadas do "tio Corbu", como o chamávamos, hoje em dia é inegável que já existe uma arquitetura brasileira, com formas e expressões próprias.

Prova disso são as obras dos próprios arquitetos citados por Max Bill.

Vinicius de Moraes dormindo no divã do
ateliê de Carlos Leão, na Fazenda Vargas, 1980

BALADA DO CAVALÃO

Vinicius de Moraes
[Rio de Janeiro, 1946]

A tarde morre bem tarde
No morro do Cavalão...
Tem um poder de sossego.
Dentro do meu coração
Quanto sangue derramado!

Balança, rede, balança...

Susana deixou minha alma
Numa grande confusão
Seu berço ficou vazio
No morro do Cavalão:
Pequena estrela da tarde.

Ah, gosto da minha vida
Sangue da minha paixão!

Levou o anjo o outro anjo
Da saudade de seu pai
Susana foi de avião
Com quinze dias de idade
Batendo todos os recordes!

Que tarde que a tarde cai!

Poeta, diz teu anseio
Que o santo te satisfaz:
Queria fazer mais um filho
Queria tanto ser pai!

Voam cardumes de aves
No cristal rosa do ar.
Vontade de ser levado
Pelas correntes do mar
Para um grande mar de sangue!

E a vida passa depressa
No morro do Cavalão
Entre tantas flores, tantas
Flores tontas, parasitas
Parasitas da nação.

Quanta garrafa vazia
Quanto limão pelo chão!

Menina, me diz um verso
Bem cheio de ingratidão?
– Era uma vez um poeta
No morro do Cavalão
Tantas fez que a dor de corno
Bateu com ele no chão
Arrastou ele nas pedras
Espremeu seu coração
Que pensa usted que saiu?
Saiu cachaça e limão.

Susana nasceu morena
E é Mello Moraes também:
É minha filha pequena
Tão boa de querer bem!

Oh, Saco de São Francisco
Que eu avisto a cavaleiro
Do morro do Cavalão!
(O Saco de São Francisco
Xavier não chama não
Há de ser sempre de Assis:
São Francisco Xavier
É nome de uma estação)
Onde está minha alegria
Meus amores onde estão?

A casa das mil janelas
É a casa do meu irmão
Lá dentro me esperam elas
Que dormem cedo com medo
Da trinca do Cavalão.

Balança, rede, balança...

amendoeira de Bonnard
c/ moldura do Salomão
relógio de mesa - bol
de cristal
aparelhos de vidro verde por fora
e brancos opacos por dentro

CARLOS LEÃO NA RELEVO

Vinicius de Moraes

[*Jornal do Brasil*, 12/8/1966]

Não sei se o nome de Carlos Leão significa grande coisa para a geração do Le Bateau: provavelmente não. A geração de 45, esta eu sei que o conhece, embora sem grande familiaridade com o seu trabalho. Mas na minha geração não há quem não tenha o arquiteto, o desenhista e o homem em particular admiração. Pois poucas vezes no Brasil – como no caso de um Goeldi, um Lucio Costa, um Guignard, um Volpi, um Ovalle, um Pixinguinha – esteve o homem tão intimamente ligado ao artista, e tão em escala com ele.

Daí a importância de sua legenda e o fato de constituírem paradigmas de um comportamento existencial, cuja nobreza serve sempre de exemplo. Lucio e Volpi são seres mais austeros, sem que isso implique qualquer demérito; já Goeldi, Guignard, Ovalle e Pixinguinha eram mais dados à boêmia, sem que isso tampouco insinue uma qualidade negativa.

O importante é que tem, cada um a seu modo, no contexto das artes brasileiras, aquele elemento de grandeza humana sem a qual o artista, por melhor que seja, perde em dimensão e substância. Jaime Ovalle, por exemplo: o único entre os citados que não deixou uma grande obra criada, pode-se dizer dele que influenciou, por seu convívio e comportamento, não só os homens da geração de Manuel Bandeira, como os da minha e os da intermediária, de que fazem parte Oto Lara Resende, Paulo Mendes Campos e Fernando Sabino. E isto porque foi portador daquele elemento de grandeza, nos atos e nas palavras, que o fez crescer mais que outros contemporâneos seus, em quem o homem, por medo, egoísmo ou mesquinhez, não esteve à altura do que criou.

Carlos Leão é assim: um puro, no sentindo mais amplo da palavra. Não se conhece, nesse carioca ao mesmo tempo culto e popular, uma concessão à moda ou aos modismos, nem um deslize na relação humana. E isto sem qualquer esforço, o que importaria numa certa disciplina e esvaziaria um pouco o fato de beleza. Homem simples, de vida simples e frugal, não conheço, por outro lado, ninguém com um gosto artístico mais naturalmente requintado, e poucos de tanto saber, sobretudo no que toca às artes plásticas. Carlos Leão viaja artisticamente por onde quer, sem sair do seu minúsculo apartamento de Ipanema, ou de sua fazenda nas cercanias de Valença: e creio ser este, de certo modo, o motivo porque nunca deixou o Brasil. Grande arquiteto, com o nome ligado às suas primeiras manifestações novas – fez parte do grupo que, sob a orientação de Lucio Costa, propiciou o movimento da moderna arquitetura brasileira – sempre relutou muito para fazer projetos, a não ser quando lhe era dada completa liberdade: e daí haver trabalhado muito mais para parentes e amigos que para o cliente pagante. Mas quem teve a sorte de obter-lhe um projeto é possuidor de uma verdadeira casa, bela, sólida e confortável, de um tão autêntico bom gosto que não são poucos os que o colocam como um dos três maiores arquitetos do Brasil. Pois Carlos Leão pratica, a meu ver, a verdadeira modernidade, a verdadeira funcionalidade, fazendo casas assim como foram feitas Marliyn Monroe ou Sophia Loren: belas e esplêndidas sem afetação e boas para morar. Pois o arquiteto cuida delas em seus menores detalhes, desde as telhas e persianas, até os comutadores, maçanetas e ferrolhos. Apaixonado desde sempre pelo mundo vegetal, tem ele o potencial de um grande fazendeiro aliado ao de um grande jardinista (ou paisagista, como ficou bem dizer). Arruma seus jardins, por menores que sejam, com uma tal graça e espontaneidade que mais parecem obras da própria natureza: uma natureza que acreditasse em seu próprio cultivo. E conhece como poucos o segredo de paparicar flores, hortaliças e legumes: seus ciclos, seus sestros, suas dolências. Verdade, Carlos Leão tem a alma de um naturalista, podendo dizer nomes de árvores que vê e passarinhos que voam com a mesma facilidade com que, só de olhar para um desenho, diz com que tipo de lápis foi feito, seu número e até mesmo a loja em que foi comprado.

Seu desenho é incomparável. Antigamente praticava-o quase que somente a traço, com uma influência bem absorvida de Grosz, o Picasso da fase clássica, Rodin e Despiau: influência sem nenhum servilismo, apenas como se ele afinasse melhor com o traço desses mestres. Pois Carlos Leão é um artista livre e descomprometido. Mas ele conservou-se sempre fiel a essa linha. Hoje, à maneira de alguns grandes desenhistas do século passado, mancha o papel de zonas de aguadas a óleo ou guache, sempre incorporadas ao desenho, que lhe acrescentam uma dimensão misteriosa entre o desenho e a pintura. Suas gravuras a cópia única – processo que vinha praticando em surdina, com os mais belos resultados – dão bem a mostra de sua atual mestria. São peças belas, no geral dentro de uma mesma temática: a mulher, seu corpo, seu mundo de amor, sexo e poesia. Suas prostitutas são inigualáveis, líricas e enigmáticas, como que santificadas nos ambientes barrocos dos prostíbulos, ante o olhar curioso ou indiferente de algum freguês, ou melhor, burguês.

Carlos Leão, depois de toda uma vida, e graças à persistência de seus amigos mais próximos e sobretudo sua mulher, essa excelente tradutora que se chama Ruth Leão, expões hoje, pela primeira vez, na Galeria Relevo. No quadro das artes plásticas brasileiras, o fato constitui um acontecimento.

Fazenda Vargas, Valença (RJ), 1957
[perspectiva de estudo da sala de estar]

Carlos Leão desenhando
na Fazenda Vargas, Valença, 1973

Sem título, s/d
nanquim e aquarela s/ papel Canson
35 x 32 cm

"Tio Caloca um dia me disse que boa arquitetura
é como boa música, capaz de modificar o que você está
sentindo – ritmos, proporções, harmonia."

Susana de Moraes

Projeto do Edifício Ratoeira [perspectiva do alpendre e do jardim]
Design for the Mouse Trap Building [perspective of the porch and the garden]
Rio de Janeiro, 1946

ENGLISH VERSION

NOTE ON THIS EDITION

[PAGES 4-5]

Roberto Conduru

Since the mid 1980's, Jorge Czajkowski (Belo Horizonte, 1948 – Rio de Janeiro, 2010) intended to publish a book on Carlos Leão (Rio de Janeiro, 1906 – 1983), "considering the expressiveness of his architectural oeuvre, the beauty and the graphic quality of his drawings, and the unprecedented nature of both." The volume that now comes to public derives from research on the architect as part of a broader project also conceived and coordinated by himself: "Rio de Janeiro nativism: Architecture between Tradition and Modernity". In his own words, this line of research investigated "a typical Rio de Janeiro trend, characterized by an attempted synthesis between the image of constructive and functional objectivity in international rationalism and the formal expression of a Brazilian architectural identity." Started in the Catholic University of Rio de Janeiro's Specialization Course Program on History of Art and Architecture in Brazil, where he taught from 1983 to 1990, the project enjoyed financial support from the National Council of Scientific and Technologic Development – CNPq.

Based on initial knowledge of 12 single family houses built in Rio de Janeiro and vicinities, in a matter of months this list expanded to nearly one hundred projects, erected or non-erected, comprising different architectural programs. Along the research, conducted by himself, with Marta Maria de Mello Silva and Milton de Mendonça Teixeira, some 120 of the architect's original drawings were located, involving sketches, preliminary drawings, and definitive projects, including some photographs and other documents related with his oeuvre. His friend Pedro Oswaldo Cruz's eye gauged a photographic register of the existing works in the state of Rio de Janeiro, in close relation with the humanistic nature of Carlos Leão's work. The effort included some additional documents, technical drawings, registers made by other photographers, charts, lists and texts. In 1985, this research met with its first public development in the exhibition "Carlos Leão—Architecture," held at Funarte's Rodrigo Mello Franco de Andrade gallery. On that same date, Lucio Costa wrote the preface for the future book.

Part of the material gathered in that research is currently kept at FAU/UFRJ's Research and Documentation Center, which Jorge Czajkowski started in 1982 and coordinated until 1993, the place where the project was continued. In 1988, the exhibition "Carlos Leão—Architecture" was reassembled in the UFRJ Faculty building. In 1993, he published the text "Carlos Leão, Masterfully Commensurate" in the *AU Arquitetura e Urbanismo* journal. The research also received complements from the Rio de Janeiro Municipality's Center of Architecture and Urbanism, which had Jorge Czajkowski as curator from 1997 to 2000. In 2009, he also set up the exhibition "Carlos Leão, Drawings," at São Paulo's Caixa Cultural.

In a preparatory text for this book, Czajkowski states that, "like many other Rio de Janeiro architects of his generation, Carlos Leão started his professional life proposing radically modern designs, just to return quite soon to a synthesis between modern and traditional architecture.
An analysis of this trajectory reveals a most peculiar facet of Brazilian architectural production of the 1930's-1960's, as it retains, to date, the potential to influence contemporary architecture going forward."
He also expatiates on his drawings: "The great beauty of these drawings, usually Chinese ink on Ingres paper, with water colors or gouache applications, keeps reminding us of Carlos Leão's career also as a draftsman and illustrator, where he actually obtained more evident public acclaim. In addition to being true works of art, those depictions are valuable time documents and rare testimonies of the way a Brazilian modern architecture pioneer used to work."

Before he died, Jorge Czajkowski empowered architect and producer Claudia Pinheiro with the mission to produce this book. Along with architect Maria Helena Röhe Salomon, art historian Roberto Conduru, designer Sula Danowski and editorial assistant Rosalina Gouveia, who had also collaborated with him in this project as well as in others, Claudia Pinheiro put a team together to look after this edition according to detailed instructions he left in texts, tables and mock-ups, structuring and outlining the book. In Ana Cecilia Impellizieri Martins, from Bazar do Tempo, a publisher was found to have the understanding, the connections, and the drive necessary for the project—homage both to Carlos Leão and to Jorge Czajkowski.

For the production of this book, Carlos Leão's family encouragement and financial support were compelling, as provided by his nephew José Portinari Leão, and by Adriana Calcanhotto, widowed from his niece Susana de Moraes and to whom Carlos Leão left the legacy of his collection of drawings. Decisive collaboration also came from Anita Fiszon, custodian of Jorge Czajkowski's personal collection, and from FAU/UFRJ's Research and Documentation Center, particularly from Elisabete Rodrigues de Campos Martins, the Center's current coordinator, and from João Cláudio Parucher, archivologist. The financial complementation necessary to enable the project was obtained from the Rio de Janeiro Council of Architecture and Urbanism's Cultural Sponsorship Program.

Little over three decades after the conceptual idea, this volume provides a glimpse of Jorge Czajkowski's critical thinking, yet to be studied, and constitutes a first book containing the architectural oeuvre of Carlos Leão, a singular figure in Brazilian culture.

CARLOS LEÃO, A SINGULAR CASE

[PAGES 9-10]

Lucio Costa [10/11/1985]

I met Carlos Leão—Cícero Dias's classmate—when I was still the director of ENBA [National School of Fine Arts] and we were taken with Manuel Bandeira to the home of his mother, Dona Tita, a regular visitor, as was Leleta, to the Bernardelli brothers' beautiful walled house on the Atlântica Avenue, which, back then, was but a single paved lane sprinkled by the surf. This closeness with the waves and the salt laden air, and this direct contact with the wind and the roaring sea along four sparkling white kilometers were the unparalled brand and immemorial beauty of Copacabana, buried out by today's excess sand.

Back then, I lived at the far end of Leme, in the "inhabitable basement" of the house owned by my father-in-law, Dr. Modesto Guimarães; and as we worked together, first in the practice I shared with Warchavchik and then in the Portella building on Atlântica Avenue, and I had a car—a Lancia-Lambda—, I usually drove Carlos home for lunch, since time aloud for our return trip. It is just that the pace of life was different. And so it was, in the summer, when we would take the train up to Petrópolis: suffice to call it a day at 5pm, hop on Light's two-story London-style grey bus that showed up precisely at the obelisk and get off at the Leopoldina railroad station to buy our tickets and board the 5:25pm train up the mountains.

However, there were complaints about "the times" and disrespect. Once, as Carlos and I were waiting for the elevator, the dignified doorkeeper got it off his chest: "Wouldn't you know that my servent has just had the cheek to declare himself a communist? If only he had said he was a socialist, an alliancist, I'd've accepted; but how can he use such lowly expression?"

Carlos—a.k.a. Caloca—, just as brothers Manoel and Aristides, was an educated man with solid background, adding to his keen artistic sensitivity. His architectural designs were invariably developed with extreme professional devotion. In addition to participating in the group that built the palace for the former Ministry of Education and Health, in an association of purposes—giving health and educating—that enthralled Le Corbusier: in Paris, he would always ask me, "et Léon, comment va-t-il?"—he conceived the basic design for the Navy School building, and, ahead of the Real Estate Portfolio of the Bank Clerks Institute, with Aldary Toledo, important buildings of robust structure, whose extension so scared municipal authorities that, from then on, they limited the tallest erections to 40 meters, which would have hampered both the Pedregulho and the Guinle Park.

But it was in designing single-family residential buildings that his concern with user quality of life and day-to-day activities came to the surface. So it was, in the Paulo Sampaio house, on Vieira Souto Avenue, across the street from the Country Club; in brother Manoel's antique looking home in Cabo Frio, both torn down; in the house for his mother, in Laranjeiras; in his own Cavalão [Big Horse] house; and many others. In the Samambaia development, for Lota de Macedo Soares, on the União-Indústria Highway, his dedication even turned him into a land surveyor.

This professional activity and his always sober and discreet looks covered, however, an extrasensitive temper that not only had its sudden outbursts of critical overwhelming irreverence but also overflowed in extreme sensualism.

The persistence of this trait, all along and from early on—later encouraged by the grace of Susana's warm presence—brought him ever so close to intimate visual partnering with the female body through drawing enhanced by water color brushstrokes. It is just so that, in the unequal confrontation of this love affair, as time went by, and ever so naturally, architecture eventually lost.

CARLOS LEÃO, MASTERFULLY COMMENSURATE

[PAGES 13-22]

Jorge Cajkowski [June-July/1993]

A nonconformist and an artist by nature, educated, sensitive, irreverent, beloved "Caloca" belonged to a generation of Rio de Janeiro intellectuals who steered the helm for national culture. A pioneer of modernism, Carlos Leão acquired renown as a team member designing the building for the Ministry of Education and Health (MES), in 1937, but his professional trajectory eventually became a mystery—even more so with the contribution of his success as a female-nude portraitist.

With his exceptional draftsmanship, he passed on to architects the legacy of "seeing" through drawing, affording a sensuous preview of spaces to be built and taking the art of designing houses to a level that is hardly ever achieved among us.

•••

Carlos Leão (1906-1983) is a unique individual in the realm of modern Brazilian architecture. The extension of his architectural production was the object of speculation for quite some time. The architect's own reticence about this topic, aided by the lack of bibliographical references, boiled available information down to rumors that he had authored some particularly well designed houses. The gap only started to be bridged as of 1985, in the realm of Rio de Janeiro's Catholic University Outreach Program on History of Art and Architecture.

An assessment made by the survey *O nativismo carioca: uma arquitetura entre a tradição e a modernidade* (Rio de Janeiro Nativism: Architecture between Tradition and Modernity) located thirty projects and more than fifty completed constructions, unveiling accomplishments of major interest for the history of our architecture.

Up until recently, a critical evaluation of this ensemble met with a difficult problem: most of that oeuvre presents a traditionalist feature and comes after modern projects as important as the MES and the University City—a fact that may explain the clandestine realm to which they were relegated.

As the sectarianism that narrowed the right to assess architectural quality down to "orthodox" examples is overcome, tallying projects generated in accordance with contradictory concepts is now admittedly crucial for an understanding of theoretical issues subjacent to the production of any given architect. This new attitude finally enables a more than timely revival of an oeuvre whose topicality lies beyond the vicissitudes of form.

Carlos Leão started his professional life in Lucio Costa and Warchavchik's practice, which he joined straight out of college, in 1931. As the partnership was undone, in 1934, he continued to collaborate with Lucio Costa and joined him in his bids to design buildings such as the Ministry of Education and Health (1935) and the Engineering Club (1936). During that same period, he embarked on some independent projects, which included the design for the Navy School, in the Villegaignon Island (under a contract with the Raja Gabaglia Technical Practice, in 1933), and the headquarters for the Board of Coffee Technical Service, in São Paulo (1935), which was never built.

The Coffee Board and the Engineering Club buildings are typically "functionalist" designs, with reinforced concrete structures, abiding by the rules of calculus and a plastic identity achieved by some discreet interaction between volume and surfaces, with the clear marks of fenestration. Both fall short of aesthetic *purpose*, some intention that would release them from the limitations of their strict pragmatism.

Carlos Leão is bound to discover this *purpose* in his dealings with Le Corbusier, in 1936, during the preliminary drafting of the MES and the University City. The ultimately precise and flexible Corbusian system provided the "Ministry's team" with the framework each team member needed for a full release of their individual talents.

The Swiss-French architect's influence on Carlos Leão is well illustrated by his design for the Pedro II School (1937). The highly complex program includes facilities for not only educational activities but also a boarding school, sports courts, a stadium, theater, and so on, all distributed among a set of interconnected blocks that seek the best form, site position and orientation for each specific use. Setting the design in accordance with those requirements enables the creation of differentiated green areas, in full functional relation with the indoor spaces they are connected to.

The design is flat and abstract, the outcome of combining elements defined in strict compliance with rationalistic criteria. This collage is readily noticeable thanks to the plastic exemption of each component—spaces, structures, sealing elements.

Pedro II School was the architect's last opportunity to propose a large construction project in full compliance with his theoretical principles. From then on, excepting the work done for the IAPB (*Instituto de Aposentadoria e Pensões dos Bancários* / Bank Clerks Retirement and Pensions Institute) and the drafting attempted for the Ponta Porã Railroad Station and for the Araruama Mother Church, all of his projects will focus on single-family houses and small residential apartment buildings.

At the IAPB, from 1940 to 1957 Carlos Leão chaired the Real Estate Portfolio and coordinated a technical team that included Aldary Toledo. Thought they managed to build some residential schemes, which were seamless on account of correctly sorting out needs and means, their experience eventually frustrated the architects' expectations, because economic restrictions often stood in the way and kept them from achieving satisfactory quality levels.

Regardless of being successful or not, of being built or not, Carlos Leão's public architecture shows relentless loyalty to the Corbusian language. His domestic architecture, however, hard pressed by contingencies of another sort, has taken a more diversified path.

The house of the architect's mother, Francisca Azevedo Leão, designed in 1934, inaugurates the sequence of residential houses as a definitely modern oeuvre.

Highly commended by Le Corbusier during his 1936 visit to Rio de Janeiro, the daring *parti pris* can hardly be evaluated in any appropriate manner after 60 years. Difficulties of a limiting steep slope are overcome by ingeniously subverting the usual room order: once the living room is located on the second floor, the social area of the house thus enjoys free outdoor access. As such, the living room becomes the border between nature and the city, and takes in the urban landscape through a picture window as it opens to a broad backyard where a stairway leads up to a green terrace and to the Dona Marta hillside. With tall buildings advancing all around, this green terrace still preserves its nature as a lookout onto the Cosme Velho valley, connected by a bridge to the pristine woods abutting onto the limits of the house.

Soon after this oeuvre was concluded, and in parallel to designing the MES, the University City and the Pedro II School, the series of "Brazilian houses" gains weight and gradually builds up within the architect's accomplishments in the upcoming twenty years.

This return to tradition does not necessarily mean voluntary waiver of modern principles. It is rather a sign of the architect's affable temper, as he admitted to compromising with a clientele who were nostalgic of their privileged backgrounds and appreciative of the comfort and privacy of modern solutions but not of the image of a new architecture.

Suffice to remember that, between the 1930's and the 1940's, commissions for residential homes in a modern language remain shy, if any at all. The relative success of this type of architecture in the public sphere—more the result of impersonality or authoritarianism on the part of the institutional client than society's manifest assent—will be scarcely mirrored in the public sphere. In that practice, tastes, prejudices and aspirations in a standard middle class family met with reassured satisfaction in styles such as the Norman or Californian than in *avant garde* architecture.

This attitude was not only subjective: it was also partly grounded on the knowledge of building difficulties posed by the new architecture as it adapted to local climate and conditions. However, the cultural aspect, deep-rooted as it was in the issue of expressing a national or regional identity, played a prevailing role in the source of that confrontation—an importance that cannot be belittled. Partly in response to such considerations, Le Corbusier himself attempts to review regionalist architecture in some of his works during the 1930's, including the Mandrot and Errazuris villas and the house in Mathés.

Since mid 19th Century, the concept of nationalism has a marked footprint both in politics and in arts and architecture. The source of regionalistic revival pervading the Americas from early 20th Century onwards is nowhere else to be seen, as it is manifest in the Brazilian neocolonial style, broadly propagated with the 1922 Independence Centenary Exhibition.

In the initial moments of modernism, relentless modern and traditionalist stances lead to radicalism that eventually helped to erect—perhaps a bit too early—the *international style* as a mandatory paradigm for our architecture, in an *a priori* disqualification of any other trend. However, the clash against reality—and the private goodwill—eventually led to "nativist" oeuvres as alternatives to the *Brazilian style*, whose repercussions were slight just because it did not fit the official patterns.

The degree of modernity or traditionalism in every one of those oeuvres varies from case to case, and a distinction must be made right away between the two inclinations therefrom. Maintenance of the Corbusian system with its "nomination" of components now joined by the employment of architectural materials and elements with local and historical connotations will lead to the more abstract, more "modern" inclination, exemplified by projects such as Oscar Niemeyer's Ouro Preto Grande Hotel (1940), MMM Roberto's IRB Holiday Resort (1944), and Francisco Bologna's Paquetá Housing Scheme (1952).

The "figurative" or conservative inclination will be characterized by a revival of the traditional system and non-planar compositions, as can be seen in Lucio Costa's Hungria Machado (1942) and Paulo Santos's Martin Holzmeister (1955) villas, and in Carlos Leão's "Brazilian houses".

In these "Brazilian houses," Carlos Leão's efforts focus on creating the atmosphere requested by his clients with the least formal references to any past architecture. In the few *more precious* examples, such as the houses for J. C. Costa Ribeiro (1943) and Abel Ribeiro (1944) and the apartment building for Gilda Carneiro de Mendonça (1940), where elements such as cornerstones, frames, pulpit window, and Tuscan columns are applied in an erudite somewhat entertaining fashion, an irony is perceived to produce a curious "more than real" antiquarianism effect.

But the "Brazilian houses" are predominantly an exercise with destylized, nearly archetypical vocabulary in relation to commonplace constructions, devoid of emblematic connotations as neocolonial taste would have it. The secret to this architecture lies in a perfect mastery of proportions and scales; so much so that any mistake in transposing the measures invariably leads to utter disaster.

As he designs those houses, Carlos Leão does not start from a technical or formal outlook, nor is the plan based on some typology matrix. The design derives from some situations that are particular to each commission: program, land, topography, accesses, orientation, views et cetera.

The option for empirical work lessens the emphasis on the plastic aspect and eventually appreciates either the architectural elements—as in this phase—or the constructive elements. Later on, at the turn of the 1960's, in aesthetics that come close to brutalism, it is the expression of the later that presides over the evolution of Carlos Leão's architecture and its return to modernity.

Concerning his floor plans, the main and constant reference is the courtyard. Real or virtual, complete or fragmented, it is the courtyard that leads the design to its final form and establishes the site plan relationship. This ambiguous and instigating internal/external space is the highlight of homely architectures that appeal to architects: the Japanese or the Chinese style, the Brazilian colonial architecture, or that of Le Corbusier.

The courtyard makes its debut in the Azevedo Leão house—where it plays mediator between house and nature—and comes back in the Oswaldo Cruz Filho and Frederico Sève houses (both from 1935), replacing a garden rendered impossible due to the space limitations of urban properties. In both instances, the courtyard abuts two façades of the house and two of the outer walls. This layout will vary according to the circumstances. The architect exploits an entire host of possibilities offered by closing two, three or four sides of the courtyard, or not, with a combination of building volumes, porches, balcony-galleries or *loggies*, pergolas, hedges, walls and parapets, guard-rails.

In the first version of the Costa Ribeiro villa in Cabo Frio, the courtyard of the small house is the main leisure spot, connected to a porch-living room overlooking the sand dunes. The original version (now demolished) was much bigger: two perpendicular blocks rising from the ground, the courtyard abutting on to the garden, a fourth façade merely hinted by the protruding volume of a bedroom. In the Anete Oliveira Sampaio house (1943, with Wladimir Alves de Souza, also demolished), the courtyard also leaned over the landscape with a *loggia* suspended above the slope. A similar balcony-gallery is replicated in the José Barretto Filho house (1947), in Samambaia, but in another situation: this one separates the incoming courtyard from the garden-courtyard and leads to the house by the gorge abutting the embankment.

The latter is part of a group of country homes built in the vicinities of Petropolis in the 1940's. Informal and plain, nearly rustic, they propose some type of "vernacular," spared from banality by the architect's sensitivity. To a trained eye, these mountainside houses reveal fortuitous relatedness with the ever so popular Californian houses of the 1930's and 40's, by virtue of ready-made components straight from the market—ceramics, casings, woodwork—applied here as neutrally as possible.

In the 1950's, the "Brazilian houses" achieve their highest standard of quality. Three projects—Hélio Fraga (1951), José Vasconcellos Carvalho (1955), C. G. de Paula Machado (1958)—only the first one of which was actually built, hint at the fact that, by meticulously conjugating tradition and novelty, a synthesis can be produced that will come close to an ideal timeless architecture.

The first one is the most compact of those three. Settled on the site as it is, it takes advantage of levels to separate plot areas into private and public. There are two different accesses: a daytime, party access made by an external stairway along the façade, leading directly to the garden and the living rooms; and another one, for everyday or more formal use, in the center of the house. In this instance here, the architect prepares yet another one of his surprises: behind the trellis door, the stairway rises virtually out in the open and comes to the internal courtyard, in front of the true entrance.

The courtyard, in its turn—the the axis and core of the house, as well as a hallway, a living room, a garden and an element of visual liaison between the different sectors at the same time—, has its small dimensions scaled up by the low-hanging eaves flowing into it. The architecture is subtly elegant, composed of elements that distill each one of the more typical forms.

The other two projects resolve much bigger homes. If built, they would be a true inventory of varied spaces, nestling a sequence of open and closed spaces that would hardly ever compare to other examples of our homely architecture. The Paula Machado house presents lightness and regularity through façades that seem to bespeak the best efforts for the *aggiornamento* of tradition, pursued by many Brazilian architects in the 1970's and 80's.

A break-up with the "Brazilian houses" starts to become visible in the mid 1950's. But the difficulties still experienced with clients are documented in both versions for the Carlos Soares Brandão house (1956): the client's refusal of a "modern" façade forces the architect to develop a more traditional variant, maintaining it in the plans.

The Homero Souza e Silva house (1956) will then be the first rationalist construction erected by Carlos Leão in 20 years. He therefore resumes an experience that had a single precedent in his houses—the Azevedo Leão—and, in the field of larger constructions, came to an end with the MES building, excluding the work developed for the IAPB.

Significantly, this return to modern takes place with a house whose broad dimensions would rank it more easily as a public building than as a family home, thus enabling reference to the 1920's Corbusian architecture. But the Souza e Silva house is, above all, an example of Carlos Leão's competence regarding the creation of spaces and their floor plan articulation. The points in common with the Azevedo Leão house are many, and the morphologic comparison among spaces in both underlines the most flagrant identities, such as living room courtyard, a literal replication of the courtyard in the older house.

The two subsequent projects, Augusto Besouchet and João Proença houses (both in 1957), leave the Corbusian reference behind and move on with what had been rehearsed in the first version of the Soares Brandão house. His use of ceramic tiles on the ground floor suggests a basis for the independent volume of the upper story, and the horizontal lines of ribbon windows and cornices of single tilt rooftops paginate the façade in an attempt to escape the "figurative" scheme of the "Brazilian houses". Proportions shift and the somewhat brutal result bears no remembrance to the graciousness of his previous production.

One may easily notice that this transition phase is not characterized by adopting a new language but rather by the formalist replacement of some elements with other more "modern" ones, in the same system, though. The new elements "date" the works, whereas the previous ones, as they represent a simplification of types revered by tradition, were potentially more neutral. Remarkably, still, these transformations also result from, or operate any visible change to floor plans; the architect's own design method provides for this "displacement" between the spatial solution and the architectural feature.

The subsequent years bear witness to a somewhat predictable evolution. From the three feasible options for expressive valuation—the tectonic aspect, the plastic form, the semantic articulation of language—, Carlos Leão will choose the first, closest to his rationalistic background. With that option, the visceral nature of his architecture will resume, since the end product will, once again, depend primarily on a sensitive treatment of concrete data rather than on inventiveness geared for singularity, a fact that enables the architect to restart exercising his best qualities.

The Homero Souza e Silva house, in Cabo Frio (1960), bears indisputable witness to this renewed maturity. This rigorous and simple construction is the basis for a nearly spontaneous elegance that reinforces merits of the spatial concept. Sadly, however, the preliminary design was not developed. Almost entirely equal to the erected version, that one differs from this one in some fundamental points—all related with arranging the house in the site. The architect proposed to occupy the magnificent area by the Canal with seven different courtyards, articulated to one another and to the house in neoplastic fashion. The ensemble would form an architecture-landscape whole whose exceptional interest results from orchestrating the concepts of pathway, place, and limit.

It is only right to suppose that, had Carlos Leão's latter phase been systematically developed, it would have ensured him a more evident place in the history of our contemporary architecture. But that was not the case. During the 1960's, the architect built quite a few important houses, such as the Sebastião Paes Almeida house, in Brasília, and the Antônio Martins Bastos house, in Uruguaiana (both in 1961), but by then his life was on an altogether different course, as he dedicated to a more inward and pleasurable activity, which would eventually take up all of his time: drawing female nude models.

A comprehensive look at the Carlos Leão oeuvre provides a common denominator, which does not rely on form but on concept. In a constantly changing world, this identity develops around searching for stability grounded on the expression of the most permanent values in man's relationship with his habitat and is manifest both in the order of architecture and in the composition of spaces.

The order of architecture suggests that the most impressive aspect in Corbusian doctrine to Carlos Leão might have been its pretense to the statute of science—the desire to rely on objectivity that could lead to much fairer solutions than those based on the subjectivity of taste or on the empiricism of habit.

In the Carlos Leão oeuvre, this aspect refers particularly to introducing a building rationality and is not linked to adopting any given architectural feature, as clearly shown by his pending between two equally valid but contradictory systems—an explicit and structuring one, and another one that is compositing and implicit.

On the other hand, concerning the nature of architectural space, the divergence with the Swiss-French master is clear and conceptual: Le Corbusier designs for a universal and abstract man; Carlos Leão, for a particularized man whose personal history is immerse in a specific culture. If a relative universality is also achieved, it is not sourced from any reference to a multipurpose model; it is built, rather, from the sum of experiences that belong to the common fund of human existence.

The instrument Carlos Leão uses to develop an outline of his spatial composition is drawing. Impregnated by the presence of the architect, guided by his synthesizing eye, drawings appear to represent not a prediction of what is yet to come but rather a notation of what is real, the record of an experienced space. The proposed work emerges from the paper with the power of an object known to the observer. More connected to memory than to projection, this evocative quality brings to life the architect's special sensitivity to everything that surrounds man in his daily experiences and his love affair with the rites of everyday life.

Many other architects in the 20th Century are also concerned with dignifying everyday life, forming a lineage that includes names such as Tessenow, Asplund, Loos, Libera, Rossi, and movements such as Nordic classicism from the early part of the Century and the "new empiricism" of the 1950's. The evident diversity among the works but signals the span of references used, which pushes from informality to dramatization of the symbolic dimension.

Carlos Leão is inscribed in this group from the angle of unpretentiousness rather than from exaltation, which is responsible for the peculiarities of some works, which attract so much interest in this day and age. Distortions of scale, displacements, angulations, and other resources intended to tense up the architecture have never seduced him. He always preferred the discretion of what is usual and correct than the *different stuff*; as he preferred enhancing what is there than experimenting. Actually, he dedicated nearly all of his life to cultivating the moderation of commonplace, but a merely apparent commonplace, since it was manipulated by a masterfully commensurate architect.

FRANCISCA AZEVEDO LEÃO HOUSE

[PAGES 26-27]

Laranjeiras, Rio de Janeiro (RJ), 1934
erected

In this first residential design with modern features, built for his mother, the architect resorts to something that will become constant in his projects: the use of courtyards and free areas as articulations for the spatial composition, creating a dynamic dialog between inside and outside. In order to adapt to limitations in a steep lot, the order of the rooms was inverted so that a typically ground floor living room may be moved upstairs to enjoy a broad view of the landscape and facilitated access to the rest of the land. This living room opens up to the street and to a courtyard, the last frontier before the bush, connecting via stairway and catwalk to a green terrace and to the Santa Marta hillside. Radical and daring for those days, the solution met with acclaim by Le Corbusier when he was in Rio de Janeiro in 1936.

OSWALDO CRUZ FILHO HOUSE

[PAGES 28-29]

Botafogo, Rio de Janeiro (RJ), 1935
erected [changed afterwards]

The house built for the family of Oswaldo Cruz Filho, son of sanitarian doctor Oswaldo Cruz, who was also a physician and researcher at Fundação Instituto Oswaldo Cruz, is included among the works with which Carlos Leão responded to a clientele who were longing for some traditional domestic architecture. As in many other of his residential designs, the architect conjugates closed, semi-closed and open spaces for this house in clear functional sectors that enables independent use of those spaces. Given the proportionately small piece of land, the floor plan is designed in an inverted "T" format and the house abuts one of the landmarks, while an aedicule in the far corner of the opposite side accommodates a garage. On the ground level, this arrangement generates a front yard, a lateral access to the garage, and two courtyards with distinct functions: living and dining room doors open out to one of them, while the other is a distribution to service facilities. Comprising bedrooms, bathroom, veranda and balcony, the intimate sector is located upstairs. The commanding antique motif comes through on the front façade, with a wall that looks deeper than it really is, closed surfaces that prevail upon openings, and a symmetric composition that includes old architectural elements (ceramic tiles, venetian blind windows, wall tiles, metal railings, and light fixtures).

SAVOY PLAZA HOTEL

[PAGES 30-33]

Poços de Caldas (MG), 1930's
not erected

The design for this hotel derives from the vigor experienced by Poços de Caldas at the time, when gambling attractions added to the benefit of therapies with mineral waters, which had been driving the progress of spas in the city since the 19th Century.
In the trapezoidal site, the architect distributed the extensive program around a courtyard, allocating spaces of collective use on the first two floors, and the bedrooms plus their corresponding support facilities in five or six story blocks, based on Corbusian architectural principles and language. Both the five entry points that ensure independent access to the various sectors and the broad horizontal and vertical circulation spaces indicate some concern with the flows, ever so fashionable then, as well as the ideal of transparence, which is evident all over the project. In expressing the hotel's program complexity, a plastic play with pure orthogonal prisms does not achieve so much dynamism because of the regularity and symmetry of designed plans, volumes and spaces, indicating some misunderstanding of the lexicon and grammar of modern architecture. Other hints at this unfamiliarity with that language include incongruence between architectural elements and the people, the objects, and the plans, in the perspectives, and the repetition of the scene where a man bends over to a woman sitting in the Le Corbusier and Charlotte Perriand LC2 armchair, on drawings 7 and 8 [p. 32].
Remarkably, the solution for a solarium—covered space between the courtyard and the outdoor space—was adopted later on, as a veranda-gallery, in various projects such as the mother church for the city of Araruama (1950) and the Anete Oliveira Sampaio house (1942), the José Vasconcellos Carvalho house (1955), the Sebastião Paes Almeida house (1961) and the Américo Lutz house (1967), thus becoming a Carlos Leão signature.

MINISTRY OF EDUCATION AND PUBLIC HEALTH

[PAGES 34-35]

Centro, Rio de Janeiro (RJ), 1936
not erected, with Lucio Costa, Affonso Eduardo Reidy, Ernani Vasconcellos, Jorge Machado Moreira, and Oscar Niemeyer

From this effort by a team of 24-34-year-old architects, without a single similar size construction erected that far, it comes clear that even a non-erected project often plays an active role in the history of architecture and culture. It also shows how modernity can be relative and processual. The design looked innovative in comparison with both the winner of the contest, which was arbitrarily abandoned to give way to the construction of a building on a par with the ideals of occupants in the Ministry of Education and Public Health, and the architecture that was then practiced in Rio de Janeiro and in Brazil. But Le Corbusier named it "mummy," when he was called upon to analyze it, and eventually suggested that it be discarded and another design be developed for a seaside site with greater visibility. Effectively, this project comes into being on the basis of various modern architectural principles, particularly those of the Corbusian system: independence among supporting elements and spatial limiters, varied floor plans in accordance with functional needs, and freedom in the composition of façades, which boasted outstanding glass planes and a total absence of ornaments. However, the acclaim of those principles generated a static, stiff ensemble, far from modern plastic dynamism, particularly due to the implementation of a site central position, to the persistence of courtyards, to the symmetry in the articulation of blocks, and to the massiveness of volumes.

MINISTRY OF EDUCATION AND HEALTH

[PAGES 36-37]

Centro, Rio de Janeiro (RJ), 1937-1945
erected, with Lucio Costa, Jorge Machado Moreira, Affonso Eduardo Reidy, Oscar Niemeyer, and Ernani Vasconcellos; architect-consultant: Le Corbusier; landscape: Roberto Burle Marx; sculptures: Bruno Giorgi, Celso Antônio, and Jacques Lipchitz; painting and wall tile panel: Cândido Portinari

Though Le Corbusier's proposal to build the main headquarters of the Ministry of Education and Health on an exceptionally located seaside site did not come through, since the building was erected on the originally programed site, amidst the regularity of urban blocks, his designs with the team of Brazilian architects during his 1936 stay in Rio de Janeiro provided the basis for the definitive design, which also received the input from other artists.
Once complete, this exquisite but slow-to-progress construction was considered a remarkable accomplishment, both locally and internationally. Having become a paradigmatic work of the 20th Century, it was most influential in Brazil and abroad, particularly because it was the first large building erected in full compliance with the principles of the new architecture. The consistent and inventive way in which modern Corbusier-driven architectural principles were interpreted, pervading an intended universal language with some humble Brazilian accent, also caused surprise and awe. On the one hand, the erratic nature of modernity must be emphasized, as it may produce surprising results even in marginal contexts where the so-called necessary conditions are nowhere to be found. On the other, suffice to consider the knowledge accumulated by the players in this project, both the consultant, who is a major reference for modern architecture, and the Brazilian architects and artists, whose trajectories have largely maintained the standard achieved in this work. Along this line, this work ought to be regarded as a major artistic crossroads of Brazilian culture, given the diversity of paths taken by architects, landscapist, artists and technicians who helped to erect it.

PEDRO II SCHOOL

[PAGES 38-39]

Praia Vermelha, Rio de Janeiro (RJ), 1937
not erected, with Ernani Vasconcellos

This project was developed the year after Carlos Leão and Ernani Vasconcellos' participation in the team that, with Le Corbusier, designed the campus for the University of Brazil and the headquarters for the Ministry of Education and Health. The Corbusian matrix is evident, but the maturity of the solution and the quality of the architecture are solely the merit of the young architects. A large size project, due to the pedagogical complexity of the school, which includes classrooms, laboratories, studios, a theater, sport courts, stadium and boarding, among other facilities! Though orthogonality prevails in plans, volumes and spaces, an askew position creates conditions for a more thorough use of the site, the situation of the blocks and some differentiation of free areas to comply with the demands of an extensive program, in addition to enhancing spatiality, particularly on the intersection created by extending the site's internal pathways, more discreet curves and monumental palms.

CARLOS LEÃO HOUSE – CAVALÃO

[PAGES 40-43]

Cavalão [Big Horse] Hillside, Niterói (RJ), 1939
renovation executed

In renovating, for himself and for his wife Ruth, a hillside house in the Saco de São Francisco district of Niterói, Carlos Leão kept the nostalgic atmosphere but abandoned the highbrow note. Doing away with the language of an eclectic historicist architecture and resorting to elements referring to various moments and places (segmental stone arch, straight painted wooden casings, ceramic flagstone flooring, woven straw ceiling, ceramic roof tiles forming a low pitch four sloped roof), he composed a cottage that was vernacular in nature but reminiscent of an undefined temporality. As in other designs of his, he conjugated different types of spaces—from open to closed, from protected to uncovered—into one another and with other natural and built elements to provide multiple possibilities of experiencing the atmosphere.
On the embankment that projects toward the sea, enhancing the bird's eye view of the landscape and the breathtaking Guanabara Bay that reaches out to Rio de Janeiro, he aligned the glass-walled living room, the balcony and the terrace with pergola, a pavilion, gardens and lakes. In an inverted "T" shape with the living room that opens the house to all directions, an ample room provides continuity to the living and dining rooms and access to the remaining rooms: by the entrance, a bedroom and a bathroom; opposite to them, opening on to a terrace, the office and another bathroom; in the back, a small garden and the kitchen, which constitute a closed services courtyard with aediculae next to the hillside.
Vinicius de Moraes named his in-laws Ruth and Carlos's home "a thousand windows home" in his poem "Balada do Cavalão" [*The Ballad of Big Horse*]. In one of Moraes's visits to his in-laws, as he heard drumbeats coming from nearby slums while reading about Greek mythology, he came up with the idea of transposing the Orpheus myth to contemporary terms, setting the tragedy on the hillside and in the realm of samba, with his 1954 play *Black Orpheus*, which made it to Rio de Janeiro's Municipal Theater a couple of years later with Tom Jobim score and Oscar Niemeyer props, enacted by Abdias do Nascimento's Experimental Black Theater.

A BUILDING FOR GILDA CARNEIRO DE MENDONÇA

[PAGES 44-45]

Ipanema, Rio de Janeiro (RJ), 1940
erected [demolished]

Designed for an antique collector and tapestry expert, the wife of doctor Fábio Carneiro de Mendonça, the three story building composed of a single apartment per floor is set in the middle of the land, dividing it into four lanes with different depths: the front lane abides by the mandatory setback; the second one, abutting the landmark, contains social spaces, comprising vertical circulation, halls, living and dining rooms; the third one has lateral shafts that ensure natural ventilation and sunshine to the intimate and service rooms, plus the services circulation; the fourth one accommodates a garage adjacent to the lateral and posterior landmarks. The three apartments share a common core, with a clear division of the functional sectors for independence of use, and differences created on the basis of each position in the whole: adjacent to the street, there is a ground floor garden in the courtyard that connects to the living room through a veranda and another lateral courtyard linking the rooms; the third floor apartment differs from the intermediary unit because of an extra floor, which accommodates a living room with a glass-walled mansard and terrace facing the backyard through a window overlooking the ground floor living room.
This diversity comes forth on the picturesquely and lively composed façade. There are openings with curved and flat lintels, cased or not: arched doors, windows, window-sill counters with iron cup holders, inner balconies closed by brick walls or latticework. This mix of antique style building and architectural elements that do not refer to specific times and places affords the building with a somewhat timeless nostalgic nature.

LOTA DE MACEDO SOARES HOUSE

[PAGE 46]

Samambaia, Petrópolis (RJ), 1942
erected, with changes

Belonging to self-taught architect Lota de Macedo Soares, this house is part of Carlos Leão's country home designs in the Samambaia development, which was also designed by him in a land property located in the city of Petrópolis. It is a simple construction, on a single story, where remarkable spaces promote constant interaction between internal and external settings, providing natural lighting and ventilation. Two courtyards participate in the functional sectoring, which flows out from the ground floor to the rooftops. The services sector and part of the intimate area of the house open up to a walled-in courtyard. The dining room is sided by a courtyard giving out to the garden and surrounded by a balcony-gallery that connects with the garage. On the opposite side of the house, an outstanding volume with glass windows composes a solarium overlooking the valley.

LOTA DE MACEDO SOARES STUDIO

[PAGES 47-49]

Samambaia, Petrópolis (RJ), 1942
erected

In the Lota de Macedo Soares studio, as in many of his other country designs, Carlos Leão resorts to simple but insightful solutions towards more economic construction and a more comfortable and appealing ambience. Avoiding major earth movements, the studio falls into place within the topography: a small flight of stairs connects a first terrace to another one with doors to the living room that contains another small flight of stairs leading to the dining room, which opens out to the backyard by a small corridor. This concatenation, which enhances the slight site pitch, and the openings into several faces, which enable natural lighting and ventilation to come in from various directions, are not second to the position of the house in the landscape. The dining room is some sort of internal porch, whose railings are integrated to an exposed wooden structure supporting the roof. Sloping to opposite directions and exhibiting a woven straw ceiling underneath the ceramic tiles, and aided by the proportion of doors and windows, the rooftop affords humble grandeur to the rooms. In addition to the other architectural elements, the living room's double doors of bipartite panes, typical to utilitarian farm buildings, provide rustic but welcoming ambience to the ensemble.

ANETE OLIVEIRA SAMPAIO HOUSE

[PAGE 50]

Leblon, Rio de Janeiro (RJ), 1942
erected [demolished],
with Wladimir Alves de Souza

In this project, similarly to the Francisca Azevedo Leão house, the house fits in the slope as it climbs up the steep site; unlike that one, however, the *parti pris* and the architectural language share a traditionalist nature. At the street level, there is an aedicule to the garage, contiguous to a gate giving access to a stairway that bifurcates at a certain point to lead, on one side, to the main door and, on the other, to the service door. The ground floor includes social and service facilities, whereas the more intimate sector of the house is located upstairs. A main focus of the entire composition and an important articulator of spaces, the courtyard is set by the living and dining rooms, an arcade terrace open to the landscape, a fountain and a staircase that connects to a balcony flowing into the master bedroom. Though it has now been demolished and no photographs have survived it, the house has a traditionalist nature due both to its architectural elements and to the composite play of those elements. Perhaps due to the partnership with Wladimir Alves de Souza and/or to the owner's own taste, and parallel to Carlos Leão's design for the Hotel in Ouro Preto, the Anete Oliveira Sampaio house is a construction that comes closest to the neocolonial architecture that prevailed in Brazil during the 1920's and 1930's.

GUSTAVO CORÇÃO HOUSE

[PAGE 51]

Samambaia, Petrópolis (RJ), 1943
erected

Like in other projects of his, in the house for engineer and writer Gustavo Corção, Carlos Leão resorts to simple and clear sectors, just as he resorts to open and semi-open spaces in order to optimize his site plan and to provide a plentiful exchange with the surroundings. The inverted "L" shaped floor plan has an access balcony-gallery, living room and service facilities in the shorter stem; bedrooms, bathrooms, office and garage in the longer stem, hinged by a hall and a veranda. Despite the compact horizontal continuity suggested by the roof and by the proportions of the entire ensemble, the house is hollowed out in continuous or segmented fashion, respectively, by two corridors and a transversal succession of spaces—access balcony-gallery, hall and veranda—which connect the access landscaped courtyard with a view of the valley, also observable from some of the bedrooms, the living room and the veranda. Restrained in the use of run-of-the-mill and cheap materials, simple in features that are nearly devoid of architectural language, this house prioritizes a closer relation with the landscape, playing a shelter role as it protects at the same time it enables the enjoyment of nature.

JOSÉ CLÁUDIO COSTA RIBEIRO HOUSE

[PAGES 52-57]

Cabo Frio (RJ), 1943
erected, with changes [demolished]

Initially small, the house changes size and character in the course of subsequent versions, though some of the principles are maintained: site divided in two unequal areas, with a "weekend home for a great fisherman" occupying the largest one and the caretaker's home occupying the smaller one; buildings accommodated to site topography; functional sectors prioritizing living spaces and distributed around a courtyard; bountiful verandas. In the first two designs, smaller with only two bedrooms and an apparently simpler, more vernacular architectural language, the living room is a large veranda that opens to an internal courtyard and connects directly with the sand dunes. In one of those early versions, Carlos Leão's minutiae of details and powerful synthesis are expressed in a single, charming plan, be it on account of the beauty of the drawing or of clearly conjugating site plan, roof and façade schemes, and a perspective of the courtyard and veranda-living room as viewed from one of the bedrooms with morphological indications of the architectural elements, plus specifications of the building elements. With an inverted "L" shaped floor plan, the definitive version was distributed along three different heights: on the intermediary level, the longest stem accommodated five bedrooms, bathrooms, a veranda-gallery, a dining room and service facilities, whereas the shortest stem contained a ground floor garage and living room, encircled by an upper-story veranda, enhancing the sight of a breathtaking landscape, with sand dunes, beach, mountains, and sea. Eventually build as a manor surrounded by porches, it would pass off to some as an authentic sample from the 18th Century.

BELA VISTA TUBERCULOSIS SANATORIUM

[PAGES 58-59]

Correias, Petrópolis (RJ), 1944
non-erected, with Jorge Machado Moreira

In the 1940's, Carlos Leão designed some sanatoria for the National Tuberculosis Service (SNT), for the State Employees Pensions and Retirement Institute (IPASE), and for the Bank Clerks Retirement and Pensions Institute (IAPB) in several cities around the country. In all of them, the solution adopted is remarkable because it is structured in sectors according to functions, because of how it resorts to independent circulations, and because of the way rooms are displayed in order to control and optimize the incidence of the sun. In this sanatorium the reference to Le Corbusier's Swiss Pavilion is clear, be it on account of the plastic *parti pris*, with a base that easily sets in the topography and allows for a laminar block to be erected, or of the similar façade design, with an orthogonal grid of sun shades across the northeast façade and a glass curtain on the volume projecting from the southwest façade, which has quadrangle openings alternating with pavement, thus reinforcing the abstract notion of the composition.

CATAGUASES MOVIE THEATER
[PAGES 60-63]

Cataguases (MG), 1945
erected, with Aldary Toledo

After cinema and literature, architecture was what helped to consolidate Cataguases as a name in the Brazilian cultural map. As of the 1940's, various modernist architects based in Rio de Janeiro erected buildings that, with input from other artists, changed the outlook of the city. Aldary Toledo and Carlos Leão designed the Cine Teatro Cataguases for the local movie company, Companhia Cinematográfica de Cataguases, on the site where the Cine Teatro Recreio used to operate, a movie theater that showed Humberto Mauro's pioneer films. Inaugurated in 1953, the name was changed to pay homage to Edgard Cunha, who had worked in favor of those arts locally.
In exploiting the principles of Corbusian architecture, as well as the then fashionable stylistic constants—pilotis, curved planes and contours, tile panels—both architects determined a building that reconciles the programs of a movie theater, a theater, and a social club, propagating lightness, transparence, and fluidity to the cityscape.

MOUSE TRAP BUILDING
[PAGES 64-65]

Jardim Botânico, Rio de Janeiro (RJ), 1946
not erected

Multi-family residential building for Aguinaldo de Freitas, Carlos Lacerda, Francisco de Assis Barbosa, Luiz Carlos de Oliveira, Maurício de Lacerda Filho, and Odylo Costa (Junior)

The good-humored name "Ratoeira" [mouse trap] is yet another indication of the jokes Carlos Leão allowed himself when designing for his family and friends: in this case, journalists, writers, and politicians connected to his cultural and nonconformist life. For the narrow and askew site located on a slight slope, he designed a building with six triplex apartments, each with independent entrances coming from the long covered hall, with zenith lighting and ventilation, located on the side, which leads to the garage, in the far end of the site. Each unit has, on the first floor, a social hall, with access to the porch and garden, and a service hall, near the maid's quarters; on the second floor, the living room with an area for meals, and the kitchen; on the third floor, three bedrooms, a bathroom and a walk-in closet. The far-end apartments are bigger, as they have separate dining and living rooms and two larger bedrooms, though they have no closet. The drawings indicate another of the architect's attempts to reconcile modernist with traditional elements—the spatial fluidity established by the fine metal pilotis and by metal tube and leather armchairs is juxtaposed by the static massiveness of the extensive volume that is regularly perforated, framed and covered by ceramic roof tiles.

ZETE VAN ERVEN LAGE HOUSE
[PAGE 66]

Itaipava, Petrópolis (RJ), 1946
erected, with changes

In the house of Zete Van Erven Lage, a friend of Lota de Macedo Soares's and whose family had lived in the region since the 19th Century, the architect exploits the site topography by sectorizing external and internal spaces. On the ground level, there are the garage, the deposit and the stairway, which leads to the upfront embankment. The house is structured on two levels out from the central room, which communicates the front yard to the landscaped courtyard in the back, pervading the entire house with air and light. Downstairs, this room operates like an access hallway; upstairs, before turning into a dining room, on the left, it opens towards the family sector of the house, and on the right, it connects with the service sector, articulated around another courtyard. The use of trivial architectural elements and materials associated with soberly established planes and volumes determines the elegant simplicity of the house.

JOSÉ BARRETTO FILHO HOUSE
[PAGES 67-69]

Samambaia, Petrópolis (RJ), 1947
erected, with changes

The mountain home of poet, novelist, critic and professor José Barretto Filho is similar to others designed by Carlos Leão between the 1930's and the 1950's, particularly those in the Samambaia development. In addition to adapting the topography in order to enhance the building's insertion in the landscape, the summer home program is distributed according to a clear functional sectorization, establishing a predominantly horizontal volumetric composition, materialized with run-of-the-mill architectural and building elements, but with details that are both practical and attractive, resulting in a simple, cozy and somewhat rustic home. However, like in the other projects, some exceptions make a difference, individualizing the work and enriching the array of "Brazilian houses". One such exception is the situation of the embankment at a certain height of the slope. Another one is the somewhat directive courtyard adjacent to the living room, with a floor that alternates quadrangular pieces and pebbles. More spectacular, located between the garage and the house, to which it connects orthogonally, the veranda-gallery protects the access and divides the adjacent space on the edge of the gorge in two, establishing the smaller one as an arrival courtyard and the larger one as a garden, and itself as a privileged border overlooking the entire ensemble, to be enjoyed.

ARARUAMA MOTHER CHURCH
[PAGES 70-73]

Araruama (RJ), 1950
not erected

Following the catholic tradition, the project is structured to comply with liturgical and devotional needs, and with playing the role of a building that is reference in the landscape. The program is set in blocks with specific functions, as they are juxtaposed and provide a balanced ensemble that expresses individualities and hierarchies among the parts. In the central and highest portion of the embankment, the church has low buildings on the sides: on the right, the priest's house surrounds a courtyard; on the left, the sacristy and other ancillary rooms align to join the nave and form the corner of a courtyard whose opposite vertex accommodates the bell tower, where the remaining wings are verandas (one of which is one of the architect's leitmotiv: a covered space located between the courtyard and the outdoors), with a multipurpose room in the back. Orthogonality commands the planes, spaces and volumes. Openings are configured as major continuous planes or perforations made in constant rhythm. Typical of religious life, interiority is plastically manifest on planes with few openings, usually turned to the internal spaces. The ascesis is expressed through the volumetric composition, horizontal for annexes and high for the nave; and through the materials, stone masonry walls for the bases and white walls for the higher parts. Choices that afford the church with mild monumentality! Remarkable, still, in this project, as in other designs by Carlos Leão, there is a graphic expression that can be observed from the choice of paper, whose color interacts with the white on the walls and the blue on the frames, to the layout of drawings, which goes from discreet interpenetrations of plans and perspectives to the easy display of cross sections and façades.

HÉLIO FRAGA HOUSE
[PAGES 74-83]

Gávea, Rio de Janeiro (RJ), 1951
erected [changed afterwards]

Single-family house designed for Doctor Hélio Fraga. In this "Brazilian house," architectural elements combine in a synthesis that produces a nearly archetypical image of the "ideal home". A small change to the original site topography enabled a two-story distribution: with a garage

and a storeroom, the first story is slightly above street level, while the remainder is located on higher ground. The house thus appears to be flush, but the front rooms gain in privacy because there is no direct access to the site and they are high above the street. From the open landscaped and partially covered terrace adjoining the street, there are three different ways to access the house. To the left, there is a stairway leading directly to the garden abutting the lateral and posterior landmarks, the house and a pergola that, demarcating the street border, seems to form a courtyard opened to the city. In the center, there is a door facing another initially internal stairway that soon opens up as it reaches the internal courtyard to arrive at the hall. To the right, adjoining the garage, another door leads to the service facilities through two lateral spaces and a third stairway. In the compact floor plan, the small internal courtyard plays the role of a generating and organizing core space, around which the rooms are distributed according to sectors that allow for independent use, in addition to helping set up open rooms facing different directions, optimizing natural lighting and ventilation. This mix of flowing or mediated, more or less conservative spatial connections resonates in the house feature that, upon juxtaposing a Corbusian ribbon window, glass casings with venetian blinds, ceramic roof, tile panels and other architectural elements with various temporal and spatial references, takes on a character that lies somewhere between contemporary and ancient.
With varying degrees of formality, the drawings let on the design and construction process where client engagement and conditioning regulatory construction factors played an important role. Also remarkable was the clear-cut way in which Carlos Leão designed the building, composed the gardens, and specified the construction, indicating the morphological designation of spaces, architectural and landscape elements, as well as materials and technical details he used in other works.

A BUILDING FOR NAPOLEÃO DE ALENCASTRO GUIMARÃES

[PAGES 84-86]

Leblon, Rio de Janeiro (RJ), 1952
not erected

Though the initiative by Napoleão de Alencastro Guimarães (military, journalist and politician) was geared to real estate speculation, the project is an instance of the architect's concern with architectural quality. In a small site, the building concentrates 17 residential units, with the hall, the garage, and the caretaker's apartment on the ground floor, four one-bedroom apartments on each of the four stories above and a one-bedroom penthouse apartment. The project also provides another observable constant that is typical in Carlos Leão's oeuvre: the architectural solution is dissociated from the interior design. The living room in the basic floor plan is composed of two parts, where the larger one turns inwards and the smaller one is close to the façade, adjacent to the bedroom, following a standard promoted by the real estate market where the penetration of light is hindered, suggesting some introjection. These are problems that the architect tries to minimize by treating the smaller area as a veranda and marking the bedroom/bathroom circulation with a glass brick panel. Another graphic indication of the architect's mind for establishing proper ambiance and setting is a humanized floor plan for the penthouse unit, including furniture and vegetation. The front façade, with frames dividing it into three panes—a central hollowed one, and the regularly perforated side ones—in addition to marking the lateral walls, the slabs and the cornices, affords the building with the image of a flat standalone volume in the middle of the city block.

FRANCISCO CLEMENTINO DE SAN TIAGO DANTAS HOUSE

[PAGE 87]

Botafogo, Rio de Janeiro (RJ), 1953
erected, with changes [changed afterwards]

The extensive program, including rooms with specific functions, derives from the public and intellectual life of Francisco Clementino de San Tiago Dantas, a lawyer, professor, journalist and politician. Once again, Carlos Leão uses courtyards to structure spaces in clearly demarcated sectors on a proportionally long and narrow site. One such courtyard hinges on to a gallery, the living and dining rooms, and a veranda, which, like the public office and the hall, compose the social sector on the ground floor. In the back, service rooms are articulated with a major courtyard, subdivided in two areas by a passageway—the larger area set aside as a driveway and the smaller one, for bleaching clothes under the sun—and another small one, for breeding animals. Upstairs, a private office, a library, living rooms and bedrooms, dressing rooms, bathrooms, and a walk-in closet compose the family sector. On the outside, the architectural language soberly treads on the middle ground between tradition and modernity.

CASA DA BANCÁRIA [BANK CLERK] BUILDING

[PAGES 88-89]

Jardim Botânico, Rio de Janeiro (RJ), 1953
erected

Residential building constructed for single female workers in the banking sector, subsequent to the government's social policy on popular housing, designed by Carlos Leão when he chaired the Real Estate Portfolio of the Bank Clerks Institute. Located on a steep site, the program was resolved by sectorizing in two volumes according to the individual or collective use of the spaces. The basic volume houses collective equipment in three stories: on the underground floor, there is a laundry and an industrial kitchen; on the ground floor, a telephone center and a chapel; and on the upper floor, the community living room and the covered terrace. Pilotis support the volume that concentrates fifty apartments composed of a bedroom with a private bathroom, distributed through four stories. An orthogonal shaft perpendicular to the street, this volume has façades composed of horizontal and/or vertical ribbons determined by different size windows and zones lined with rendition tiles, cobogó bricks or paint over plaster, expressing internal uses: collective circulation spaces and sets of individual cells.

JOSÉ VASCONCELLOS CARVALHO HOUSE

[PAGES 90-95]

Laranjeiras, Rio de Janeiro (RJ), 1955
not erected

For a numerous family, this project shows the architect's virtuosity in accommodating a complex variety of functions in a harmonious and apparently simple ensemble. In both versions, he relies on busy topography and functional sectorization to distribute the extensive program, around courtyards and exploring the multiple possibilities of conjugating open and closed spaces, either covered or not, and their transitions, generating various sequences of ambience. If, on the first version, he taps from various site heights and rooftops do draw askew planes in the configuration of an abstracting volumetric composition, on the second version, traditionalism prevails in the architectural language, and it contributes to greater design consistency.
In the special treatment of courtyards and gardens, with verandas, loggies, terraces and trellises, the second version features a noteworthy veranda-gallery near the living room, a threshold between the courtyard and the free space, which had appeared in the Anete Oliveira Sampaio house and will appear again in the Sebastião Paes Almeida and Américo Lutz houses, but, in this project, it has a more spectacular configuration, because it is looser, similar to the veranda in the José Barretto Filho house, though even more dramatic due to its situation within the landscape.

OLGA AND TEÓFILO LEÃO HOUSE

[PAGES 96-97]

Rua Itamonte, São Paulo (SP), 1950's
not erected

Designing the house for his brother Teófilo, his sister-in-law Olga Portinari Leão, and their children, Carlos Leão locates the two-story building in the center of the skewed site, turning the main rooms to the back. Two extensions to the first floor, which accommodates

complementary rooms (the maid's quarter and the garage, which also serves as a "toy room"), more walls, and the "laths of anthuriums" outline courtyards that support the strict sectorization of the house. On the left side, there is a service courtyard; to the right of the house, there is an access courtyard; in the back, the courtyard receiving the rooms, which are divided in two sectors: a garden and a stone paved terrace (plus lake, in the back) giving continuity to the porch and to the veranda, respectively. On the first floor, there are the social and service sectors, while on the upper floor there are four bedrooms, two bathrooms and a walk-in closet.
As in other projects of his, the architect conjugates regularity and subtle asymmetries in the composition of rooms, façades and volumes. And he resorts to wall linings that include stone, ceramic elements, and painted plaster, some with frames such as wooden casings. A ceramic tile four-slope rooftop is another of the elements the architect chose to afford a cozier nature to the "Olga, Tufão & offspring House".

REGINA AND CARLOS SOARES BRANDÃO HOUSE

[PAGES 98-99]

Gávea, Rio de Janeiro (RJ), 1956
erected

On a relatively exiguous site, Carlos Leão once again adopted a clear functional sectorization, composing floor plans that ensure independent use of the spaces. If a frontal look renders the house as a single prism, in the back it is fractioned due to the floor plan, which develops on scale to ensure automobile access to the garage in the farthest end of the site, and due to the volumetric composition which accommodates spaces with different demands. On the ground floor, social rooms open up to the street and to the right landmark, where a semi-open courtyard can be discerned, while service rooms turn to the left landmark on the back portion of the site. On the upper story, there are three bedrooms and two bathrooms for the family, plus another two service bedrooms and a bathroom, near the terrace above the garage. Both the final construction and the lively drawings of the early versions of this project provide insights to an ill-fated attempt of returning to modern language, still formalistic in nature and rejected by the client in favor or a more traditional version.

HOMERO SOUZA E SILVA HOUSE

[PAGES 100-109]

Jardim Botânico, Rio de Janeiro (RJ), 1956
erected

Designed for Homero Souza e Silva, a banker who was Walter Moreira Salles's partner at Unibanco, this is the largest house built by Carlos Leão, and his first openly modern design after two decades of "Brazilian houses". Highlights to the internal distribution: including specific rooms for many functions in the social, family and services sectors, the extensive program is distributed along three wings and six levels, in order to ensure independence and privacy in the use of spaces. Like in other residential designs, here the architect resorts to cut-off lines, embankments and retaining walls to accommodate the structure on the topography, setting up a basis upon which a block seems to be erected in an inverted "U" shape and to be composed of a fixture of three standalone monoliths. If the pilotis, the landscaped courtyards, the diverse façade layouts, and other architectural details indicate loyalty to the Corbusian grammar, the courtyard plus the symmetrically composed planes, spaces and volumes, provide a view of persisting antique architectural systems. As in the 1934 project for his mother, the dining room opens up to a courtyard that is connected by a stairway to a terrace and a garden on the higher grounds of the site. Effectively, the architecture soberly counters the lush vegetation, embracing leisure spaces and treating the remainder of the property as a forest reservation.

JOÃO PROENÇA HOUSE

[PAGES 110-111]

Gávea, Rio de Janeiro (RJ), 1957
erected, with changes

Following the steep pitch of the site, the house is distributed over three floors, according to functional sectorization and room indentation intended to ensure independent use of the spaces. On the lower floor, there is a garage and an access hall; on the intermediary floor, the social sector, a terrace and the main service facilities; on the upper floor, five bedrooms for the family, a family room, bathrooms and a terrace, plus another three service bedrooms and a bathroom. Even in a relatively exiguous site for an extensive program, with spatial and technical restraints due to topography, the inside/outside play is remarkable, as in other Carlos Leão residential designs. In addition to the private terrace-garden on the upper floor, the social terrace on the intermediary floor is divided in three parts: a covered one, which creates an open veranda looking out to the street, another one that is partially covered by a pergola, and the last one which is uncovered, determining different degrees of lighting for this space and the adjacent living rooms. Near the lateral landmark on this terrace, there is a stairway leading to the garden on the upper portion of the site, which can also be reached through one of the bedrooms upstairs.
Continuing with the research started in the Regina and Carlos Soares Brandão house, the architect conjugates traditional architectural elements with modernistic ones. Though accommodating his intricate floor plans in a purist volumetric composition, he does not hide the ceramic roof tiles sloping down into the site. But the modern sense prevails also because of the use of ribbon windows, an icon of the Corbusian ensemble of ideas, particularly as the panes slide from side to side, virtually tearing the façade of the intermediary floor apart and enhancing the discreet projection of the upper floor into space.

AUGUSTO BESOUCHET HOUSE

[PAGES 112-113]

São Francisco, Niterói (RJ), 1957
erected

In the house for Augusto Besouchet, a bank clerk and trade unionist, connected for a while with the Communist Party of Brazil, located on a corner site, Carlos Leão adopted an "L" shaped floor plan for the ground level, including the hall and the vertical circulation on the vertex, with a service zone extending down the longer stem, determining a longitudinal courtyard near the lateral landmark, and the social sector on the shorter stem, with the family rooms upstairs. The courtyard determined by the building location in the site and the ceramic tile rooftop for the service area refer to traditional architecture. However, the use of continuous planes, with ceramic elements or glass casings, on the ground floor, added to the absence of outer walls and the pure and askew volumetric composition of the upper story, torn alongside by a ribbon window, countering the surrounding vegetation, afford it with a somewhat abstract nature that virtually projects over the city.

OUR LADY OF CONCEPTION CHAPEL VARGAS FARM

[PAGES 114-115]

Valença, (RJ), c. 1957
renovation and addition [partially executed]

Built in homage to Our Lady of Conception, patron saint of Vargas village, and inaugurated on May 13, 1898, the chapel was renovated by Carlos Leão when he acquired the Vargas farm in the 1950's. In addition to indicating neighbors, nominating the plants to be used in the landscape design, and detailing the bell fixation system, among other details, his project included annexes for the small single nave and rood beam chapel. The churchyard right in front of the chapel is to be accessed through a grove of eucalyptuses, near which the crucifix would be located. On the left side, the sacristy with direct access to the altar and under whose floor the architect's ashes are buried, as he wished. On the right side, along he "path to the village" and with independent entrances, a building to accommodate a classroom, two bathrooms, and a medical station—comprised of a waiting room, an office, and a bathroom—which would face the right and back of the chapel, with covered and uncovered spaces for the recreation of students. This project suggests a social care plan for local residents.

CARLOS LEÃO HOUSE – VARGAS FARM

[PAGES 116-139]

Valença (RJ), 1957
renovation project [changed afterwards]

Built in the 19th Century for a coffee plantation, the Vargas farm was acquired by Carlos Leão in the 1950's. Thought the farm's name could associate it with President Getúlio Vargas and, consequently, the architect to Getulism, he decided to preserve the way in which the farm used to be known locally.
In 1957, he started to renovate the installations, an effort that went on for years. Adapting to his own use a farm that originated many studies, from territorial scale interventions to detailing latches on the doors. In all of them, the architect's involvement with the object represented and his command of the different drawing techniques comes out clear. With floor plans, cross sections, façades and perspectives made with different materials (pencil, gouache, water colors, ball point pens and papers of various types, sizes and formats), he registers, sketches, specifies, and details everything, from the location of buildings and spaces to the farm's visual identity, passing by aediculae and complementary equipment, such as sauna and the swimming pool filter, respectively, utilitarian facilities, such as the corral, and landscaping, such as the herb garden and different benches. Drawings that vary between general and particular, often going to the point of detailed specifications that provide insights to construction techniques and processes.

Fazenda Vargas [perspectiva da piscina]
Vargas farm [perspective of the swimming pool]
Valença (RJ), 1957

The main house deserved special attention.
In addition to redesigning the façades, there are many studies for the composition of internal design—particularly the living room and "Ruth's kitchen"—with precise indications for shapes, colors, materials, furniture and other decorative objects. Wall tiles and ceramic elements comprise a separate chapter, given the amount of ideas concerning pieces/panels for wall/floor. Despite changes and additions, Carlos Leão maintained and appreciated the architectural typology of the ensemble.
Before he died, Carlos Leão asked that his body be cremated and his ashes scattered about the site of the Vargas farm. That task was performed by Marlene Gioseffi (grand-niece to Olga Gioseffi, who had sold the farm to him), who buried the architect's ashes beneath the floor of the sacristy in the chapel.

CÂNDIDO GUINLE DE PAULA MACHADO HOUSE

[PAGES 140-143]

Cabo Frio (RJ), 1958
not erected

A project for Cândido Guinle de Paula Machado, physician, banker, and business administrator. Complying with a sophisticated program for a weekend home, Carlos Leão produces one of his most exquisite designs in terms of spatial articulation and reference to elements of traditional Brazilian architecture. For land located on the clear angle of a big curve, he created an extensive front garden by pushing the house against the corner of the site. Articulated around three courtyards and connected by verandas, the sectors are distributed in precisely outlined zones on both stories: downstairs, the service rooms are near the large lateral landmark, and the social ones (including guest bedrooms and bathroom), near the façades; upstairs, the family area. Like in other projects of his, closed and open as well as covered and uncovered spaces are remarkably juxtaposed; and the intermediary solutions, such as: a dining room with a veranda located between two courtyards; the downstairs pergola space between one courtyard and a terrace looking out to the street; the covered terrace upstairs—the latter two look out to the sea! The not so strict use of modulation, the prevalence of solids over voids, and the design of straight planes and volumes, conjugating regularity with exception, symmetry with imbalance, added to the counterpoint of architectural and decorative contemporary and old elements, contributes to the exquisiteness and elegance of this summer home, so beautifully expressed in the drawings.

HOMERO SOUZA E SILVA HOUSE

[PAGES 144-149]

Cabo Frio (RJ), 1960
erected

In the second house designed by Carlos Leão for banker Homero Souza e Silva, a "summer home" in Cabo Frio, the architect located the building on the edge of the canal, with gardens and sports courts on the intermediary portion, leaving the subsidiary constructions (garage and caretakers' home) and spaces (access courtyard, vegetable garden and service courtyard) near the street, on a lateral portion of the site. In the early version of his design, again the articulation between architecture and landscaping is highlighted, as he exploits multiple possibilities by chaining closed, semi-open and open, covered, semi-covered and uncovered spaces together in order to structure independent functional sectors and to enhance enjoyment of the ambience. Concerning the main house, the erected version is very similar to the first design, with social and service sectors on the ground floor, bedrooms and bathrooms upstairs. If the downstairs floor plan was initially an orthogonal "T" shape, with a veranda underneath the upper floor perpendicularly connected to the block that would contain the social and the service rooms, the living room was eventually aligned with the veranda and the block containing the service rooms was slanted to interact with the adjacent hillside. Displayed with regular simplicity, orthogonal architectural elements compose sober façades, enhanced by the use of an abutting stone wall, while the inner walls are lined with either bricks or plaster, including wooden pillars and casings, glass panes and ceramic roof tiles, which afford a rustic nature to the building.

Suspended in equilibrium between general and particular, between the abstraction of the system and the referential load of individual elements, a clear and orderly architecture indicates the final synthesis achieved by the architect in the latter phase of his oeuvre.

SEBASTIÃO PAES ALMEIDA HOUSE
[PAGES 150-153]

Brasília (DF), 1961
erected [changed afterwards]

In the project for Sebastião Paes Almeida, a lawyer, businessman, banker and politician, this journey back to contemporary is consolidated by means of an appreciation of aspects referring to construction logics and to the expression of materials. The subtle rusticity of the "Brazilian houses" gains another emphasis altogether in this as well as in other works from the same period, with a somewhat abstract representation of the tectonics, due to the juxtaposition of inner and outer walls covered with stone or ceramic bricks over architectural elements laid out in planar fashion, establishing a purist volumetric composition. Though this one has much larger program and dimensions than the project for those houses, it is similar to other residential designs by the architect as it is located on two levels of a sloping site and structured around larger and smaller courtyards according to a strict functional sectorization. There is also a recurrent veranda-gallery between two uncovered spaces—the wings surrounding the courtyard adjacent to the living room, mediating its relationship with the *Cerrado* landscape, on the side and in the back.

JOSÉ FERREIRA DE CASTRO CHAVES HOUSE
[PAGES 154-157]

Brasília (DF), 1961
not erected

The emphasis given to the rooftop, to the underpinning elements, and to the partition walls in the exuberant perspectives of the house for engineer and businessman José Ferreira de Castro Chaves, a.k.a. Juca Chaves, indicates the main and most expressive components of the building and offers a contemporary synthesis of the house, hopefully of the architecture, as a self-supporting shelter to be built as a human dwelling. Indeed, from the entrance on, the house is perceived as a demarcated space, set aside and protected from the weather by an extensive and somewhat askew rooftop and orthogonal walls, both lined with ceramic pieces. However, the spatial dynamics suggested by juxtaposing those planes and volumes is not confirmed, because the project is marked by standalone connections between rooms and sectors, such as the hall, which is located between two gardens—the smaller one is for visual fruition only, and the larger one, for fruition with the pool—and connects the social, the family and the service zones together, in order to ensure independent use and privacy. The exception is a continuous ground floor living room flowing into another one upstairs, by means of a stairway that generates spatial fluidity expressed in the large sloping plane of the rooftop.

ANTÔNIO MARTINS BASTOS HOUSE
[PAGES 158-159]

Uruguaiana (RS), 1961
erected

A deep and tall succession of three horizontal commanding planes—a stone outer wall and two brick and mortar inner walls lined with smooth plaster and ceramic finishing bricks—constitutes the frontal public image of this house, located on an urban site that seems fair for an extensive program, composed of rooms for specific and exclusive functions, a good portion of which have large dimensions. Both the more closed than open planes and the orthogonal and pure volumes contained by those planes, blocks that look like superimposed monoliths, express the internal spatiality, which is self-centered and has been sectorially segmented. The social rooms are protected by the outer wall and the internal courtyard, which opens only to the backyard garden, sided in its turn by the service sector on the left and the family sector on the right, each one turned to the adjacent lateral landmark. Upstairs, the service zone continues above the same wing, whereas the master bedroom, with a cozy den and a private terrace, is located in the center and overlooks the street but preserves intimacy.

ARMANDO QUEIMA HOUSE AND OFFICE
[PAGES 160-161]

Valença (RJ), 1963
erected

On a proportionally long and narrow site, the construction updates a once common typology in Brazil, as it accommodates a house and a domestic medical office with independent accesses and internal communication. A stairway adjacent to the site's left landmark provides access to the small office, composed of a waiting room, a bathroom and the office space, which connects to the family sector of the house. On the other landmark, nearly half way between the street and the garage (located in the backyard), a half pergola/half slab operates like a *porte cochère* that demarcates and protects the access, which is accomplished through a hall that then leads to the family and social sectors of the house. Towards the street, a social room and a veranda compose a more public sector. Towards the other end, a more intimate living room was conceived for everyday family reunion, with furniture for meals and leisure. Opening to a courtyard, this living room connects to the master bedroom, with an exclusive bathroom and a storeroom for hunting and fishing gear, and to the services sector, composed of a scullery, a kitchen, a porch and a services court. Like in other Carlos Leão designs, this one is characterized by simple sectorization, ensuring independent circulations and an intricate spatial articulation, which optimizes the composition of internal spaces. A complementary play that is manifest externally, by adding undisguised ceramic roof tiles to volumes that enhance the planeness and orthogonality, in more or less asymmetric façades, in countering glass windows and doors with painted or stone and brick covered surfaces!

AMÉRICO LUTZ HOUSE SANTO ANTÔNIO DO PARAÍSO FARM
[PAGE 162]

Itiquira (MT), 1967
not erected

In the house designed for in-laws Américo Lutz, railroad engineer and a military, and Vilô (Edelvira de Melo Lutz), his wife Ruth's sister, Carlos Leão reinterpreted the typology of farm houses in Brazil. On a nearly flat site, the construction was distributed on two levels, with a slight difference in height between them, in order to reinforce the adopted functional sectorization. Slightly above the ground, the social and family sectors of the house are distributed around a large courtyard. The service sector has a kitchen on the same level and the remaining rooms are adjacent to a smaller courtyard, located on the ground floor, in the back of the left lateral landmark. Like in other projects of his, transition spaces are remarkable, as they are used to create different degrees of transposition between the architecture and the surroundings; in this case, in addition to the courtyards, a front veranda that opens outward and the galleries around the largest courtyard, one of which, on the posterior face, is a protected frontier between an uncovered inside and the outside, like in the Anete Oliveira Sampaio house. The composition of rooms and façades plays with regularity and exception, symmetry and imbalance, to give a picturesque touch to the building.

ELIZABETH RAJA GABAGLIA LEÃO HOUSE
[PAGE 163]

Búzios (RJ), 1968
erected

For Elizabeth Raja Gabaglia Leão, wife of Aristides Pacheco Leão, the architect's neurophysiologist brother, he conceived a summer home at the same time contained and sprawled, protected and porous. A wall and a paved walkway penetrate throughout the house, dividing it in two areas, each one articulated around a courtyard: on one side, the service rooms; on the other, bedrooms and bathrooms, with a veranda connecting both sectors as it connects the dining and the living rooms. Located slightly above the ground, the house has a multifaceted cubic volumetric composition, whose planeness derives from the asymmetric layout of the façades and from the way they are articulated, avoiding compact and massive volumes. It is an undeniable example of Carlos Leão's adherence to modern shapes, but also of his commitment with plainness and simplicity, with an architecture in which it is good to live.

MOACYR DE CARVALHO DIAS HOUSE

[PAGES 164-165]

Poços de Caldas (MG), 1968
erected

For the house of Moacyr de Carvalho Dias, and industrialist in the dairy sector, a scholar and a protector of threatened bird species, the architect structured an extensive program by reconciling sectorization with a sloping topography. The first story occupies the lower portion, in the south and part of the back, with the service facilities—a laundry, a room for the manufacture of sweets, a services courtyard and driveway—and leisure, plus the hall and a stairway leading to the upper story. From the double-height hall, this floor is distributed to all directions and includes a ceramics studio and a storeroom; in the back, the service spaces; in the front, the wing containing bedrooms and bathrooms, where another stairway leads to a third floor, with more bedrooms and bathrooms. Curiously, the family block, a purely orthogonal prism with regularly displayed openings, has greater public presence than the social sector, which opens out to the terrace with a pavilion, adjacent to the swimming pool, to the lake and to the garden, all located on the lower, more intimate portion of the site.

GEORGE HARPER JOHNSTON HOUSE

[PAGES 166-169]

Jardim Marajoara, São Paulo (SP), 1968
not erected

There are constants in both versions of this project. On a topography that slopes down from the northern corner, by the street, towards the back of the site, the architect determined a central situation for the house and subdivided it from the access hall into three interconnected wings, each determining an externally standalone block, with the service zone facing the back and the social and family sectors alternating their positions above the garage, located on lower ground. In the first version, the living rooms are superimposed, while the bedrooms are on the ground level, where access is provided from a veranda in the posterior part. In the second version, these positions change: the bedrooms gain more privacy over the garage and the social rooms interact more with the garden, which can be accessed from the dining room. The floor plans provide insights as to how Carlos Leão conducted space design *pari passu* with furniture and fixed installation details, without neglecting the owners' needs, demands and idiosyncrasies, such as the barbecue area, or Johnston's bar and personal corner, in the first version. Externally, the two designs are similar because of the compact volumes determined by the floor plans, whose façades, with prevailing solids over voids and laid out with discreet asymmetries, added to the rooftop with ceramic tiles sloping down to all directions, determine a traditionalist nature without any reference to specific times and places.

HOMERO SOUZA E SILVA HOUSE SERTÃOZINHO FARM

[PAGES 170-173]

Poços de Caldas (MG), 1975
erected

The third house designed for banker Homero Souza e Silva, the Sertãozinho farm house follows the site slope, distributed as it is over four levels, each one comprising clear cut functionalities. On the top level, there are service facilities around a courtyard, a *porte-cochère*, a veranda-gallery, and the social entrance hall, the lunch and dining rooms, the solarium and another veranda, overlooking the landscape. From the hall, stairways lead to the other levels: upstairs, there is a small room with a balcony, three bedrooms, a bathroom and a walk-in closet; downstairs, at the intermediary level, three suites and a walk-in closet, and below, again on the ground level, the living room and the terrace. Jagged along the perimeter and the height, the house profile, as determined by the way the construction sprawls about the site in accordance with design needs and options, is countered by the regularity of the floor plans for the family sector and the composition of some rooms—a counterpoint of variety and repetition, expressed in reverse by the subtle asymmetries of the façades, where the architect attempted to initiate the picturesque nature achieved by many farm houses along the time.

RENOVATION FOR THE MÁRIO AND ZIZITA HOUSE

[PAGES 174-175]

no site and no date

There is a bit of modesty and a bit of play in naming the design for Mário and Zizita's house renovation as tips. There is also an apparent informality in his graphic representation, as if the architect had picked up a piece of paper and started to scribble when his friends told him they wanted to renovate their house, by filling the gaps as ideas came up to meet their demands, needs and desires. Rigorously structured and obviously the result of assessments, research, calculations, and drafts, the design provides specific zones for minutely detailed and charming floor plans, cross sections, perspectives and notes, with proposed changes to the ground floor (dining room, courtyard, lunch room, scullery, kitchen, service area, and service quarters), to the first floor (bedroom) and to the mansard (an office for the "kids" and another one for Mário). At the same time intricate and harmonious, such as the spaces represented therein, the design underpins the breadth of Carlos Leão's artistic talent as well as his understanding of drawing as a mediator between a project's stakeholders and the graphic expression of architectural ideas enabling that construction, providing a preview of the ambience conceived for good living.

Fazenda Vargas
[estudo de painel de azulejos]
Vargas farm [sketch for a wall tile panel]
Valença (RJ), 1957

Projeto para residência de Frederico Sève [cortes]
Design for the Frederico Sève house [cross sections]
Rio de Janeiro, 1935

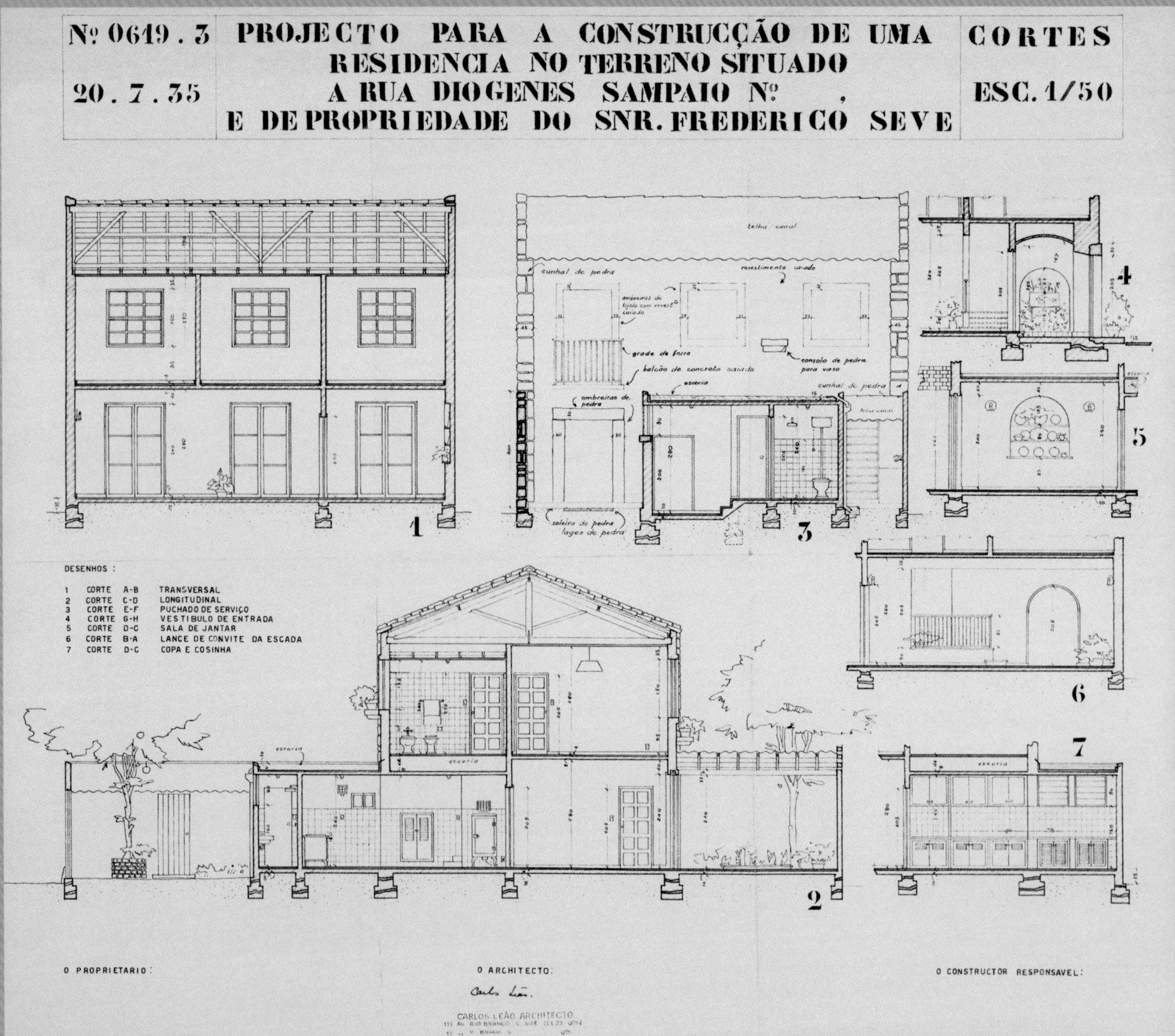

[PAGES 176-185]

CARLOS DE AZEVEDO LEÃO [1906 – 1983]

Carlos de Azevedo Leão was born in Rio de Janeiro. He married Ruth Azevedo de Mello, with whom he lived until he passed away. Graduated from the National School of Fine Arts, in 1931, he worked as an architect and fine artist. In architecture, he was an active team member in the design for the Ministry of Education and Health headquarters, in Rio de Janeiro, and worked in the National Historic and Artistic Heritage Service (SPHAN) as well as in the Bank Clerks Retirement and Pensions Institute (IAPB). As a draftsman, he excelled with nib and water color representations of female nudes, having illustrated many book covers for Vinicius de Moraes and some of the writings by Carlos Drummond de Andrade.

1931
He graduates as architect from the National School of Fine Arts, Rio de Janeiro

1932
He works in Lucio Costa and Gregori Warchavchik practice (until 1934)

1933
Navy School, Villegaignon Island, Rio de Janeiro (with the Raja Gabaglia Technical Practice)

1934
Francisca Azevedo Leão house, Laranjeiras, Rio de Janeiro

1935
Project for the Viaduto do Chá tender, São Paulo (with engineers Paulo Fragoso and Bjarne Ness—2nd best bidder)
Project for the Viaduto do Brás tender, São Paulo (with Raphael Borges Dutra)
Project for the Board of Coffee Technical Service headquarters, São Paulo
Project for the Ministry of Education and Public Health tender, Castelo, Rio de Janeiro (with Lucio Costa)
Oswaldo Cruz Filho house, Botafogo, Rio de Janeiro
Frederico Sève house, Humaitá, Rio de Janeiro
Paulo de Oliveira Sampaio house, Ipanema, Rio de Janeiro (demolished)
Design for Joaquim Nicolau Filho house, Gávea, Rio de Janeiro

1936
Project for the Engineering Club tender, Downtown, Rio de Janeiro (with Lucio Costa)
Project for the Ministry of Education and Public Health, Downtown, Rio de Janeiro (with Lucio Costa, Affonso Eduardo Reidy, Ernani Vasconcellos, Jorge Machado Moreira, and Oscar Niemeyer)
Project for the University City of Brazil, Quinta da Boa Vista, Rio de Janeiro (with Le Corbusier, Lucio Costa, Affonso Eduardo Reidy, Ernani Vasconcellos, Jorge Machado Moreira, and Oscar Niemeyer)
Project for the Ministry of Education and Health, Downtown, Rio de Janeiro (with Le Corbusier, Lucio Costa, Affonso Eduardo Reidy, Ernani Vasconcellos, Jorge Machado Moreira, and Oscar Niemeyer)

1937
Carlos Leão participates in the organizing committee for the special edition of Raul Bopp's Cobra Norato, with etchings by Oswaldo Goeldi (with Luiz Vergara, José de Queiroz Lima, Annibal Monteiro Machado, and Carlos Echenique Jr.)
Project for the Pedro II School, Praia Vermelha, Rio de Janeiro (with Ernani Vasconcellos)
The Ministry of Education and Health building, Downtown, Rio de Janeiro (with Lucio Costa, Affonso Eduardo Reidy, Ernani Vasconcellos, Jorge Machado Moreira, and Oscar Niemeyer)
Restoration of the former Federal Senate for the National Historic and Artistic Heritage Service (SPHAN), Rio de Janeiro

1938
Elected member of Brazilian Institute of Architects' Managing Board
Hospital for TB Patients, Campo Grande, Rio de Janeiro (with Jorge Machado Moreira)
Study for a SPHAN Hotel, Ouro Preto, MG
Project for a Railroad Station, Ponta Porã, MS

1939
Head of the Architecture Service in the University of Brazil's Planning Commission (composed also by Hélio Uchoa, Jorge Machado Moreira, Oscar Niemeyer and, as of 1940, Attílio Correa Lima, and Aldary Toledo)
Renovation for the Carlos Leão house, at the Cavalão Hillside, Niterói, RJ

1940
Carlos Leão joins the Bank Clerks Retirement and Pensions Institute (IAPB), chairing the Real Estate Portfolio
Residential building for Gilda Carneiro de Mendonça, Ipanema, Rio de Janeiro (demolished)

1941
Elected managing advisor for the Brazilian Institute of Architects, for the 1941-42 period
Roberto Vitor De Lamare house, Fonte da Saudade, Rio de Janeiro

1942
Restoration of the Our Lady of Boa Viagem church for SPHAN, Boa Viagem Island, Niterói, RJ
Virgílio Mello Franco house, Jardim Botânico, Rio de Janeiro (changed)
João José Barbosa Quental house, Jardim Botânico, Rio de Janeiro (with Ernani Vasconcellos; changed)
Anete Oliveira Sampaio house, Leblon, Rio de Janeiro (with Wladimir Alves de Souza; demolished)
Lota de Macedo Soares house, Samambaia, Petrópolis, RJ (changed)
Lota de Macedo Soares studio, Samambaia, Petrópolis, RJ (changed)

1943
Gustavo Corção house, Samambaia, Petrópolis, RJ (changed)
José Cláudio Costa Ribeiro house, Cabo Frio, RJ (demolished)
Design for the Astreia Behring de Oliveira Mattos house, Miguel Pereira, RJ

1944
Exhibition “Old and Modern Brazilian Architecture—Brazil Builds,” São Paulo
Bela Vista Sanatorium design for the State Employees Pensions and Retirement Institute (IPASE), Correias, Petrópolis, RJ (with Jorge Machado Moreira)
Abel Ribeiro house, Araras, Petrópolis, RJ (changed)

1945
Project for the Cataguases Movie Theater, Cataguases, MG (with Aldary Toledo)
Sanatorium design for Ipase, Jacarepaguá, Rio de Janeiro (with Jorge Machado Moreira)

1946
Zete van Erven Lage house, Itaipava, Petrópolis, RJ (changed)
Building A design for Itatiaia building contractors, Jardim Redentor, Rio de Janeiro (with Jorge Machado Moreira)
Project for the Samambaia development, Petrópolis, RJ (not erected in accordance with original plans)
Mouse Trap Building design for Aguinaldo de Freitas, Carlos Lacerda, Francisco de Assis Barbosa, Luiz Carlos de Oliveira, Maurício de Lacerda Filho, and Odylo Costa (Junior), Jardim Botânico, Rio de Janeiro
Renovation for the Mário Silva Pinto house, Ipanema, Rio de Janeiro

1947
José Barretto Filho house, Samambaia, Petrópolis, RJ (changed)
Gilberto de Lyra Lemos house, Ipanema, Rio de Janeiro
Sanatorium A design for the National Service Against Tuberculosis (SNT) (with Jorge Machado Moreira)
Sanatorium B design for the SNT (with Jorge Machado Moreira)

1948
Renovation for the Irene de Veiga Carvalho house, Botafogo, Rio de Janeiro
Renovation for the Banco Português do Brasil' headquarter building, Rio de Janeiro (with Raphael Borges Dutra; not executed in accordance with the original plans)

1950
Project for the Mother Church, Araruama, RJ
Project for the Carlos Lacerda house, Praia do Vidigal, Rio de Janeiro

1951
Hélio Fraga house, Gávea, Rio de Janeiro
Jesse Teixeira house, Gávea, Rio de Janeiro (changed)

1952
Residential building design for Napoleão de Alencastro Guimarães, Leblon, Rio de Janeiro

1953
Bank Clerks House (for the Bank Clerks Retirement and Pensions Institute—IAPB), Jardim Botânico, Rio de Janeiro
Paulo Lynch house, Gávea, Rio de Janeiro (changed during construction)
Francisco Clementino de San Tiago Dantas house, Botafogo, Rio de Janeiro (changed)

1954
Exhibition “Brasilen Baut,” Kunstgewerbe Museum, Zurich

1955
José Vasconcellos Carvalho house design, Laranjeiras, Rio de Janeiro

1956
Regina e Carlos Soares Brandão house, Gávea, Rio de Janeiro
Homero Souza e Silva house, Jardim Botânico, Rio de Janeiro

1957
Carlos Leão retires from the IAPB and fully dedicates to drawing and the Vargas farm
Renovation for the Carlos Leão house, Vargas farm, Valença, RJ
João Proença house, Gávea, Rio de Janeiro (changed)
Augusto Besouchet house, São Francisco, Niterói, RJ
Jesse Teixeira house design, Praia da Costa, Vitória
Renovation for the Lindolpho de Carvalho Dias apartment, Ipanema, Rio de Janeiro

1958
Cândido Guinle de Paula Machado house design, Cabo Frio, RJ

1960
Homero Souza e Silva house, Cabo Frio, RJ

1961
Sebastião Paes Almeida house, Brasília
José Ferreira de Castro Chaves house design, Brasília
Ernesto de Carvalho Dias house, Chiqueirão farm, Poços de Caldas, MG (changed)
Antônio Martins Bastos house, Uruguaiana, RS
Francisco Martins Bastos ranch house, Uruguaiana, RS

1962
Renovation for the Humberto de Moraes Franceschi house, Botafogo, Rio de Janeiro

1963
Building intervention in the Lindolpho de Carvalho Dias house, Jardim Botânico, Rio de Janeiro
Armando Queima house design, Valença, RJ

1964
Project for an exhibition on Aleijadinho, to be held abroad by the Itamaraty

1966
Solo exhibition, Relevo gallery, Rio de Janeiro
Solo exhibition, Museum of Art, Belo Horizonte
Lígia Cordovil house, Quitandinha, Petrópolis, RJ (changed)
Renovation for the Claudine de Castro house, Botafogo, Rio de Janeiro

1967
Solo exhibition, Atrium gallery, São Paulo
Solo exhibition, National Hotel, Brasília
Solo exhibition, Barcinski gallery, Rio de Janeiro
Solo exhibition, Santa Rosa gallery, Rio de Janeiro
Antar Padilha house design, Jardim Botânico, Rio de Janeiro
Américo Lutz house design, Santo Antônio do Paraíso farm, Itiquira, MT

1968
Elizabeth Raja Gabaglia Leão house, Búzios, RJ (demolished)
Moacyr de Carvalho Dias house, Poços de Caldas, MG
George Harper Johnston house design, Jardim Marajoara, São Paulo
Noêmia Padilha house design, Jardim Botânico, Rio de Janeiro
Renovation and restoration for the Lívia Alvim Menge house, Glória, Rio de Janeiro

1970
Solo exhibition, Decor gallery, Rio de Janeiro
Solo exhibition, Irlandini gallery, Rio de Janeiro

1971
Solo exhibition, Current Brazilian Art Panorama, São Paulo

1972
Exhibition "50 years of modern architecture," Museum of Modern Art, Rio de Janeiro
Solo exhibition, Astreia gallery, São Paulo
Solo exhibition, Chica da Silva gallery, Rio de Janeiro

1973
Solo exhibition, São Paulo's 12th International Biennial, São Paulo
Solo exhibition, Marte 21 gallery, Rio de Janeiro

1974
Solo exhibition, Marte 21 gallery, Rio de Janeiro
Solo exhibition, Intercontinental gallery, Rio de Janeiro

1975
Solo exhibition, Marte 21 gallery, Rio de Janeiro
Solo exhibition, Gauguin gallery, Fortaleza
Homero Souza e Silva house, Sertãozinho farm, Poços de Caldas, MG

1976
Solo exhibition, Debret gallery, Paris
Solo exhibition, National Fine Arts Museum, Rio de Janeiro
Solo exhibition, Cesar Ache gallery, Rio de Janeiro

1977
Solo exhibition, Sala de Exposiciones, Madrid

1979
Solo exhibition, Galeria d'Arte "Casa do Brasil," Roma
Solo exhibition, Eagle gallery, Curitiba

1980
Solo exhibition, Rastro gallery, São Paulo

Unconfirmed dates

Residential building design for Fábio Prado, São Paulo
Rui Coutinho house design, Jardim Botânico, Rio de Janeiro
Residential building design, Ipanema, Rio de Janeiro
House design, Marimbondo country home
Olga and Teófilo Leão house design, São Paulo
Fábio Carneiro de Mendonça house design, Ipanema, Rio de Janeiro
"Miramar" viewpoint and aquarium design, Praia Vermelha, Rio de Janeiro
Savoy Plaza Hotel design, Poços de Caldas, MG
J. M. house design, Bagé, RS
Country home design
Building design for revenue purposes
Study for a seaside house

Posthumous Exhibitions

1984
"Carlos Leão: Drawings and Water Colors," Museum of Modern Art, São Paulo

1985
"Carlos Leão—Architecture," Rodrigo Mello Franco de Andrade Gallery, Funarte/Inap, Rio de Janeiro
Retrospective, Catholic University, Rio de Janeiro (solo)

1988
"Carlos Leão—Architecture," FAU/UFRJ, Rio de Janeiro
"Hedonism: Gilberto Chateaubriand Collection," Edifício Gilberto Chateaubriand Gallery, Rio de Janeiro

1993
"Erotic Art," Museum of Modern Art, Rio de Janeiro

1995
"Carlos Leão—Architecture," FAU/UFRJ, Rio de Janeiro

1998
"The Collector," Museum of Modern Art, São Paulo
"Impressions: the Art of Brazilian Etching," Banespa-Paulista Cultural Space, São Paulo

1999
"Everyday/Art. Consumption," Itaú Cultural, São Paulo

2001
"Brazilian Water Colors," Light Cultural Center, Rio de Janeiro

2003
"Still life," BM&F Cultural Space, São Paulo

2009
"Carlos Leão, Drawings," Caixa Cultural, São Paulo (solo)

Projeto de sanatório para o Instituto de Previdência e Assistência dos Servidores do Estado (Ipase), com Jorge Machado Moreira [corte]
Design for sanatorium at the State Employees Pensions and Retirement Institute, with Jorge Machado Moreira [cross section]
Rio de Janeiro, 1945

ARCHITECTURE MAY BE A HOBBY ONLY FOR DILETTANTES
[PAGES 192-193]

Carlos Leão
[*O Jornal da Semana*, 3-11/06/1953]

"Max Bill is wrong. He is not right when he makes somewhat enigmatic restrictions to the Ministry of Education building, much less so when he states that Oscar Niemeyer did not consider the social role of what he meagerly classified as the Pampulha architectural complex." This is architect Carlos Leão's opinion of statements made by Max Bill to a reporter who, an architect himself, evidently could not refrain from faithfully interpreting them.

The Ministry of Education Building

Carlos Leão is trenchant:

> I cannot understand, for instance, Max Bill's criticism of an absent human scale in the Ministry of Education building. I understand human scale in a building that big can only be provided by certain elements of detail, such as groundsills and windowsills, steps, thresholds, et cetera. If Max Bill thinks pedestrians are crushed by the "immense mass" of the Ministry of Education, what would they be reduced to in front of the Empire State or the UN buildings? They are likely to feel atomized.
>
> It is an equal nonsense when he talks about ventilation, which he says would benefit from the use of an internal courtyard. It just so happens that this courtyard would have to be a veritable shaft of small dimensions, such as a chimney, in order to produce the ascending hot air currents. In the Ministry of Education building, those elements were used exclusively for the ventilation of sanitary facilities.
>
> Indeed—stresses Mr. Carlos Leão, one of the architects for the Ministry of Education—internal courtyards will only find correct application in one-story buildings, or two, at the most, because courtyard proportions in the midst of many stories would scale up to those of a park. That being the case, the refreshing ambience referred to by Max Bill would be doomed.
>
> — However, he proceeds, his criticism goes on. He went so far as the building's functional point of view. However, he admits to knowing it externally, only. In spite of that, he prefers the academic solution of an internal courtyard, with rooms facing the four directions. In that, he failed to consider ventilation and insulation of the pieces, which, in our climate at least, can be a major issue, exactly from the functional point of view.

Criticism to the aesthetics

Asked about the Swiss gentleman's opinion about the usefulness of wall tiles, Carlos Leão remarked:

> — Max Bill forgets that, if the wall tiles on the Ministry of Education building are nothing but useless, then the same ought to be true for the entire sculpture, which has justly been awarded on the first São Paulo Biennial. He is wrong, though. They are not useless. In addition to being traditional in Brazilian architecture, tiles provide strong and impermeable lining to the walls, lending lightness to the constructive elements on the ground floor and enhancing the mass of the building. On the terrace, for instance, the same lightness was conferred by a lining of blue rendition tiles.
>
> — His opinion of mural painting, our interviewee ponders, is so outdated that I had the impression I was once again listening to a History of Art professor I had back in college. The truth is, a building owner may wish to resort to mural painting for illustrative purposes, but an artist resorts to it with another objective in mind. At all times, it has represented to architects an element of composition. They resort to it whenever they wish to keep a wall from standing out in an ensemble, just as Portuguese coffee shop owners resort to "imaginary landscapes" or to the use of mirrors. In Le Corbusier's fortunate expression, a mural "explodes" the wall. Max Bill prefers to use easel paintings. But this is not an architect's, but rather a decorator's role. Easel paintings are furniture, not architecture.

Pampulha and other stuff

> — Nor do I understand how Max Bill ever came to the conclusion that, in Pampulha, Oscar Niemeyer did not consider the social role of the complex. To my knowledge, the casino was really built for gambling; the ball room, for dancing; the church, for praying; and so on. Furthermore, he failed in his interpretation as he considered Pampulha as a complex.
>
> To be precise, they are isolated buildings, located on separate sites, a construction that abided by the municipal plan, which was looking at enhancing the sites in order to facilitate their sales. They cannot, in good faith, be considered as an architectural complex, such as New York's UN buildings and Athens' Acropolis. In Pampulha, the municipal plan provides for hundreds of other buildings in the future, by other architects, among those that have already been built.
>
> — From the statements made by Max Bill, I like his praise of Reidy, because it is fair, Mr. Carlos Leão goes on, on account of this Pedregulho complex. However, his criticism of Lucio Costa is unfair, about the Guinle Park, due to the fact that it is geared for wealthy property owners. As an architect, Lucio Costa has never refrained from serving the wealthy. Anyone who knows him or his trends is perfectly aware of that. The opinion issued by the sculptor was, indeed, a bit rushed.
>
> — Strangely enough, Max Bill first says he considers Gropius—the father of Bauhaus—as the most important modern architect, and then says architecture ought to be practiced as a hobby. However, Gropius's Bauhaus trained skillful architecture technicians, "master foremen," in the true sense of the word.
>
> Art may be a hobby to some dilettantes, but never to true artists. The latter are professionals, which does not keep them from making art with love and enthusiasm. Such are Matisse, Picasso, and Braque, for instance, true brush professionals.
>
> Hobby is the art of Hitler and Churchill.

The beneficial Le Corbusier influence

And to finalize the interview, architect Carlos Leão makes his last plea against Max Bill:

> — Really, Le Corbusier greatly influenced Brazilian modern architecture. Which I consider to be beneficial, by the way! But if our architects initially pursued, perhaps a bit too eagerly, the footsteps of "uncle Corbu," as we called him, there is no denying that today a Brazilian architecture already exists, with its own forms and expressions.
>
> Proof of that are the works of the very architects mentioned by Max Bill.

THE BALLAD OF BIG HORSE [*BALADA DO CAVALÃO*]

[PAGE 195]

Vinicius de Moraes [Rio de Janeiro, 1946]

Afternoons die hard
On the hills of the Big Horse…
They have a soothing power.
In the bottom of my heart,
So much blood is shed!

Lull, hammock, lull...

Susana left my soul
In agitated turmoil
Her cot was left empty
On the hills of the Big Horse:
Oh, little evening star!

Zest of my life,
Blood of my passion!

The angel an angel took
From her father's longing
Fifteen-day-old Susana
Flew away on a plane
A new record on the book!

How hard do afternoons die!

Tell me about your longing
That the saint might appease:
I would make another son
A father I'd love to be!

Flocks of birds fly
On the pink crystal air.
I wish I would be taken
Where the currents seem to care
– To a large sea of blood!

And life goes by so fast
On the hills of the Big Horse
Among so many flowers,
So silly, mistletoes
Parasitic of the hour.

So many empty bottles
Limes scattered on the floor!

Will you whisper me a verse,
A rather ungrateful line?
– Once there was a poet
On the hills of the Big Horse
So naughty, this one, he was
A crybaby, he came down
And was dragged to the ground
Squeezed his heart dry
What ever became of him?
Oh, spirits and lime.

Susana was born a brunette
And she is a Mello Moraes:
She is my little daughter
The apple of my eye!

The Saint Francis Cove
That I see from high above
From the hills of the Big Horse!
(The Saint Francis Cove
Not Francis Xavier
It will always be Assisi:
Saint Francis Xavier
Is a busy subway station)
Where is my joy, oh my!
My love is elsewhere…

The house of a thousand windows
Is but my brother's house
They lie in wait for me
Early to bed, as they fear
A trio from the Big Horse

Lull, hammock, lull…

Carlos Leão
Sem título, s. d. *Untitled, n. d.*
gravura *engravig* | 56 x 38 cm
Coleção particular *Private collection*

"Uncle Caloca once told me that good architecture is like good music, it can change what you're feeling —rhythms, proportions, harmony."

Susana de Moraes

CARLOS LEÃO AT RELEVO GALLERY

[PAGE 197]

Vinicius de Moraes
[Transcribed from *Jornal do Brasil*, August 12, 1966]

I don't know whether Carlos Leão's name means much to the Le Bateau generation: probably not. I am sure, though, that the generation of '45 knows him, albeit his work they might not. However, in my generation there is no one who does not look up to the architect, the designer, the man. There has hardly ever been a man in Brazil—such as Goeldi, Lucio Costa, Guignard, Volpi, Ovalle, Pixinguinha—so intimately connected with the artist, and so much to scale.

Hence the importance of their legend and the fact that they are paradigms of an existential behavior, whose nobility is a role model forever. Lucio and Volpi are more austere beings, with no demerit there; now Goeldi, Guignard, Ovalle and Pixinguinha were more given to non-conformism, with no negative allusions either.

What is important, though, is that each one has, in his own way, in the context of Brazilian arts, that element of human grandeur without which, however good an artist, one loses in dimension and substance. Jaime Ovalle, for instance: the only one of those who did not leave any major oeuvre; he may be said to have influenced, through his company and behavior, not only men from Manuel Bandeira's generation, but also men from my generation and from the intermediary one as well, which includes Oto Lara Resende, Paulo Mendes Campos, and Fernando Sabino. And this is just because he carried that element of grandeur, in his acts and words, which made him grow more than some of his contemporary fellows, who—for fear, egoism, or pettiness—did not keep up with what they created.

Carlos Leão is… pure, in the broadest sense of the word. This *Carioca*, who is at the same time educated and popular, is not about to compromise with fashion or trends, nor will he ever slip in human relations. Being that way required no effort on his part, for any effort would require some discipline, which would, in its turn, preempt some of the beauty. A simple man, leading a simple and frugal life—I know no other with a more naturally exquisite artistic taste, and few are those who know as much, particularly of fine arts. Carlos Leão embarks on whatever artistic journey he feels like, never ever leaving his tiny apartment in Ipanema or his farm in the vicinity of Valença: and I believe this is part of the reason why he never left Brazil. A great architect, whose name is connected to his early new manifestations—he was a member of the group led by Lucio Costa that initiated the movement of modern Brazilian architecture—he always hesitated quite a bit before he started any design, except when he was given total freedom: and that is why he worked much more for family and friends than for paying customers.

But those who were lucky enough to secure his design are now owners of a true, beautiful, solid and comfortable house, in such authentic good taste that a great many people would rate him among the top three Brazilian architects. For Carlos Leão practices, as I see it, true modernity, true functionality, making houses just as Marliyn Monroe or Sophia Loren were made: beautiful, splendid, unaffected, and good to reside. For the architect looks after the tiniest of details, from roof tiles and blinds to light switches, doorknobs and latches. Forever passionate about the plant world, he has the potential of a major farmer allied to that of a major gardener (or landscapist, as it's now fine to say). He arranges his gardens, however small they may be, with such grace and spontaneity that they look like the workings of nature itself: a nature that would believe in its own cultivation. And he knows, like few others would, the secret of pampering flowers, greens and vegetables: their cycles, their estrus, their pains. True enough, Carlos Leão has the soul of a naturalist, capable of saying the name of trees he sees and birds that fly just as easily as he says, at a glance, the type of pencil that was used on a drawing, the number and even the shop where it was bought.

His drawings are unparalleled. He used to practice almost only tracing, with well-absorbed influence from Grosz, the Picasso for the Classic phase, Rodin and Despiau: influence without servility, only as if he could fine-tune with the tracing of those masters. For Carlos Leão is a free and uncompromising artist! But he has remained loyal to this line. Nowadays, like some major draftsmen from last century, he smears the paper with zones in gouache or oil, in full blend with the drawing, thus adding a mysterious dimension between drawing and painting. His single copy etchings—a process he had been practicing by stealth, with the most beautiful results—are a good example of his current mastery. They are beautiful pieces, usually around the same theme: women, their body, their world of love, sex and poetry. His prostitutes are not to be equaled, lyric and enigmatic, as if sanctified in the baroque ambience of brothels, to the curious or indifferent eye of a customer, or better, a bourgeois.

After an entire life of his own, and thanks to the persistence of his closest friends, particularly of his wife, this excellent translator called Ruth Leão, Carlos Leão now makes his first exhibition at the Relevo Gallery. In the picture of Brazilian fine arts, the fact is a happening.

INTRODUCTORY

[p. 2] Carlos Leão on the terrace of his Cavalão [Big Horse] hillside house, Niterói (RJ), 1940's

[p. 6] Carlos Leão and Oscar Niemeyer, forefront, 1938

[p. 8] Design for the Paulo de Oliveira Sampaio house, Rio de Janeiro, 1935 [perspective]

[p.10] Group of intellectuals, architects and artists together for a luncheon on the Urca hilltop, on November 8, 1931, in homage to Gregori Warchavchik on account of the Nordschild House exhibition, in Rio de Janeiro. From left to right, from top to bottom: Mário de Amaral, Hernani Coelho Duarte, Manoel Dias, Alcides da Rocha Miranda, Guilherme Leão de Moura, Paulo Warchavchick, Carlos Leão, Cícero Dias, João Lourenço, Álvaro Ribeiro da Costa, Mário Pedrosa, Pedro Paulo Paes de Carvalho, Gregori Warchavchik, Lucio Costa, Cândido Portinari, Cesário Coelho Duarte

[p.11] Design for the Brazil University Quinta da Boa Vista campus, in Rio de Janeiro, 1936; with Le Corbusier, Affonso Eduardo Reidy, Ernani Vasconcellos, Jorge Machado Moreira, Lucio Costa, and Oscar Niemeyer [perspective of the entire complex]

CARLOS LEÃO, MASTERFULLY COMMENSURATE
[pages 13-23]

1 Design for the Cândido Guinle de Paula Machado house, Cabo Frio (RJ), 1958 [façade | detail]
2 Bid design for the Engineering Club building tender, Rio de Janeiro, 1936; with Lucio Costa [perspective]
3 Design for the Board of Coffee Technical Service headquarters, São Paulo, 1935 [perspective]
4 Design for the Pedro II School, Rio de Janeiro, 1937; with Ernani Vasconcellos [student access]
5 Design for the Brazil University Quinta da Boa Vista campus, Rio de Janeiro, 1936; with Le Corbusier, Affonso Eduardo Reidy, Ernani Vasconcellos, Jorge Machado Moreira, Lucio Costa, and Oscar Niemeyer [perspective]
6-7 Abel Ribeiro house, Petrópolis (RJ), 1944
8 Design for the Frederico Sève house, Rio de Janeiro, 1935 [perspective]
9 Design for the Frederico Sève house, Rio de Janeiro, 1935 [longitudinal cross section]
10 Design for the Hélio Fraga house, Rio de Janeiro, 1951 [courtyard perspective]
11 Design for the José Cláudio Costa Ribeiro house, Cabo Frio (RJ), 1943 [2nd version | perspective]
12 Design for the Regina and Carlos Soares Brandão house, Rio de Janeiro, 1956 [perspective from the courtyard]
13 Homero Souza e Silva house, Rio de Janeiro, 1956 [living room view from the courtyard]
14 Sebastião Paes Almeida house, Brasília, 1961 [northeast façade]
15 Design for the Homero Souza e Silva house, Rio de Janeiro, 1956 [tryout perspective of the complex]

CONSTRUCTION AND PROJECTS

[p. 25] Design for the José Cláudio Costa Ribeiro house, Cabo Frio (RJ), 1943 [courtyard perspective]

Francisca Azevedo Leão house
[pages 26-27]

1 House construction in progress
2 Entrance to the house
3 Top down view of courtyard and landscape-terrace
4 Courtyard
5 Living room with a view of the courtyard
6 Floor plan of the access stairway, ground level
7 Floor plan of the access stairway, intermediary level
8 Floor plan of the first story: (1) living room, (2) scullery, (3) kitchen, (4) maid's quarter, (5) family room, (6) bedroom
9 Floor plan of the second story: (4) maid's quarter, (6) bedroom, (7) walk-in closet, (8) living room, (9) library
10 Floor plan of the third story

Oswaldo Cruz Filho house
[pages 28-29]

1 Old veranda, transformed into an extension to the living room, with a courtyard in the back
2 Dining room, with openings to the living room and the courtyard
3 Floor plan of the first story: (1) living room, (2) offico, (3) dining room, (4) scullery, (5) kitchen, (6) maid's quarter, (7) garage
4 Floor plan of the second story: (8) bedroom
5 Façade

Savoy Plaza Hotel
[pages 30-33]

1 Floor plan of the ground level
2 Floor plan of the second level
3 Perspective of the ensemble
4 Perspective of the Junqueiras street access
5 Perspective of the entrance hall
6 Perspective of solarium and terrace [another version]
7 Perspectives of courtyard and entrance

Ministry of Education and Public Health
[pages 34-35]

1 Floor plan of the ground level
2 Floor plan of the first level
3 Perspective
4 Cross section

Ministry of Education and Health
[pages 36-37]

1 Cross section
2 Floor plan of the ground level
3 Floor plan of the first level
4 Floor plan of the standard story [from the third to the sixteenth]
5 Northeast and auditorium façades

Pedro II School
[pages 38-39]

1 Perspective of the gymnasium
2 Perspective of the main entrance
3 Perspective of the visitors room
4 Perspective of the complex
5 Perspective of the main entrance and auditorium
6 Façades

Carlos Leão house – Cavalão
[pages 40-43]

1 House before renovation
2 Floor plan of the first story: (1) living room, (2) dining room, (3) bedroom, (4) office, (5) walk-in closet, (6) kitchen, (7) deposit, (8) maid's quarter
3 Floor plan of the second story: (9) studio
4 Perspective of the renovated house
5 House seen from below
6 Terrace with a view of the office and the veranda, and the Guanabara Bay in the back
7 Living room with veranda in the back
8 Dining room with courtyard in the back

Building for Gilda Carneiro de Mendonça
[pages 44-45]

1 Floor plan of the ground level: (1) living room, (2) dining room, (3) scullery, (4) kitchen, (5) service area, (6) bedroom, (7) maid's quarter, (8) garage
2 Floor plan of the standard story: (1) living room, (2) dining room, (3) scullery, (4) kitchen, (5) service area, (6) bedroom, (7) maid's quarter
3 Floor plan of the mansard: (9) void of the living room, (10) living room with mansard, (11) deposit
4 Perspective

Lota de Macedo Soares house
[page 46]

1 Floor plan: (1) living room, (2) bedroom, (3) solarium, (4) kitchen, (5) deposit, (6) pantry, (7) garage
2 Façade

Lota de Macedo Soares studio
[pages 47-49]

1 Floor plan: (1) living room, (2) dining room, (3) bedroom, (4) scullery, (5) kitchen
2 Façade
3 Living room
4 Living room, with dining room in the second plane

Anete Oliveira Sampaio house
[page 50]

1 Façade
2 Floor plan of the first story: (1) living room, (2) dining room, (3) kitchen, (4) maid's quarter
3 Floor plan of the second story: (5) family room, (6) bedroom, (7) bathroom

Gustavo Corção house
[page 51]

1 Floor plan: (1) living room, (2) kitchen, (3) courtyard, (4) deposit, (5) maid's quarter, (6) bedroom, (7) garage, (8) office
2 House seen from the courtyard

José Cláudio Costa Ribeiro house
[pages 52-57]

1 Floor plans, cross section and perspective [second version]
2 Floor plans, façades and perspectives [first version]
3 Façades [third version]
4 House
5 Veranda with sea in the back
6 Floor plan of the bottom story: (7) garage
7 Floor plan of intermediary and upper stories: (1) living room, (2) dining room, (3) kitchen, (4) service area, (5) veranda-gallery, (6) bedroom
8 Rooftop detail
9 Veranda and rooftop detail
10 Veranda with bedroom wing in the back
11 House seen from the garden
12 Stairway leading to the veranda

Bela Vista Tuberculosis Sanatorium
[pages 58-59]

1 Perspective
2 Southwest façade
3 Floor plan of the ground story
4 Floor plan of the standard story
5 Floor plan of the tenth story
6 Northeast façade

Cataguases Movie Theater
[pages 60-63]

1 Façade of the Edgard Movie Theater
2 Panel of wall tiles [detail]
3 Façade [detail]
4 Floor plan of the first story
5 Floor plan of the second story
6 Floor plan of the third story
7 Floor plan of the fourth story
8 Cross section A-B
9 Perspective
10 Stage and seats seen from the mezzanine
11 Floor seen from the stage
12 Main hall in the movie theater
13 Mezzanine
14 Seats
15 Stairway [detail]

Mouse Trap Building
[pages 64-65]

1 Floor plans, cross section, façade and perspectives
2 Perspective of the front part

Zete van Erven Lage house
[page 66]

1 Floor plan of the lower story: (8) garage, (9) deposit
2 Floor plan of the upper story: (1) living room, (2) dining room, (3) walk-in closet, (4) bedroom, (5) kitchen, (6) service area, (7) maid's quarter
3 Façade

José Barretto Filho house
[pages 67-69]

1 House seen from the garden with veranda-gallery to the left
2 Living room seen from the courtyard
3 Entrance with garage on the left and veranda-gallery on the right
4 Living room with entrance door to the right
5 Garden with veranda-gallery in the back
6 Floor plan: (1) living room, (2) bedroom, (3) walk-in closet, (4) scullery, (5) kitchen, (6) garage

Araruama Mother Church
[pages 70-73]

1 Perspective of the complex
2 Floor plans and perspectives
3 Façades and cross sections

Hélio Fraga house
[pages 74-83]

1 Floor plan of the lower story: (9) garage, (10) deposit
2 Floor plan of the upper story: (1) living room, (2) office, (3) family room, (4) bedroom, (5) dining room, (6) kitchen, (7) service area, (8) maid's quarter
3 Front façade
4 Floor plans, perspectives and notes with proposed design changes
5 Third design version
6 Floor plan and perspective of the landscape design
7 Access stairway
8 Floor plans, cross sections and façades detailing the internal courtyard
9 Internal courtyard
10 Perspective of the garden
11 Garden and lateral façade
12 Lateral façade with living room and courtyard in the back

Building for Napoleão de Alencastro Guimarães
[pages 84-86]

1 Perspective of the building
2 Floor plan of the ground floor
3 Perspective of the living room
4 Floor plan of the penthouse
5 Floor plan of the standard story
6 Façade and longitudinal cross section

Francisco Clementino de San Tiago Dantas house
[page 87]

1 Floor plan of the lower story: (1) living room, (2) office, (3) gallery, (4) dining room, (5) lunch room, (6) kitchen, (7) service area, (8) staff quarters, (9) chicken pen, (10) deposit, (11) garage
2 Floor plan of the upper story: (2) office, (12) library, (13) small room, (14) family room, (15) bedroom, (16) walk-in wardrobe, (17) walk-in closet, (18) fitting room
3 Façade

Casa da Bancária [Bank Clerk] Building
[pages 88-89]

1 Floor plan of the ground level: (1) porch, (2) living room, (3) lobby, (4) men's toilet, (5) women's toilet, (6) kitchen, (7) restaurant, (8) garbage collection
2 Floor plan of the standard story: (1) bedroom, (2) bathroom, (3) wardrobe, (4) garbage collection, (5) circulation
3 Floor plan of the first story with proposed furniture for bedrooms and for a common living room
4 Perspective of the building
5 Front and lateral façades
6 Perspective of the minimum unit
7 Perspective of the restaurant

José Vasconcellos Carvalho house
[pages 90-95]

1 Floor plan [first version]
2 Perspective [first version]
3 Floor plan [second version]
4 Internal perspectives [second version]
5 Perspective [second version]
6 Façades [second version]
7 Rooftops cross sections and floor plan [second version]

Olga and Teófilo Leão house
[pages 96-97]

1 Floor plans, cross sections and façades

Regina and Carlos Soares Brandão house
[pages 98-99]

1 Floor plan of the lower story: (1) living room, (2) dining room, (3) kitchen, (4) lunch room, (5) service area, (6) playroom, (7) garage
2 Floor plan of the upper story: (8) walk-in closet, (9) bedroom, (10) maid's quarter
3 Façade
4 Perspective [second version]
5 Perspective [first version]

Homero Souza e Silva house – Rio de Janeiro
[pages 100-109]

1 Tryout perspective for the complex
2 Façade seen from the street
3 Floor plan of the lower level: (1) garage
5 Floor plan of the intermediary level 1: (2) playroom, (3) scullery, (4) swimming pool
5 Cross section
6 Floor plan of intermediary levels 2 and 3: (3) scullery, (5) living room, (6) family room, (7) cellar, (8) dining room, (9) lunch room, (10) kitchen, (11) service area, (12) laundry, (13) walk-in wardrobe, (14) walk-in closet, (15) bedroom
7 Floor plan of intermediary story 4 and top floor: (15) bedroom, (16) staff quarters
8 Entrance hall
9 Perspective from the back garden
10 Perspective from the courtyard
11 Perspective of the access driveway under the block with a living room
12 Perspective of the ensemble
13 Swimming pool and bedroom block in the back
14 Swimming pool and living room block in the back
15 Perspective of the swimming pool and the bedroom block in the back

João Proença house
[pages 110-111]

1 Floor plan of the lower level: (1) garage
2 Floor plan of the intermediary level: (2) living room, (3) dining room, (4) lunch room, (5) scullery, (6) kitchen, (7) service area
3 Floor plan of the upper level: (8) bedroom, (9) walk-in closet, (10) family room, (11) staff quarters
4 Façade

Augusto Besouchet house
[pages 112-113]

1 Façade from the Tupinambás street [preliminary version]
2 Façade from the internal garden [preliminary version]
3 House seen from the corner
4 Floor plans and cross sections [final version]
5 Façade from the Tamoios street [final version]

Our Lady of Conception Chapel – Vargas farm
[pages 114-115]

1 Perspective of a detail of the bell
2 Floor plan and façades

Carlos Leão house – Vargas farm
[pages 116-139]

1 Façade sketch
2 Vargas farm logo
3 Façade
4 Sketch perspective
5 Façade sketches
6 Façade sketches
7 Upper story floor plan sketches
8 Bedroom sketch
9 Floor plan sketch for bedroom 2, desk views and perspective
10 Living room sketch perspective
11-14 Living room sketches
15-17 Sketches for the scullery façade
18 Sketches for the kitchen
19 Sketches for the porch wall
[p.125] In the various studies for the Vargas farm's kitchens and porches, the architect clearly attributed little hierarchy to the rooms in terms of any need for a design solution. And how spaces were conceived with stuff geared for people and for a better life.
20 Sketch for the porch wall
21 Sketch for a frieze of wall tiles
[p.127] The large amount of wall tile sketches found amidst the drawings made for the Vargas farm shows adherence to the process of reviving this architectural element in modernism, as well as knowledge of its history, particularly in the Luso-Brazilian realm. With various motifs, formats, sizes, colors and finishings, the pieces are designed to compose panels that will protect the wall and visually enhance the ambience.
22 Sketches for tiles to compose panels
23-24 Sketches for wall tile panels
25-27 Sketches for tiles to compose the panels
28-30 Sketches for tiles to compose the panels
31 Floor plan of the aromatic herb garden
32 Perspectives of movable benches
33 View, cross section and floor plan for a fixed bench
[p.135] Be it the format or the mix between usefulness and aesthetics, he draws it from the plant knowledge he had to design an aromatic herb garden that is a thing of the past. Minutiae and nostalgia in landscapes, also noticeable in the details of a variety of benches, such as location and needs for use.
34 Floor plan, cross section and detail of the swimming pool filter, perspective of the pool
[p.137] The details for the pool filter provide insights as to how the moved from macro to micro and the intricate way in which he would often compose his drawings. Surprisingly for a drawing that was in principle technical, the small everyday scene around the pool shows how he designed stuff for the people who would use it.
35 Site plan, floor plan and façades for the corral
[p.139] A display of the architect's attention going beyond the house and gardens, the corral design suggests that, once retired, he started to reconcile the development of architectural designs, artistic drawing, and cattle breeding for the production of milk in the Vargas farm.

Cândido Guinle de Paula Machado house
[pages 140-143]

1 Perspective of the internal courtyard from the dining room
2 Perspective of the northeast façade
3 Façades and cross section
4 Perspective of the courtyard in the back towards the street and the sea
5 Floor plan of the ground level
6 Perspective of the living room
7 Floor plan of the upper story and site plan

Homero Souza e Silva house – Cabo Frio
[pages 144-149]

1 House seen from the canal
2 House seen from the garden
3 Façade seen from the garden [detail]
4 Dining room
5 Floor plan of the ground level: (1) living room, (2) dining room, (3) scullery, (4) kitchen, (5) service area, (6) maid's quarter, (7) service room
6 Floor plan of the upper story: (8) bedroom
7 Entrance hall
8 Veranda
9 Façades and floor plan of the upper story [first version]
10 Floor plan, cross sections and façades of the access area [first version]
11 Floor plan of the ground level [first version]
12 Floor plan of the upper story [first version]

Sebastião Paes Almeida house
[pages 150-153]

1 Floor plan: (1) living room, (2) solarium, (3) dining room, (4) bedroom, (5) office, (6) lunch room, (7) scullery, (8) kitchen, (9) service courtyard, (10) garage, (11) small room, (12) cellar, (13) playroom, (14) walk-in closet, (15) swimming pool
2 Northeast façade
3-5 Southeast façade
6 Northeast and northwest façades
7 Swimming pool
8 Northwest façade

José Ferreira de Castro Chaves house
[pages 154-157]

1 Perspective from the garden
2 Perspective from the entrance
3 Bird's eye perspective
4 Floor plan of the ground level
5 Floor plans of the upper story and the rooftop, and cross sections
6 Façades

Antônio Martins Bastos house
[pages 158-159]

1 Floor plan of the ground level: (1) living room, (2) reception hall, (3) dining room, (4) lunch room, (5) scullery, (6) kitchen, (7) bedroom, (8) fitting room, (9) garage
2 Floor plan of the upper story: (7) bedroom, (10) family room, (11) walk-in wardrobe, (12) laundry, (13) deposit, (14) air-conditioning, (15) staff quarters
3 Front façade
4 Front and lateral façades

Armando Queima house and office
[pages 160-161]

1 Front façade and perspectives of the entrance and the living room
2 Southwest façade and floor plan

Américo Lutz house
Santo Antônio do Paraíso farm
[page 162]

1 Floor plan: (1) living room, (2) office, (3) bedroom, (4) guest room, (5) kitchen, (6) service area, (7) staff quarters, (8) swimming pool
2 Façades

Elizabeth Raja Gabaglia Leão house
[page 163]

1 Floor plan: (1) veranda, (2) dining room, (3) kitchen, (4) pantry, (5) maid's quarter, (6) deposit, (7) living room, (8) bedroom, (9) service courtyard
2 Façade

Moacyr de Carvalho Dias house
[pages 164-165]

1 Detail of the granite floor of the driveway court
2 Floor plan of the lower floor: (1) garage, (2) sweet manufacturing room, (3) laundry, (4) playroom, (5) hall
3 Floor plan for the intermediary level: (6) bedroom, (7) closet, (8) family room, (9) living room, (10) dining room, (11) scullery, (12) pantry, (13) kitchen, (14) ceramics studio, (15) deposit, (16) staff quarters, (17) swimming pool pavilion, (18) swimming pool, (19) lake
4 Floor plan of the upper story: (6) bedroom
5 Veranda adjacent to the social rooms
6 Front façade
7 Façades

George Harper Johnston house
[pages 166-169]

1 Floor plans [first version]
2 Façades [first version]
3 Cross sections and site plan, and rooftop [first version]
4 Floor plans [second version]
5 Cross sections and site plan, and rooftop [second version]
6 Southwest and northwest façades [second version]
7 Northeast and southeast [second version]

Homero Souza e Silva house – Sertãozinho farm
[pages 170-173]

1 Floor plan of the upper stories
2 Bedroom wing
3 Floor plan of the lower stories
4 Cross sections
5 General view
6 Façades
7 Porch with bedroom wing in the back

Renovation of the Mário and Zizita house
[pages 174-175]

1 Floor plans, cross sections, perspectives and notes

CHRONOLOGY
[pages 176-185]

[p.176] Design for Sanatorium B for the National Service Against Tuberculosis (SNT), Rio de Janeiro, 1937; with Jorge Machado Moreira [southwest and northeast façades]

1 Carlos Leão, c. 1930
2 Identification card in the National Historic and Artistic Heritage Service, 1937
3 Hotel design, Ouro Preto (MG), 1938 [photomontage]
4 Design for railway station, Ponta Porã, 1938 [perspective]
5 Design for sanatorium of the State Employees Pensions and Retirement Institute (IPASE), Rio de Janeiro, 1945; with Jorge Machado Moreira [sketch perspectives for access ramp and façade]
6 Design for renovation of the Lindolpho de Carvalho Dias house, Rio de Janeiro, 1963 [lateral façade]
7-8 Design for the Noêmia Padilha house, Rio de Janeiro, 1968 [perspectives]
9 Design for the Fábio Carneiro de Mendonça house, Rio de Janeiro, n.d. [floor plans]
10 Design for the J. M., Bagé house, n.d. [perspective]
11 Design for the J. M., Bagé house, n.d. [façades and perspective]
12 Poster for the "Carlos Leão—Architecture" exhibition, held at the Rodrigo Mello Franco de Andrade Gallery, Funarte, Rio de Janeiro, 1985
13 Mock-up for the initial design of the "Carlos Leão—Architecture" book, 1985

[p.185] House design for the Marimbondo ranch, n.p., n.d. [perspective]

BIBLIOGRAPHY

[p.186] Lígia Cordovil house, Petrópolis (RJ), 1966 [façade]

CLIPPINGS

[p.191] Carlos Leão in the Vargas farm house, 1975
[p.192] Flan: *O Jornal da Semana*, n. 13, p. 7, 3-11/06/1953
[p.194] Vinicius de Moraes sleeping in Carlos Leão's studio couch at the Vargas farm, 1980
[p.197] Vargas farm, Valença (RJ), 1957 [sketch perspective for the living room]
[p.198] Carlos Leão drawing at the Vargas farm, Valença, 1973
[p.199] Untitled, n.d. | Chinese ink and water colors on Canson paper | 35 x 32 cm

Capa *Cover*
Projeto da residência José Vasconcellos Carvalho
Design for the José Vasconcellos Carvalho house,
Rio de Janeiro, 1955 [fachada norte | *north façade*]

PESQUISA *RESEARCH*

Coordenação *Coordination*
Jorge Czajkowski

Pesquisa *research*
Marta Maria de Mello Silva
Milton de Mendonça Teixeira

Pesquisa complementar
Complementary Research
Cândido Malta Campos Neto
Marcos de Faria Azevedo
Reinaldo Roels Jr.
Roberto Conduru

Assessoria *Assistants*
Maria Cristina Burlamaqui
Piedade Epstein Grinberg

Consultoria *Consultant*
Carlos Zilio

Fotografia *Photography*
Pedro Oswaldo Cruz

Desenhos técnicos
Technical drawings
Luiz Felipe de Oliveira
Roberto Conduru

Conservação dos desenhos originais
Conservation of original drawings
Ana Maria Bezerra Cavalcanti
Luciana Coutinho da Silveira
Márcia Pereira Lessa
Maria Helena Röhe Salomon
Miriam Prado

Apoio *Support*

Conselho Nacional de Desenvolvimento Científico e Tecnológico, CNPq

Fundação Nacional de Arte, Funarte

Pontifícia Universidade Católica do Rio de Janeiro, PUC-Rio

Prefeitura da Cidade do Rio de Janeiro

Universidade Federal do Rio de Janeiro, UFRJ

LIVRO *BOOK*

Coordenação *Coordination*
Bazar do Tempo
Ana Cecilia Impellizieri Martins

Produção executiva
Executive produciton
Dois Um Produções
Claudia Pinheiro

Organização *Organization*
Jorge Czajkowski
Cláudia Pinheiro
Roberto Conduru
Sula Danowski

Textos *Texts*
Lucio Costa [prefácio | *preface*]
Jorge Czajkowski [texto crítico | *critic*]
Carlos Leão [entrevista | *interview*]
Vinicius de Moraes [poema e artigo *poem and article*]

Verbetes *Entries*
Jorge Czajkowski
Andrea Canto
Roberto Conduru

Cronologia e bibliografia
Chronology and bibliography
Jorge Czajkowski
Claudia Pinheiro
Roberto Conduru

Assessoria *Assistant*
Maria Helena Röhe Salomon

Assessoria jurídica *Legal advice*
Ana Luisa Chafir

Fotografias *Photography*

Acervo Fundação Oscar Niemeyer: p. 6, 10

Acervo Núcleo de Pesquisa e Documentação da FAU/UFRJ: p. 17, 21, 26 (n.1), p. 37, 40 (n.1), 54 (n. 4), 55 (n. 5), 151, 152, 153, 159, 165 (n. 5, 6), 177 (n. 1, 2), 178 | Erich J. Hess p. 2-3 | Mauro Neves Nogueira p. 56, 57 | Pedro Oswaldo Cruz p. 20 (n.13), 26 (n. 2), 27 (n. 3, 4, 5), 28 (n.1, 2), 29, 41 (n. 5), 42, 43, 46 (n. 2), 47 (n. 2), 48, 49, 51 (n. 2), 66 (n. 3), 67, 68, 69 (n. 5), 75, 79, 81, 83, 89 (n. 5), 98 (n. 3), 101, 104, 108, 111 (n. 4), 112 (n. 3), 117 (n. 3), 144, 145, 146 (n. 4), 147, 171 (n. 3), 172 (n. 5), 173 (n. 7)

Alexis Azevedo: p. 60, 62, 63

Pedro de Moraes: p.191, 194, 198

Reprodução fotográfica
Photographic reproduction
Gabriela Carrera
Pedro Oswaldo Cruz

Desenhos técnicos
Technical drawings
Luiz Felipe de Oliveira
Roberto Conduru

Tradução para o inglês
English version
Ricardo Silveira

Revisão *Proofreading*
Rosalina Gouveia

Projeto gráfico *Graphic design*
Danowski Design
Sula Danowski
Carol Müller Machado

Pré-impressão (tratamento de imagens)
Prepress (image processing)
Danowski Design

Produção gráfica
Art production management
Bazar do Tempo

Impressão *Printing*
Ipsis Gráfica e Editora

Agradecimentos especiais
Special acknowledgement
Adriana Calcanhotto
Anita Fiszon
José Portinari Leão

Agradecimentos *Acknowledgement*
Alexis Azevedo
Ana Cristina Garcia
Cristina Oswaldo Cruz
Elisabete Rodrigues de Campos Martins
Fundação Oscar Niemeyer
João Almeida
João Cláudio Parucher
José Victor Rosa Praça
Luiz Felipe de Oliveira
Maria Elisa Costa
Maria Victória Martins
Mauro Neves Nogueira
Núleo de Pesquisa e Documentação da FAU/UFRJ
Pedro de Moraes
Pedro Oswaldo Cruz
Piedade Epstein Grinberg
Vanda Klabin

Este livro foi revisado segundo o Acordo Ortográfico da Língua Portuguesa de 1990, em vigor no Brasil desde 2009.
This book was proofread in accordance with the Portuguese Language Orthogrphic Agreement of 1990, valid in Brazil since 2009.

C998 Czajkowski, Jorge, 1948-2010.
Carlos Leão : Arquitetura. / Organização de Jorge Czajkowski [et al.] ; apresentação de Lucio Costa. – Rio de Janeiro: Bazar do Tempo, 2016.

232p. ; 320il.
Inclui o poema "Balada do Cavalão", de Vinicius de Moraes.
ISBN: 978-85-69924-08-1.

1. Leão, Carlos, 1906-1983. 2. Arquitetos brasileiros. 3. Residências brasileiras. 4. Projetos arquitetônicos. I. Costa, Lucio. II. Título.

CDD 720.981
CDU 72 (81)

Este livro foi editado na cidade de São Sebastião do Rio de Janeiro, durante o verão de 2015 e o outono de 2016. O texto foi composto na tipologia Gotham Rounded (capa), Kievit (títulos) e Berthold Akzidenz Grotesk (textos e legendas) e 1.000 exemplares foram impressos em papel couché matte Suzano®, 150 g/m².

Patrocínio

STELLA LUTTERBACH ARQUITETOS ASSOCIADOS

MINHA MÚSICA

CAU/RJ Conselho de Arquitetura e Urbanismo do Rio de Janeiro

BAZAR DO TEMPO
PRODUÇÕES E EMPREENDIMENTOS CULTURAIS LTDA.

Rua Alexandre Stockler 353, Gávea
22451-230 - Rio de Janeiro - RJ
contato@bazardotempo.com.br
www.bazardotempo.com.br